财 政 部 规 划 教 材
全国高职高专院校财经类教材

统计基础与实务

（第三版）

张 伟 主编

经济科学出版社

图书在版编目（CIP）数据

统计基础与实务/张伟主编. —3 版. —北京：经济科学
出版社，2010.5（2014.2重印）

财政部规划教材. 全国高职高专院校财经类教材

ISBN 978 - 7 - 5058 - 9071 - 8

Ⅰ. ①统…　Ⅱ. ①张…　Ⅲ. 统计学 – 教材　Ⅳ. ①C8

中国版本图书馆 CIP 数据核字（2010）第 027651 号

责任编辑：白留杰　白　炜
责任校对：徐领弟　郑淑艳
版式设计：代小卫
技术编辑：李　鹏

统计基础与实务（第三版）
张　伟　主编
经济科学出版社出版、发行　新华书店经销
社址：北京市海淀区阜成路甲 28 号　邮编：100142
教材编辑中心电话：88191354　发行部电话：88191540
网址：www. esp. com. cn
电子邮件：espbj3@ esp. com. cn
北京密兴印刷厂印装
787×1092　16 开　15.5　印张　350000 字
2010 年 7 月第 3 版　2014 年 2 月第 3 次印刷
ISBN 978 - 7 - 5058 - 9071 - 8　定价：27.00 元
（图书出现印装问题，本社负责调换）

编 审 说 明

本书由财政部教材编审委员会组织编写并审定，同意作为全国高职高专院校财经类通用教材出版。书中不足之处，请读者批评指正。

财政部教材编审委员会

编写说明

　　《统计基础与实务》（第三版）是在原财政部规划教材《统计学》（第二版）的基础上修订而成的，由财政部教材编审委员会组织编写并审定，为全国高职高专院校财经类规划教材。也可满足自学考试和广大企业统计人员后继续教育学习的需要。

　　统计作为认识客观世界的重要手段，主要是研究统计资料搜集、整理和分析的方法，有着广泛的适用性，现已成为高等学校财经类各专业的核心课程。随着统计实践活动的不断发展及高职教育教学改革的不断深入，为顺应高职高专教材改革方向，并更好地满足相关专业教学的需要，我们及时对《统计学》（第二版）进行了修订。《统计基础与实务》与《统计学》（第二版）对比，修订的内容主要有：

　　1. 在具体内容设计上，对有关章节进行了整合，基于统计工作过程，分别介绍统计资料的采集方法、整理方法以及各种分析方法的基本知识。

　　2. 增加了 Excel 在统计学中的应用内容，使统计基本知识与计算机应用有机结合，融为一体，目的是使学生掌握必备的统计资料的搜集、整理及量化分析的基本技能，以提高学生的定量分析能力。

　　3. 按照以养成学生职业能力为本位和以学生就业目标为导向的要求，并针对高职院校学制短、学时少的特点，对本课程的内容进行了进一步提炼，避免或减少有关意义、作用等的论述，使教材内容更加突出实践技能的培养。

4. 为了更加突出对高职高专学生的能力要求，每章课前除了原有的【学习目标】和【思考导学】外，又增加了【能力目标】模块，同时保留了原来课后的【本章知识架构图】和【综合自测题】模块，课内穿插的模块调整为【小思考】、【相关链接】、【背景资料】、【提示】和【案例】等，使教材的形式更加活泼，这些为学生学好本课程提供了指导和帮助作用，有利于提高教学效果。

5. 本教材除对各章统计资料进行更新外，还尽量将统计发展的新成果体现出来。

6. 考虑到教材内容及各学校课时设置的具体情况，将教材章次进行了调整，并将目录中带 * 号的章作为选修内容，以适应不同学校和不同层次学生使用。

本教材由张伟任主编，高凯萍任副主编，各章执笔人是：张伟（陕西财经职业技术学院）编写第一章、第四章、第五章和第八章的第五节；高凯萍（山西省财政税务专科学校）编写第二章和第三章；吴高凤（江西财经职业学院）编写第六章和第八章的第一、二、三、四节，胡艳荣（河南财政税务高等专科学校）编写第七章和附录。本书由张伟设计编写方案、拟定编写大纲，并对书稿进行了修改和总纂。

本书在编写过程中，得到了财政部和经济科学出版社有关领导和编辑同志的精心组织和编者所在学校的大力支持，同时参考和借鉴了同行的有关论著，在此，我们一并表示衷心的感谢。

限于编者水平，书中难免有错漏之处，敬请读者提出宝贵意见，以便我们进一步修改和完善。

编者

目 录

第一章 导 论 ……………………………………………… （ 1 ）

　第一节　统计学概述 ……………………………………… （ 2 ）

　第二节　统计学中的基本概念 …………………………… （ 6 ）

第二章　统计数据的采集方法 ……………………………… （ 15 ）

　第一节　统计数据概述 …………………………………… （ 16 ）

　第二节　统计数据的采集方案 …………………………… （ 23 ）

第三章　统计数据的整理与显示方法 ……………………… （ 35 ）

　第一节　统计数据整理的程序 …………………………… （ 36 ）

　第二节　品质数据的整理与显示 ………………………… （ 50 ）

　第三节　数量数据的整理与显示 ………………………… （ 56 ）

第四章　统计数据的描述 …………………………………… （ 77 ）

　第一节　总体规模与对比关系描述 ……………………… （ 78 ）

　第二节　集中趋势的描述 ………………………………… （ 89 ）

　第三节　离中趋势的描述 ………………………………… （103）

第五章　时间序列分析法 …………………………………… （113）

　第一节　时间序列概述 …………………………………… （114）

　第二节　时间序列的指标分析法 ………………………… （116）

　第三节　时间序列的构成因素分析法 …………………… （130）

第六章　相关与回归分析法 ································ (146)
　第一节　相关关系概述 ································ (147)
　第二节　直线相关分析 ································ (149)
　第三节　直线回归分析 ································ (154)

第七章　指数分析法 ································ (168)
　第一节　统计指数的一般问题 ································ (169)
　第二节　指数分析的方法 ································ (171)

*第八章　简单统计推断方法 ································ (192)
　第一节　统计推断概述 ································ (193)
　第二节　总体参数的估计 ································ (201)
　第三节　样本容量的确定 ································ (208)
　第四节　假设检验 ································ (211)
　第五节　Excel 在抽样推断中的应用 ································ (216)

附录一　正态分布概率表 ································ (227)
附录二　随机数字表 ································ (229)
附录三　t 分布的临界值表 ································ (232)
附录四　平均增长速度累计法查对表 ································ (234)

参考文献 ································ (238)

第 一 章

导 论

学习目标

本章是对这门课程的总括介绍。通过本章内容的学习，要求从总体上了解统计学的一般问题；明确统计的含义、统计工作的基本过程以及统计学的应用领域；理解并会在具体案例中运用统计学中的基本概念，为以后各章学习奠定基础。

能力目标

能在具体案例中运用统计学中的基本概念。

思考导学

1. 统计学是研究什么的？
2. 哪些领域能用到统计学？
3. 统计学中常用的基本概念有哪些？

在日常生活中，人们无时无刻不生活在信息的海洋里，我们每天都会面对大量的数据。要使这些数据变为有用的信息，就需要对这些数据进行处理和分析，处理得当，能帮助你进行正确的决策，否则，会对你造成一定的损失。统计学就是处理和分析数据的方法和技术的科学，作为既是信息资源又是信息深加工技术的统计学，已被广泛运用于社会、科技和国民经济的各个部门、各个行业，因此，掌握一些实用的统计知识，无论是对学习、研究还是对我们的日常生活都具有非常重要的意义。

第一节　统计学概述

一、统计学及其应用领域

（一）什么是统计

统计一词在不同场合其含义不尽相同，概括地讲，一般有三种含义，即统计工作、统计资料和统计学。

统计工作是对社会经济及自然现象客观存在的数量方面进行搜集、整理和分析的活动过程。包括统计设计、统计调查（统计数据的采集）、统计整理（统计数据的整理）和统计分析四个工作过程。这是国家各级统计部门和各个常住单位的统计机构所从事的日常工作，例如，各级统计部门收集农业、工业和建筑业、交通运输、进出口贸易、科教卫生、人民生活等方面的数字资料，并采用科学的方法进行汇总整理，开展统计分析，以研究经济发展的本质和规律等活动就属于统计工作。

统计资料是通过统计工作所获得的能够说明现象特征的各项数字资料以及与之相关的其他实际资料的总称。其表现形式有统计表、统计图、统计年鉴、统计公报、统计报告及其他有关统计数字信息的载体等。如国家统计局每年发布的统计公报中的有关农业、工业和建筑业、固定资产投资、国内贸易、对外经济、交通、邮电和旅游、金融、证券和保险、教育和科学技术、文化、卫生和体育、环境保护、人民生活和保障等方面的各种具体数字资料，都是反映我国国民经济和社会发展情况的统计资料。

统计学是在大量的统计工作实践的基础上逐渐形成和发展起来的，阐述如何搜集、整理和分析统计资料的理论和方法的一门科学。统计学的发展有 300 多年的历史，现已形成比较完整的学科体系。

统计一词的三种含义是紧密联系的，统计资料是统计工作的成果，统计工作与统计学之间是实践与理论的关系。

相关链接

"统计"词语是怎样产生的？

统计活动已经有几千年的历史，不过在早期还没有出现"统计"这样的用语。

统计语源最早出现于中世纪拉丁语的 Status，意思指各种现象的状态和状况。由这一语根组成意大利语 Stato，表示"国家"的概念，也含有国家结构和国情知识的意思。根据这一语根，最早作为学名使用的"统计"，是在 18 世纪德国政治学教授亨瓦尔（G. Achenwall）在1749 年所著《近代欧洲各国国家学纲要》一书绪言中，把国家学名定为"Statistika"（统计）这个词。原意是指"国家显著事项的比较和记述"或"国势学"，认为统计是关于国家应注意事项的学问。此后，各国相继沿用"统计"这个词，并把这个词译成各国的文字，法国译为 Statistique，意大利译为 Statistica，英国译为 Statistics，日本最初译为"政表"、"政算"、"国势"、"形势"等，直到 1880 年在太政官中设立了统计院，才确定以"统计"两字正名。1903 年（清光绪廿九年）由钮永建、林卓南等翻译了四本横山雅南所著的《统计讲义录》一书，把"统计"这个词从日本传到我国。

（二）统计学的应用领域

统计学的研究范围很广，包括自然现象和社会经济现象。研究自然现象的统计，称为科学技术统计，如医学统计、地质统计、物理统计等；研究社会经济现象的统计，称为社会经济统计。如工业统计、农业统计、商业统计、建筑业统计、财政金融统计、交通运输统计、劳动工资统计、文教卫生统计、司法统计、人民生活统计等。

统计学的研究对象是社会经济现象及自然现象总体的数量方面。即通过研究客观事物总体的数量特征，来认识其本质及其发展规律。如研究社会经济现象的数量方面，就是用科学的方法去搜集、整理和分析国民经济诸方面的数据资料，来认识其发展的规模、水平、结构、速度、比例关系及其发展趋势的。

目前，统计方法的应用已渗透到社会科学和自然科学的众多领域，比如，农业、工业、商业、质量控制、审计学、金融学、市场营销、管理科学、医学、教育学、制药学、精算、军事科学、人类学、考古学等领域都会用到统计方法。统计的主要作用是帮助你分析数据，你可以利用统计图表展示数据，使统计数据直观、明了，还可以利用统计方法建立数据模型，进行分析或预测等。

二、统计工作过程及研究方法

（一）统计工作的过程

统计工作是运用各种统计方法对社会经济现象和自然现象进行调查研究以认识其本质和规律性的一种认识活动。作为一种认识活动，就必然有一种对客观事物的认识过程。统计认识过程是：从定性认识到定量认识，再到定量与定性相结合。例如，要调查某地区居民家庭收入情况，必须首先弄清居民家庭收入的概念，明确计算范围和计算方法，才能进行调查，这属于定性认识。然后，从调查该地区每一户居民的收入情况开始，经过计算整理得出对该地区居民家庭收入水平总体情况的认识。这是从对个体数量表现的认识过渡到对总体数量特征的认识的过程，属于定量认识。然而，这种定量认识还不是统计认识的终结，还必须与新的定性认识相结合，即调查结果所形成的数据说明这一地区居民家庭收入究竟达到一个什么水平，是贫困、温饱还是小康？一般统计认识的全过程分为四个阶段，依次为统计设计、统计调查（统计数据的采集）、统计整理（统计数据的整理）和统计分析（统计数据的分析）。

1. 统计设计。统计设计是指根据统计研究对象的性质与研究目的、任务，对统计工作的各个方面和各个阶段进行通盘部署和安排的工作阶段。统计设计的主要内容有：统计分类和分组的设计，统计指标和指标体系的设计，统计表的设计，统计资料搜集方法的设计，统计调查、整理和分析研究方案的设计，统计工作各部门和各阶段之间相互协调与联系的设计，统计力量的组织与安排等。

统计设计是统计工作的起点，是保证统计工作顺利进行的前提。因为这一阶段是对现象进行初始定性认识，为定量认识做准备的。只有事先进行设计，才能统一认识、统一步骤，使整个统计工作有秩序地、协调地进行，以保证统计工作的质量。

2. 统计调查。统计调查，即统计数据的采集，它主要是指根据统计设计的要求，向调查总体的各个单位搜集原始资料的工作阶段。

统计调查是整个统计工作的基础环节。因为这一阶段是统计认识活动由初始定性认识过渡到定量认识的阶段，这个阶段所搜集的资料是否客观、周密，直接关系到统计整理的好坏，关系到统计分析结论的正确与否，决定统计工作的质量。

3. 统计整理。统计整理，即统计数据的整理，是指根据统计研究的目的，对调查阶段搜集的统计资料进行科学的加工整理，使之条理化、系统化，从而说明现象的总体特征的工作阶段。

统计整理是统计工作的中间环节。因为这一阶段是使我们对现象的认识，由感性上升到理性的过渡阶段，它在整个统计工作过程中处于承前启后的地位。

4. 统计分析。统计分析是指运用统计分析方法，对经过加工整理的统计资料进行分析研究，以揭示现象发展过程的特征和规律性的工作阶段。

统计分析是统计工作的最终环节。因为这一阶段是对现象得出定量与定性相结合的深刻认识的阶段，也是发挥统计职能的关键阶段。

统计工作的四个阶段有各自的特定内容和作用，并依次进行。它们是相互联系、相互制约的整体，任何一个阶段的工作失误，都会影响整个工作的顺利进行。

（二）统计的研究方法

统计工作具有多阶段性，各个阶段有着不同的工作内容和要求，与之相适应地就需要运用多种统计研究方法，其中最基本的方法有大量观察法、统计分组法、综合指标法、统计模型法和归纳推断法等。

1. 大量观察法。大量观察法是指统计研究要从现象总体上加以考察，对总体中的全部或足够多的个体进行观察的方法。因为各种现象都是在诸多因素的作用下形成的，其中个体的特征及其数量表现有很大的差别，如果孤立地对其中少数个体进行观察，其结果往往不足以反映现象总体的一般特征。必须对全部或足够多的个体单位进行观察，经过综合概括，使各单位之间的差异相互抵消，以显示出所研究的客观事物的本来面目，使我们能正确地从总体上把握客观事物的本质特征和必然的规律性。例如，我们想了解我国人口的性别比例，如果只调查个别家庭或少数家庭，情况可能大不相同，有的男多女少，有的女多男少，但是，经过大量观察，男女人数则基本趋向均衡。据全国第五次人口普查资料显示，祖国大陆31个省、自治区、直辖市和现役军人的人口中，男性为 65 355 万人，占总人口的 51.63%，女性为 61 228 万人，占总人口的 48.37%，性别比（以女性为 100，男性对女性的比例）为 106.74。这就表明，尽管个别现象受偶然性因素的影响出现偏差，但观察数量达到一定程度，就呈现出一定的规律性。统计研究就是从全部的或足够多的个体观察入手最后达到对总体数量的认识。

大量观察法是统计调查阶段的基本方法。统计调查中的许多方法，如普查、统计报表、抽样调查、重点调查等，都是对研究对象的大量个体单位观察来了解现象发展情况的。

2. 统计分组法。统计分组法是指根据统计研究任务和被研究现象总体的特点，按照一定的标志，将研究总体划分为若干个不同性质或不同类型的组成部分的一种统计研究方法。统计在研究复杂现象总体时，各单位不仅有量的差别，而且还存在质的差别。从数量方面认识事物不能离开事物质的方面，将所研究的现象总体区分为不同性质的组成部分是统计进行加工整理和深入分析的前提。如国民经济中按经济类型、行业分组，可以使人们清楚地观察不同经济类型和不同行业的发展规模、发展变化规律以及相互之间的依存关系。再如，我们将某一班学生的某门课考试成绩搜集来，若只从单个学生的情况来看，是看不出规律的，但如果按照"成绩"分组并加以整理和汇总后，便可以看出该班学生本门课考试的基本情况。

统计分组法是统计整理阶段的主要方法。也是贯穿于整个统计工作过程的研究方法。

3. 综合指标法。综合指标主要指总量指标、相对指标、平均指标、标志变异指标等。综合指标法是指将这些综合指标有机地结合起来对总体现象的数量特征与数量关系进行统计分析的一种统计研究方法。这是我国传统的一种统计研究方法，广泛运用于统计分析中。

经过统计调查和整理阶段，可以计算出说明现象在具体时间、地点和条件下的总量规模、相对水平、集中趋势、变异程度等各种综合指标。这些指标概括地描述了总体各单位数量分布的综合数量特征和变动趋势。例如，我们可以通过国土面积、人口总数、国内生产总值、人均国民收入等指标来说明我国的基本国情。

4. 统计模型法。统计模型法是根据一定的经济理论和假定条件，用数学方程去模拟现实经济现象相互关系的一种研究方法。利用这种方法可以对社会经济现象的变化进行数量上的评估和预测。很大程度上提高了统计分析的认识能力。它是经济管理、经济预测与决策中常用的一种统计分析方法。例如，若我们掌握了某企业若干年的产品产量资料，通过测定，发现该企业产品产量呈现直线发展趋势，我们就可以采用一定的方法，拟合一条直线数学方程，并以此来预测该企业未来年份的产品产量。

5. 归纳推断法。归纳推断法也称为统计推断法。它是归纳法在统计推理中的应用。归纳法是指由个别到一般，从事实到概括的逻辑推理方法，它可以使我们从具体的事实中得出一般结论。在统计实践中，我们所观察的往往只是部分或者有限的单位，而所需要判断的总体范围却是大量的，甚至是无限的。这就需要我们根据局部的样本资料对整个总体数量特征作出统计推理，并且这种推理要有一定的置信标准要求。以一定的置信标准要求，根据样本数据来判断总体数量特征的归纳推理方法称为归纳推断法。它可以用于总体的参数估计和假设检验，现已成为我国统计分析的一种重要方法。例如，我们想了解某电子元件厂产品的平均使用寿命，就只能采取科学的抽样方法从该批电子元件产品中抽取很少一部分进行检验，以此来推断该批电子元件的平均使用寿命。

> **小思考**　为了解居民的消费支出情况，要对足够多的居民进行调查才能说明问题，这种研究方法在统计上称为什么？

第二节　统计学中的基本概念

统计学中的概念很多，其中有几个概念是经常要用到的，这些概念是基本概念，是我们学习统计时必须掌握的，包括总体和总体单位、标志、变异和变量、指标和指标体系。

一、总体和总体单位

（一）总　体

1. 总体的含义。总体是根据一定的目的和要求所确定的研究事物的全体，它是由客观存在的、并且具有某种共同性质的许多个体（总体单位）构成的整体。例如，要研究北京市工业企业的生产经营情况，就应把北京市所有工业企业作为一个总体。因为它包括许多工业企业，每个工业企业都是客观存在的，并且其经济职能是相同的，都是从事工业生产活动，制造工业产品的基层单位，这些单位便构成一个总体。通过对这个总体进行研究，就可以说明北京市工业企业生产活动的状况、特征等各种数量特征，例如，从业人数、资金规模、技术力量、设备状况、经济效益等。再如，研究一个学校某班学生的学习情况，就可将该班全部学生作为总体；研究一个城市的汽车运输情况，可将该地区的全部汽车作为总体；要检验一批灯泡的使用寿命，这一批所有灯泡就是一个总体；研究合理化建议的提出和采纳情况，则全部的合理化建议便是总体。

以上可以看出，由于研究目的不同，总体的范围可大可小，可以由单位组成，也可以由人、物组成，还可以由某些事件等组成。

构成总体应具有以下基本特征：

（1）同质性，是指总体各单位必须具有某种共同的性质，才能构成统计总体。如工业企业总体中每个工业企业具有相同的经济职能，都是进行工业生产经营活动，向社会提供工业产品的，这样才能组成工业企业总体。同质性是总体的根本特征，是构成统计总体的前提条件。

（2）大量性，是指总体是由许多总体单位组成的，一个或少数单位不能形成总体。这是因为统计研究的目的是要揭示现象发展变化的一般规律，而事物的发展变化规律只能在大量事物的普遍联系中表现出来。如前面谈到的要研究北京市工业企业的生产经营情况，就不能只用个别几个企业的情况来代替，因为个别企业有其各自的特殊性和偶然性，只有对大量的或是足够多的企业进行研究，才能使个别单位偶然因素的作用相互抵消，从而显示出总体的本质和规律性。大量性是统计研究的必要条件。

（3）差异性，是指总体各单位除了必须在至少一方面性质相同外，在其他方面必须有不同的表现。例如，工业企业总体中，每个企业除了具有相同的经济职能外，其他方面如经济类型、从业人数、产值、成本、利税额等，就各不相同。差异是普遍存在的，统计研究就是要在个别事物的差异中寻找共性，以揭示其活动的规律性。差异性是进行统计研究的前提条件。

上述三个特征缺一不可，只有同时具备这三个特征，才能形成统计总体，才能进行统计研究。

2. 总体的种类。按照总体中所包含的个别单位是否可以计数，总体可分为有限总体和无限总体。

（1）有限总体，是指总体的范围能够明确确定，而且所包含的个体数是有限可数的，如前面提到的我国工业企业总体、灯泡总体、学生总体、汽车总体、合理化建议总体等都是有限总体。

（2）无限总体，是指总体所包括的个体是无限的，不可数的，比如，太空星球总体、世界上的植物总体、动物总体、大量连续生产的某种小件产品总体等则属于无限总体。从理论上讲，总体都应是有限的，只是由于各种条件的限制，使得有些总体的个别单位不可计数，才把这些总体假定为无限总体。对有限总体既可以进行全面调查，也可以进行非全面调查，而无限总体只能进行非全面调查。

（二）总体单位

总体单位简称单位或个体，是指构成总体的个别单位，它是总体的基本单位。如北京市工业企业这一总体，它是由许多工业企业构成的，其中每个工业企业都是构成这个总体的一个个体，也就是一个总体单位。再如灯泡总体中的每一只灯泡、学生总体中的每个学生、汽车总体中的每辆汽车、合理化建议中的每件合理化建议等都是总体单位。可见随着研究目的的不同，总体单位也可以是单位、人、物及事件等。

（三）总体和总体单位的关系

总体和总体单位之间的关系属于整体与个体的关系。两者的划分不是固定不变的，而是相对的，它们会随着研究目的的改变而变换。当研究目的和任务确定后，统计总体和相应的总体单位就产生和固定了下来。例如，研究全国工业企业的经营情况，全国所有工业企业是总体，每一个工业企业是总体单位。如果研究目的改变为研究某一个工业企业的经营情况，则这个企业就不再是总体单位，而变成总体了。

小思考 某高职院校想了解该校学生的学习情况，则总体和总体单位分别是什么？

二、标志、变异和变量

（一）标 志

1. 标志和标志表现的含义。标志是说明总体单位特征的名称。例如，学生作为总体，每个学生的性别、年龄、文化程度、籍贯、班级、考试成绩、民族等就是标志。再如，把工业企业作为总体，每个工业企业的经济职能、经济类型、所属行业、从业人数、注册资金额、产值、成本、利税额、劳动生产率、平均工资等就是标志。标志与总体单位关系密切，总体单位是标志的直接承担者，标志是依附于单位的。

标志表现是指每一个总体单位所表现的具体属性或数量特征，一般用文字或数值来表现。例如，某学生的性别是男、年龄19岁、文化程度是高中，这里，"性别"、"年龄"、"文化程度"是标志，而"男"、"19岁"、"高中"就是标志表现。一般来讲，同一总体中，每个总体单位都有相同的标志，可以通过不同的标志表现来区别一个单位与另一个单位。例如，每个工业企业都有"经济类型"这个标志，但其具体表现却有国有企业、集体企业、股份合作企业、中外合资企业、私营企业等。再如，学生"成绩"这个标志，就有"45

分"、"62 分"、"76 分"、"88 分"、"95 分"等不同标志表现。

2. 标志的种类。

（1）按标志表现是文字还是数值将标志分为品质标志和数量标志。① 品质标志，说明总体单位属性特征的名称。通常是在标志名称下，用文字表明某单位的性质是什么。如某学生的性别是女、民族为汉族，这时"女"、"汉族"分别表明该学生在"性别"和"民族"方面的属性。这里"性别"、"民族"是品质标志，"女"、"汉族"则为这两个品质标志的具体表现。再如工业企业的经济职能、经济类型、所属行业；学生的文化程度、籍贯、班级等均属于品质标志。② 数量标志，说明总体单位数量特征的名称。它的具体表现是在数量标志的名称后用数值表明某单位的具体数值是多少。例如，某工业企业的从业人数是 10 000人，年利税额 200 万元；某学生年龄为 20 岁，某门课考试成绩 90 分。这里的"从业人数"、"年利税额"、"年龄"、"考试成绩"是数量标志，而"10 000 人"、"200 万元"、"20 岁"、"90 分"分别是"从业人数"、"利税额"、"年龄"和"考试成绩"的标志表现，又称标志值。

> **小思考**　某地区有三家三资企业，某年利润额分别为 125 万元、138 万元、156 万元，则"三资企业"是品质标志，"利润额"是数量标志，这句话对吗？为什么？

（2）按标志表现是否完全相同将标志分为不变标志和可变标志。① 不变标志，当一个总体各单位在某一标志名称下的具体表现完全相同时，这一标志就是不变标志。例如，全国工业企业为总体，每个工业企业的经济职能是相同的，都是向社会提供工业产品，"经济职能"就是一个不变标志。② 可变标志，当一个总体各单位在某一标志名称下的具体表现不完全相同时，这一标志就是可变标志。例如，全国工业企业为总体，工业企业的经济类型、所属行业、从业人数、资金额、工业总产值、劳动生产率、平均工资、利税额等，其具体表现在总体各个单位上不尽相同，属于可变标志。

（二）变异

变异是指标志和指标具体表现上的差异，包括属性的变异和数量的变异。例如，学生的性别这一标志可以具体表现为"男"、"女"，这是属性上的变异，而学生考试成绩的具体表现"45 分"、"62 分"、"76 分"、"88 分"、"95 分"等，就是数量上的变异。

（三）变量

1. 变量和变量值的含义。变量是指可变的数量标志和可变的指标。例如，每个工业企业的"从业人数"、"资本金"、"产值"、"成本"、"平均工资"就是变量，而每个工业企业职工平均工资的具体表现"600 元"、"680 元"、"780 元"、"850 元"、"930 元"、"1 050元"、"1 300 元"等则是变量值；再如，学生的"年龄"、"身高"、"体重"、"考试成绩"等是变量，年龄的具体表现"15 岁"、"16 岁"、"17 岁"、"18 岁"、"19 岁"、"20 岁"就是变量值。

2. 变量的种类。

（1）变量按变量值是否连续可分为连续变量与离散变量。① 连续变量，是在一定区间内可任意取值的变量，其变量值是连续不断的，相邻两个数值之间可作无限分割，既可用整数表示，也可以用小数表示。例如，人的年龄、身高、体重；企业的产值、利税额等就是连续变量，其数值可以表现为整数或小数，采用测量或计算的方法取得。② 离散变量，其变量值表现为断开的，只能用整数表示，不能用小数表示。例如，企业个数、学生人数、设备台数、学校数、商店数等都是离散型变量，这种变量的数值一般采用计数的方法取得，都是表现为整数的。

（2）变量按其影响因素不同，可分为确定性变量和随机性变量。① 确定性变量，是指变量值的变动只受确定性因素的影响，其数值是确定的，可由其他因素准确推算的变量。如产值、利润、劳动生产率等。

> **小思考** 某企业某年年产品产量为 20 万台，销售收入为 8 500 万元，利润 920 万元，请指出其中的连续变量、离散变量及变量值，并说明这些变量是属于确定性变量还是随机性变量。

② 随机性变量，是指受偶然性因素，但这种偶然性又表现出必然性，其变量值会围绕某一稳定值上下波动的变量。如某种农作物的产量会受到气温、日照、雨量等偶然因素的影响，其产量数据会有一个变动范围。

三、指标和指标体系

（一）指标

1. 指标的含义。指标又称综合指标，一般有两种理解和使用方法。

一种理解认为，指标是反映现象总体数量特征的概念。如国内生产总值、人口数、商品销售额等。一般来说，这是统计理论与统计设计上所使用的统计指标的含义。按这种理解，指标包括三个构成要素，即指标名称、计量单位和计算方法。

另一种理解认为，指标是反映现象总体数量特征的概念和具体数值。如我国某年全国国内生产总值 300 670 亿元，粮食总产量 52 850 万吨，全社会固定资产投资 172 291 亿元，全年进出口总额达 25 616 亿美元，年末人口132 802万人等。按这种理解，指标包括六个构成要素，即指标名称、指标数值、计量单位、计算方法、时间、空间。一般来说，这是统计实际工作中所使用的统计指标的含义。

一般认为，对指标的这两种理解都是合理的，只是适用于不同场合。在一般性统计设计时，只能设计统计指标的名称、计量单位和计算方法，这是不包括数值的统计指标。然后，经过搜集资料、汇总整理、加工计算可以得到统计指标的具体数值，用来说明总体现象的实际数量状况及其发展变化的情况。

2. 指标的种类。

（1）指标按其说明内容不同，可以分为数量指标和质量指标。① 数量指标，是反映总体总量的指标，是说明总体外延规模的，通常用绝对数表示，其数值随总体范围大小而增减，如从业人数、工业总产值、工资总额、利税总额等。数量指标属于基本的统计指标，它是认识总体现象的出发点。② 质量指标，通常是由数量指标对比计算出来的，用来说明总体内部、总体之间数量关系以及总体单位一般水平的，是反映总体内涵量的指标，用相对数或平均数表示，如人口的年龄构成、人口密度、人均国民收入、平均工资、平均成绩、工人劳动生产率等。

（2）指标按其表现形式不同，分为总量指标、相对指标和平均指标。总量指标属于数量指标，表现为绝对数，平均指标和相对指标属于质量指标，分别表现为平均数和相对数。

以上所述指标是基本的综合指标，广义的综合指标包括所有的统计指标。

3. 指标和标志的关系。指标和标志是两个既有区别又有联系的概念。两者的主要区别是：第一，标志是说明总体单位特征，而指标是说明总体特征的。第二，标志有不能用数值表示的品质标志和能用数值表示的数量标志，而指标都是用数值表示的。标志与指标的主要联系是：第一，标志表现是计算指标数值的基础，其中有许多指标的数值是从总体单位的数量标志值汇总得到的，如全国工业企业的从业人数是由全国各工业企业的从业人数汇总得到的；全国工业企业总产值是所属每个工业企业的总产值的总和等。第二，指标和数量标志之间存在着变换关系。当研究目的改变，原来的总体如变为总体单位，则相应的指标就变为数量标志了，反之亦然。

（二）指标体系

小思考　工业企业分为国有及国有控股企业、集体所有制企业、股份制企业、外商及港澳台投资企业四种类型。某年某市工业企业增加值为 33 910.8 亿元，产品销售率 97.6%，其中某一工业企业属股份制企业，其工业增加值为 526 602 万元，产品销售率为 98.4%。

上述资料中有无总体、总体单位、指标、标志、变量、变量值？如果有，请将它们一一指出来，并加以说明。

1. 指标体系的含义。指标体系是指具有内在联系的一系列指标所构成的整体。在统计研究中，如果只使用一个指标来说明问题，往往只能反映总体某一方面的数量特征。为了全面系统地认识一个复杂现象总体，就必须采用统计指标体系来反映。例如，工业企业的经营活动实际是人力、物资、资金、生产、供应、销售等相互联系的整体活动，为了反映企业生产经营全貌，就应通过由产量、产值、品种、产品质量、职工人数、劳动生产率、工资总额、原材料、设备、占用的资金、成本、利润等指标构成的指标体系来反映。

2. 指标体系的种类。统计指标体系按其反映对象不同，分为基本统计指标体系和专题统计指标体系两类。基本统计指标体系是反映国民经济和社会发展及其各个组成部分的基本情况的统计指标体系。专题统计指标体系是针对某一个经济或社会问题而制定的统计指标体系，如经济效益统计指标体系，人民物质文化社会水平统计指标体系等。

案例

要研究某市的人民生活水平，试分析应采用什么指标进行？

分析如下：

研究人民的生活水平，一般情况下，人们很容易想到采用人均年收入这一个指标来分析，认为收入高、生活水平高。但这种想法是不全面的，因为，人民的生活水平不仅受人均年收入的影响，还会受到物价水平、社会保障等方面因素的影响。假设人均年收入较高，但物价也较高，生活水平未必能高；或者，收入高、物价低、但生病没有医院看，生活质量也不高。所以，要研究人民的生活水平，就应全面考虑衣食住行，通过人均年收入、物价水平、人均住房面积、人均营养摄取量、人均病床数等各种相互联系的指标群——指标体系来反映。每一个指标都从不同的侧面反映了人民的生活状况，综合起来就能比较准确地反映了某市人民的生活水平。

【本章知识架构图】

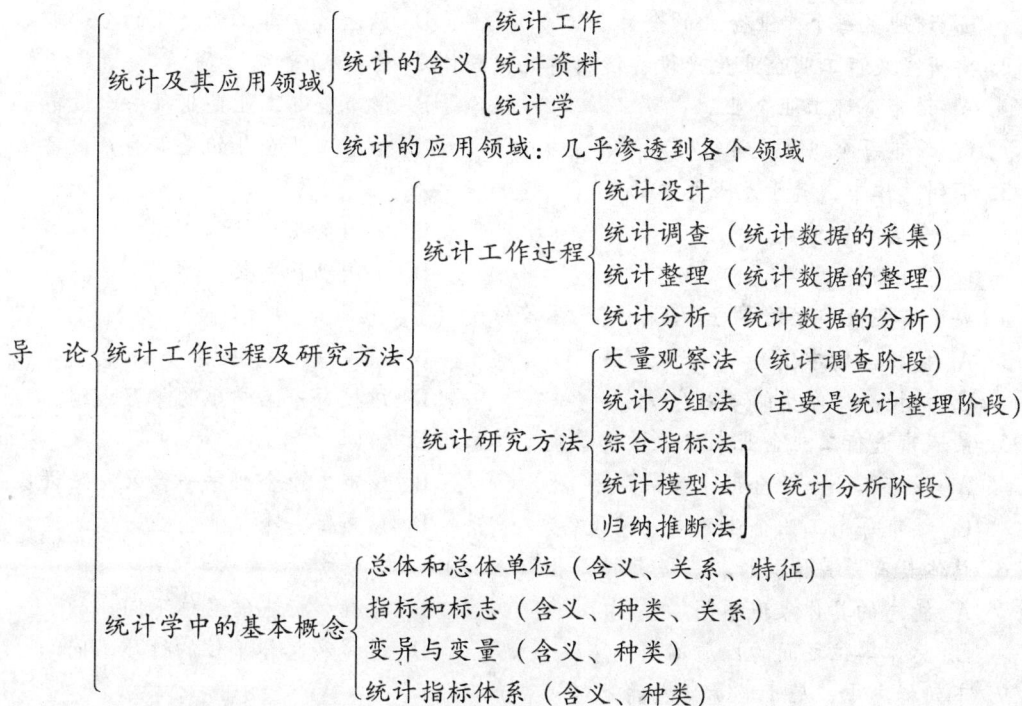

```
            ┌ 统计及其应用领域 ┌ 统计的含义 ┌ 统计工作
            │                │           │ 统计资料
            │                │           └ 统计学
            │                └ 统计的应用领域：几乎渗透到各个领域
            │
            │                            ┌ 统计设计
            │                ┌ 统计工作过程 │ 统计调查（统计数据的采集）
            │                │           │ 统计整理（统计数据的整理）
            │                │           └ 统计分析（统计数据的分析）
导  论 ┤ 统计工作过程及研究方法 ┤
            │                │           ┌ 大量观察法（统计调查阶段）
            │                │           │ 统计分组法（主要是统计整理阶段）
            │                └ 统计研究方法 │ 综合指标法 ┐
            │                            │ 统计模型法 ├（统计分析阶段）
            │                            └ 归纳推断法 ┘
            │
            │                ┌ 总体和总体单位（含义、关系、特征）
            └ 统计学中的基本概念 ┤ 指标和标志（含义、种类、关系）
                             │ 变异与变量（含义、种类）
                             └ 统计指标体系（含义、种类）
```

【综合自测题】

一、知识题

（一）判断题

1. 统计一词包含统计工作、统计资料、统计学三种含义。　　　　　　（　　）

2. 统计学不是研究现象的纯数量关系，而是在质与量的辩证统一中研究现象的数量关系。　　　　　　（　　）

3. 同质性是构成统计总体的前提，差异性是统计研究的前提。　　　（　　）

4. 总体和总体单位随着研究目的的变化而有可能相互转化。　　　　（　　）

5. 年龄"20岁"是数量标志；性别"女"是品质标志。　　　　　　（　　）

6. 教师的性别、教龄、教学工作量、职称、文化程度、工资都是变量。（　　）

7. 变量按其值是否连续出现，可以分为确定性变量和随机性变量。　（　　）

8. 五名学生的考试成绩分别是"50分"、"60分"、"70分"、"80分"、"90分"，这里出现了五个变量。　　　　　　（　　）

9. 用文字表述的指标叫质量指标，用数字表示的指标叫数量指标。　（　　）

10. 指标和标志都是用来说明总体数量特征的，但两者在综合性上存在着差别。（　　）

（二）单选题

1. 对某地区工业企业职工情况进行研究，总体是（　　）
    A. 该地区每个工业企业
    B. 该地区全部工业企业
    C. 该地区每个工业企业的全部职工
    D. 该地区全部工业企业的全部职工

2. 要研究某市工业企业生产设备使用情况，总体是（　　）
    A. 该市全部工业企业
    B. 该市全部工业企业每一台设备
    C. 该市每个工业企业
    D. 该市工业企业的全部生产设备

3. 下列总体中，属于无限总体的是（　　）
    A. 全国人口总数
    B. 全国企业总数
    C. 全国汽车总数
    D. 全国动物总数

4. 要了解某校学生的学习情况，则总体单位是（　　）
    A. 该校全体学生
    B. 该校每一名学生
    C. 该校全体学生的学习成绩
    D. 该校每一名学生的学习成绩

5. 某城市进行工业企业未安装设备普查，总体单位是（　　）
    A. 该市工业企业全部未安装设备
    B. 该市工业企业每一台未安装设备
    C. 该市每个工业企业的未安装设备
    D. 该市每一个工业企业

6. 总体具有差异性的特征，差异性是指（　　）
    A. 标志的具体表现不同
    B. 指标和标志的名称不同
    C. 总体单位之间的性质不同
    D. 总体和总体单位的性质不同

7. 下列标志中，属于数量标志的是（　　）
    A. 学生的年龄　　　B. 学生的性别　　　C. 学生的专业　　　D. 学生的籍贯

8. 下列标志中，属于品质标志的是（　　）
    A. 教师的课时　　　B. 教师的教龄　　　C. 教师的职称　　　D. 教师的工资

9. 某班55名学生来自不同地区，其中，一名回族，其余均为汉族，男、女生的平均身高分别为1.6米和1.72米，则不变标志是（　　）
    A. 家庭住址　　　B. 民族　　　C. 身高　　　D. 班级

10. 某机床厂自动机床的产量和产值这两个变量（　　）
    A. 均为离散变量
    B. 均为连续变量
    C. 前者为连续变量，后者为离散变量
    D. 前者为离散变量，后者为连续变量

11. 下列变量哪个属于连续变量（　　）
    A. 职工人数　　　B. 原煤产量　　　C. 汽车产量　　　D. 居民户数

12. 下列变量哪个属于离散变量（　　）
    A. 企业数　　　B. 总产值　　　C. 销售额　　　D. 利润额

13. 某工人月工资为1 800元，则"工资"是（　　）
    A. 数量标志　　　B. 品质标志　　　C. 质量指标　　　D. 数量指标

14. 某城市四个大超市的日零售额分别为：10万元、12万元、15万元、18万元，则这四个数据是（　　）

A. 总体单位　　　　　B. 标志　　　　　C. 变量　　　　　D. 变量值

15. 几位学生的某门课成绩分别是 60 分、75 分、83 分、90 分、96 分，则"成绩"是（　　　）

A. 标志值　　　　B. 数量指标　　　　C. 数量标志　　　　D. 品质标志

16. 在全国人口普查中（　　　）

A. 男性是品质标志　　　　　　　　B. 人的年龄是变量

C. 人口的平均寿命是数量标志　　　D. 全国的人口是统计指标

17. 若以某市工业企业为总体，则该市工业总产值是（　　　）

A. 总体　　　　B. 标志　　　　C. 指标　　　　D. 变量值

18. 某地区工业企业职工为总体，下面哪个是指标（　　　）

A. 该地区工业企业每名职工的工资额　　B. 该地区工业企业职工的文化程度

C. 该地区工业企业职工的工资总额　　　D. 该地区工业企业职工从事的工种

19. 下列指标属于数量指标的是（　　　）

A. 产品销售额　　　　　　　　　B. 产品合格率

C. 产品销售利润率　　　　　　　D. 产品单位成本

20. 下列指标属于质量指标的是（　　　）

A. 企业职工总数　　　　　　　　B. 企业总产值

C. 企业利税总额　　　　　　　　D. 企业劳动生产率

（三）多选题

1. 统计学运用着各种专门方法，包括（　　　）

A. 大量观察法　　B. 统计分组法　　C. 综合指标法

D. 统计模型法　　E. 归纳推断法

2. 总体的基本特征表现为（　　　）

A. 大量性　　　　B. 数量性　　　　C. 同质性

D. 差异性　　　　E. 客观性

3. 下列标志属于品质标志的是（　　　）

A. 年龄　　　　B. 性别　　　　C. 民族

D. 工资　　　　E. 工种

4. 下列标志属于数量标志的是（　　　）

A. 设备产地　　B. 设备原值　　C. 设备转速

D. 设备使用年限　　E. 设备生产能力

5. 以某市所有工业企业为研究总体，其中，某企业的职工人数是（　　　）

A. 数量指标　　B. 数量标志　　C. 变量

D. 变量值　　　E. 离散变量

6. 某市有两家外资企业，其利润额分别为 120 万元、165 万元，则（　　　）

A. "外资企业"是品质标志

B. "利润额"是指标

C. "利润额"是标志

D. "利润额"是变量

E. 120 万元、165 万元是变量值

7. 以某班学生为总体，下列属于指标的是（　　　）

　　A. 该班学生总数

　　B. 该班某一学生的身高

　　C. 该班学生的平均身高

　　D. 该班学生的总成绩

　　E. 该班某一学生的总成绩

8. 下列指标属于数量指标的是（　　　）

　　A. 人口数　　　　　　B. 国内生产总值　　　　C. 人均国内生产总值

　　D. 土地面积　　　　　E. 人口密度

9. 下列指标属于质量指标的是（　　　）

　　A. 职工人数　　　　　B. 总产值　　　　　　　C. 劳动生产率

　　D. 平均工资　　　　　E. 单位产品成本

10. 要了解某地区全部成年人口的就业情况，那么（　　　）

　　A. 全部成年人口是研究的总体

　　B. 成年人口总数是统计指标

　　C. 成年人口就业率是统计标志

　　D. 反映每个人特征的职业是数量指标

　　E. 某人职业是"教师"是标志表现

（四）简答题

1. 哪些领域都用到统计学？

2. 统计学的研究方法有哪几种？

3. 什么是总体和总体单位？总体的基本特征是什么？

4. 标志与指标有什么区别和联系？

二、技能题

某高职学院为了掌握学生的基本情况，对该院全部学生进行了调查，调查资料显示：全院在校学生 3 522 名，男生 1 682 名，女生 1 840 名；学生来自不同地区，有 11 名回族学生，1 名蒙古族学生，其余均为汉族；全院学生中年龄最大为 24 岁，最小为 16 岁，平均年龄 20 岁。

根据上述资料，分析回答下列问题：

（1）调查的总体和总体单位是什么？

（2）资料中出现的标志有哪些？并指出其类型。

（3）资料中有没有出现变量？若有属于哪一类？

（4）资料中出现的指标是什么？是数量指标还是质量指标？

第 二 章

统计数据的采集方法

┈┈┈┈ **学习目标** ┈┈┈┈┈┈┈┈┈┈┈┈┈┈┈┈┈┈┈┈┈┈┈

本章是介绍统计工作过程的第二个阶段统计调查即统计数据采集的内容。通过本章的学习，了解统计数据的概念及种类、明确统计数据采集的意义和分类；熟悉并掌握统计数据采集的各种组织形式及采集方案的基本内容；能够根据实际情况采用适当的调查方式采集统计数据、灵活地设计采集方案。

能力目标

1. 设计统计数据的采集方案。
2. 设计调查表。
3. 设计调查问卷。

思考导学

1. 为什么要进行统计数据的采集？统计数据采集的种类有哪些？
2. 为什么要事先制订统计数据采集方案？该方案包括哪些基本内容？
3. 什么是问卷？如何设计调查问卷？
┈┈

统计数据的采集在整个统计工作过程中，担负着提供基础资料的任务，是统计工作的初始阶段，又是统计整理和统计分析的前提。没有具体的实际资料，或者采集的统计数据不准确、不完整，都会对统计工作的正常进行造成影响。所以，如何取得准确可靠的统计数据是统计研究的重要内容之一。

第一节　统计数据概述

一、统计数据的概念及分类

（一）统计数据的概念

统计数据是指统计工作过程中所取得的各项数字资料以及与之相关的其他实际资料的总称。统计数据是统计工作过程的成果。

从统计数据本身的来源看，统计数据最初都是来源于直接的调查或实验。从使用者的角度看，统计数据主要来源于两种渠道：一是来源于直接的调查和科学实验，这是统计数据的直接来源，我们称之为第一手或直接的统计数据。由于是直接向调查单位（个体）搜集的未经加工整理、需要由个体过渡到总体的统计资料，又称为原始资料；二是来源于别人调查或实验的数据，这是统计数据的间接来源，我们称之为第二手或间接的统计数据。由于它是根据研究目的，搜集已经经过加工整理、由个体过渡到总体、能够在一定程度上说明总体现象的统计资料，它来源于原始资料，又称为次级资料。

（二）统计数据的分类

不论其来源如何，统计数据毕竟是对客观现象进行计量的结果。对统计数据的属性、特征进行分类、标示和计算，称为统计量度或统计测定。由于客观事物有的比较简单，有的比较复杂，有的特征和属性是显而易见的（如人的外貌体征），有的则是不可见的（如人的信仰和偏好），有的表现为数量差异，有的表现为品质的差异。因此，统计测定也就有定性测定和定量测定的区别。测定的方法不同，得到的统计数据也就不同。据此可将统计数据区分为品质数据和数量数据。

1. 品质数据。品质数据是定性测定的结果。它是说明事物属性特征的统计数据，用文字来表现。由于定性测定又可分为定类测定和定序测定，因而，品质数据又可区分为分类型品质数据和顺序型品质数据两种。

（1）分类型品质数据，是定类测定的结果。由于定类测定只能按照事物的某种属性对其进行平行的分类或分组，通过定类测定得到的统计数据也称分类数据。分类数据表现为类别，每一类型都有特定的文字或数码来表现，这种数码只是代号而无量的意义。例如，对人口按性别划分为男性和女性两类，男性和女性就是特定的文字。对人口同样也可用 1 表示男性人口，用 0 表示女性人口，这些数字只是给不同类别的一个代码，并不意味着这些数字可以区分大小或进行任何数学运算。

（2）顺序型品质数据，是定序测定的结果。由于定序测定按照事物的某种属性对其进行有序的分类或分组，通过定序测定得到的统计数据也称顺序型数据。顺序型数据也表现为类别，但每一类别之间是可以比较顺序的，且各种类型之间具有某种意义的等级差异。例如，对青年职工按受教育程度划分为大学毕业、中学毕业、小学毕业等。对企业按经营管理的水平和取得的效益划分为一级企业、二级企业等。这种排序是确定的，对所研究的问题有特定的意义。但是，并不能具体测定各等级之间的差距的大小，例如，不可能计算一级企业与二级企业的有实质意义的量的差距。

2. 数量数据。数量数据是定量测定的结果。它是说明事物数量特征的统计数据，用数值来表现。又可分为数值型数量数据与时间型数量数据。

（1）数值型数量数据，是对事物个体进行定量测定的结果。例如，收入用人民币元度量，考试成绩用百分制度量，重量用克来度量等，其结果均表现为具体的数值。数值型数量数据也可以进行分类或分组，且每一类别之间可以比较顺序，各种类型之间也具有某种意义的等级差异。更为重要的是数值型数据还可以测定不同类型之间间距的大小，进行相应的加减乘除的数学运算。

（2）时间型数量数据，是对事物个体进行定性或定量测定的基础上进行汇总的结果。由于时间型数量数据是说明事物数量特征的统计数据，也是用数值来表现的，因而也是数量数据。这类数据通常是用来表现某一事物在不同时间的数量特征的，所以称之为时间型数量数据。

从统计工作的结果来看，既有原始资料，也有次级资料。分类型品质数据、顺序型品质数据与数值型数量数据为原始资料，而时间型数量数据为次级资料。

二、统计数据的来源

（一）统计数据的间接来源

对统计数据的大多数使用者来说，亲自去做调查往往是不可能的。所使用的数据通常是别人调查或科学实验的数据，这就是所谓的二手数据。

二手数据主要是公开出版的或公开报道的数据，当然有些是尚未公开出版的数据。在我国，公开出版或报道的社会经济统计数据主要来自国家和地方的统计部门以及各种报刊媒介。例如，公开的出版物有《中国统计年鉴》、《中国统计摘要》、《中国社会年鉴》、《中国工业经济统计年鉴》、《中国农村统计年鉴》、《中国人口统计年鉴》、《中国市场统计年鉴》，以及各省、市、自治区的统计年鉴等。提供世界各国社会和经济数据的出版物也有很多，如《世界经济年鉴》、《国外经济统计资料》，世界银行各年度的《世界发展报告》等。联合国的有关部门及世界各国也定期出版各种统计数据。

除了公开出版的统计数据外，还可以通过其他渠道使用一些尚未公开发布的统计数据，以及广泛分布于各种报纸、杂志、图书、广播、电视传媒中的各种数据资料。现在，随着计算机网络技术的发展，也可以在网络上获取所需要的各种数据资料。

利用二手数据对于使用者来说既经济又方便，但使用时应该注意统计数据的含义、计算口径和计算方法，以避免误用或滥用。同时，在引用二手数据时，一定要注明数据的来源，以尊重他人的劳动。

（二）统计数据的直接来源

统计数据的直接来源主要有两种渠道：一是调查或观察；二是实验。调查是取得社会经济数据的重要手段，实验是取得自然科学数据的重要手段。本节着重讨论取得社会经济数据的主要方式和方法。

1. 统计调查方式。统计调查是取得社会经济数据的主要来源，也是获得直接统计数据的重要手段，实际中常用的统计调查方式主要有抽样调查、普查、统计报表、重点调查和典型调查等。

（1）抽样调查，是根据概率论的原理，按照随机性原则，从总体中抽取一部分单位组成样本进行调查，并根据调查得到的样本指标，对研究对象总体的数量特征作出推断的一种调查方法。抽样调查是现代推断统计的核心。因为无论是对总体的参数估计或假设检验，都是以样本指标为依据的。

抽样调查具有以下特点：

一是按照随机原则从总体中抽取样本单位。所谓随机原则，就是总体中样本单位的中选或不中选不受主观因素的影响，每个单位都有被中选的可能性。只有按照随机原则抽取样本单位，才能使样本的分布特征与总体的分布特征相似，计算的样本指标才可以对总体指标进行估计。随机原则不等于随意性，更不排斥调查者的主观能动性。恰恰相反，它要求调查者充分考虑现实条件，设计出最优的抽样方案，尽力避免各种可能的偏差，从方法技术上保证样本的代表性。既能使调查结果符合预期的目的，又节省人力、财力和时间。

二是根据样本指标对总体的数量特征作出估计。抽样调查的目的不是为了取得样本的数字资料，而是为了得到总体的数字资料。即通过非全面调查的方法起到全面调查的作用。抽样调查以样本的指标即统计量为依据推断总体参数，就是要对总体特征作出某种估计或判断，而且它是以概率论阐明的有关分布规律为依据的估计，可以计算其可靠性和精确度。

三是抽样误差可以事先计算并加以控制。用样本指标推断全及总体指标，不可避免地会产生误差，即抽样误差。但是这种抽样调查所固有的抽样误差在调查之前是可以事先计算的，并且可以根据调查的目的和要求，采取一定的组织措施将误差控制在一定的范围内，保证抽样推断的结果达到一定的可靠程度。

抽样调查的适用范围：

一是不可能或不必要进行全面调查的场合。当对一些现象不可能进行全面调查，而又需要了解全面数字资料时，就可以采用抽样调查，如对连续生产线上的产品质量的检查、海洋生物的研究、人口流动的调查、隐蔽的犯罪行为的研究、经济周期波动的分析等，都不可能进行全面调查，只能进行抽样调查。某些现象虽然可以进行全面调查，但在实际工作中没有必要，这时也可采用抽样调查来解决问题。例如，农产量的调查、城市居民生活情况的调查等，虽然可以进行全面调查，但需要花费大量的人力、财力。采用抽样调查，则可取得事半功倍的效果。

二是对全面调查的资料进行必要验证和修正的场合。全面调查取得的资料是否准确，误差多大，怎样修正，这样的问题不是全面调查本身能解决的。在全面调查之后，按照随机原则抽取一部分单位作为样本再进行一次调查，将这些单位两次调查的数字资料进行比较，计算出其误差率，并据此对全面调查的资料进行修正，同时也验证了全面调查资料的质量。

此外，抽样调查可以应用于生产过程中产品质量的检查和控制。以及对于要求资料及时性很强的事物，如产品的验收检查、农作物收割前产量预计和其他应急的社会问题的调查等，也只有采用抽样调查才能满足需要。

抽样调查在现代统计调查中居主体地位，在我国，国家统计调查制度中所包含的统计指标，依靠抽样方法取得资料的已经达到 1/3 左右，比重还在呈越来越高的趋势。如在城乡住户调查、农产量调查、价格统计和市场调查等领域，抽样调查的应用非常成功；在人口、社会、交通、商业等领域正发挥着越来越重要的作用，并已在统计设计、数据处理和质量检验中得到了广泛的应用。当前，在工业、商业、建筑业及固定资产投资统计中还应深入研究和广泛应用抽样调查方法，改变过去过分依赖全面统计报表的状况。

（2）普查。普查是专门组织的一次性全面调查，用来调查属于一定时点上的社会经济现象总量，以了解重要的国情国力和资源状况的全面资料，为中央政府制定规划、方针政策提供依据。如人口普查、工业机器设备普查、物资库存普查等。

普查具有两个主要特点：

一是普查是一次性调查。它主要是用来调查属于一定时点上的社会经济现象的总量。

二是普查是专门组织的全面调查。它主要用来掌握全面、系统的国情国力方面的基本统计资料。

普查是一种很重要的调查方式。普查和统计报表虽然同属全面调查，但两者是有区别的。统计报表属于经常性调查，而普查属于一次性调查。因为有些社会经济现象不可能也不需要组织经常性的全面调查，但又需要掌握比较全面详细的资料，这样就可以通过普查来解决。普查的内容广泛详细、规模宏大，可以获得比较完整的统计资料，能解决统计报表所不能解决的问题，但由于普查往往涉及面广，资料要求细，需要耗费较多的人力、财力、物力和时间，所以，一般不多采用。

普查作为一次性的全面调查，对资料的准确性和时效性要求高，而且由于面广量大，更需要进行集中领导和统一行动。因此，普查的组织工作很复杂，必须注意以下几个原则：

① 规定统一的标准时点。标准时点是指对被调查对象登记时所依据的统一时点。只有统一规定调查资料所属的标准时点，才能避免搜集资料时由于自然变动或机械变动而产生的重复和遗漏现象。如我国第五次人口普查的标准时点为 2000 年 11 月 1 日零时。

② 规定统一的普查期限。在普查范围的各调查单位或调查点尽可能同时进行登记，并在最短的期限内完成，以便在方法和步调上保持一致。保证资料的准确性和时效性。

③ 统一规定调查项目。调查项目一经统一规定，任何普查分支机构和普查员不得任意改变或增减，以免影响数字资料的汇总。同一种普查，每次调查项目的规定，应力求前后一致，以保证历史资料的可比性。

④ 尽可能按一定周期进行。同一种普查的每次调查尽可能按一定周期进行，以便于分析研究调查对象发展变化的趋势和规律。对于重要的国情国力应建立周期性的普查制度，其普查的内容、时间、组织实施、经费保障等都要以法律或法规的形式加以确定。如人口普查、第三产业普查、工业普查、农业普查可每十年进行一次，分别在逢零、三、五、七的年份实施；基本统计单位普查五年进行一次，可分别在逢一、六的年份实施。其他年份则可以安排一些规模相对较小的普查或地区性调查。

为了保证统计数字资料的准确性和及时性，还应做好普查前的试点工作以及普查后的质量检验与修正工作。

（3）统计报表。统计报表制度是社会主义国家所特有的一种以全面调查为主的调查方式，它是由政府主管部门按照国家或上级部门统一规定的表式、统一的指标项目、统一的报送程序和报送时间，根据统计法规，以统计表格形式和行政手段自上而下布置，由基层企业、事业单位自下而上地逐级向上级和国家定期提供统计资料的一种报告制度，是当前我国搜集统计数据的主要方法之一。

统计报表的资料来源于基层单位的原始记录。从原始记录到统计报表，中间还要经过统计台账和企业内部报表。原始记录是基层单位通过一定的表格形式，对生产经营和业务管理活动的过程和成果所做的最初的、未经任何加工整理的、第一手的数字和文字记载。它具有广泛性、经常性和群众性的特点。统计台账是基层单位根据统计报表要求和经营管理的需要而按时间顺序设置的一种系统积累统计资料的表册。企业内部报表是企业根据原始记录和统计台账，经过汇总计算后编制的，仅在企业内部实行的统计报表。我国目前一些大中企业，根据内部经营管理的需要实行了企业内部报表制度。

统计报表制度具有以下三个显著的优点：① 它是根据国民经济和社会发展宏观管理的需要而周密设计的统计信息系统，从基层单位日常业务的原始记录和统计台账到一系列的登记项目和指标，都可以力求规范和完善，使调查资料具有可靠的基础，保证资料的统一性，便于在全国范围内汇总和综合。② 它是依靠行政手段执行的报表制度，要求严格按照规定的程序和时间上报，因此，具有100%的回收率；而且填报的项目和指标具有相对的稳定性，可以完整地积累资料，便于进行历史对比和动态分析。③ 层层上报、逐级汇总的方式，可以满足各级管理部门对主管系统和区域统计资料的需要。

统计报表制度虽然是高度集中的计划经济体制下的产物，但作为一种全面的基本情况的调查方式，经过调整和改进，同样也是社会主义市场经济体制国家对国民经济和社会发展进行宏观管理的重要工具。

（4）重点调查。重点调查是指为了解调查对象的基本数量情况，只选择一部分重点单位进行的非全面调查。搞好重点调查的关键是正确选择重点单位。所谓重点单位是指这些单位在全部总体中虽然数目不多，但就其调查的标志值来说却在总体标志总量中占很大的比重。通过对这部分重点单位的调查，即可反映被研究现象的基本情况和基本趋势。所以，调查人员在挑选重点单位时，要严格把握两个标准：一是被选中的重点单位数在总体单位数中，所占比重比较小；二是这些重点单位被调查的标志值之和占总体指标数值的比重比较大。上述两个条件必须同时具备，否则就失去重点调查的意义。例如，鞍钢、武钢、首钢、包钢、宝钢等特大型钢铁企业，虽然在全国钢铁企业中只是少数，但它们的产量却占全国钢铁产量的绝大比重。对这些重点企业进行调查，便能省时省力而且及时地了解全国钢铁生产的基本情况，当调查目的只需要掌握调查对象的基本情况，而在总体中又确实存在重点单位时，进行重点调查是比较适宜的。

重点调查由于重点单位是客观存在的且数目较少，所以调查单位的选择不受主观因素的影响，调查项目可以多一些、了解情况可以细一些、深一些、花费的人力、物力、财力和时间可以少一些，这就是重点调查的特点。

根据调查的目的和内容不同，重点调查可以是经常性调查，也可以是一次性调查。通常情况下，可以同统计报表制度相结合，采用统计报表取得所需要的资料。

（5）典型调查。典型调查是根据调查目的，在对总体进行全面分析的基础上，从中有意识地选择具有代表性的若干单位进行深入调查研究，借以认识被研究对象的特征和发展变化一般规律的调查方法。所谓典型单位，是指那些最充分、最集中地体现总体某方面共性特征的单位。

典型调查的关键问题是如何正确选择典型单位。选择典型单位必须根据正确的理论进行全面的分析，切忌主观片面性和随意性；它不仅要求调查者有客观的、正确的态度，而且要有科学的方法。根据不同的研究目的和要求，有以下三种选择典型的方法：① "解剖麻雀"的方法。它适用于总体内各单位差别不太大的情况。通过对个别代表性单位的调查，即可估计总体的一般情况。② "划类选典"的方法。总体内部差异明显，但可以划分为若干类型组，使各类型组内部差异较小。从各类型组中分别抽选一两个有代表性的单位进行调查，即称为划类选典。这种调查既可用于分析总体内部各类型特征，以及它们的差异和联系，也可综合各种类型对总体情况作出大致的估计。③ "抓两头"的方法。从社会经济组织管理和指导工作的需要出发，可以分别从先进单位和落后单位中选择典型，以便总结经验和教训，带动中间状态的单位，推动整体的发展。

典型调查的特点是：① 调查单位是根据调查目的有意识地选择出少数具有代表性的单位，因此，容易受人的主观意志的影响，但便于从典型入手，逐步认识到事物的一般性和普遍性。② 它是非全面调查，调查单位少，调查方法机动灵活，省时省力，有利于提高调查效果。③ 它是一种深入细致的调查，既可以搜集有关数字资料，又可以掌握具体生动的情况，有利于探索事物发展变化的规律性。④ 它可以估计总体，但是不能检验其正确性。

在统计工作中，典型调查既可以作为统计搜集资料的一种方法，也可以作为分析研究问题的一种工作方法。其主要作用是：① 可以用以研究新生事物，抓住苗头，认真地进行调查研究，探索它们的发展方向，总结经验，形成预见，加以推广。② 可以补充全面调查和其他非全面调查的不足。③ 在一定条件下可以利用典型调查资料，结合基本统计数字，估计推算有关数据。

以上五种统计调查方式各有其特点和作用，也有各自的局限性和不足之处。由于国民经济和社会发展情况复杂、门类众多、变化多端，因此，在实际统计工作中，应针对不同情况灵活地、因时因地地采用各种调查方式，并尽可能将各种调查方式结合运用，以便取得准确、全面、丰富的统计资料，满足多层次多目的的需要。随着市场经济的建立和完善，我国已逐步建立起一个以必要的周期性普查为基础，以经常性的抽样调查为主体，同时辅之以重点调查、科学推算和全面报表结合运用的统计调查体系。

2. 数据的采集方法。统计数据的采集方法是指搜集统计资料的具体方法。常用的有直接观察法、访问法、报告法与问卷法。

（1）直接观察法。直接观察法是由调查人员亲自到现场对调查单位直接察看、测量和计量。例如，在对农作物收获量进行调查时，调查人员到调查地块参加收割和计量；对于销售商品的质量，由调查者亲临商场，接触商品，辨认真假伪劣，等等。直接调查取得的资料，具有较高的准确性，但需要大量的人力、物力，使它的应用受到很大的限制。其特点是资料准确性高，费时、费力、费钱。

（2）访问法。访问法是由调查人员按照调查提纲向被调查者提出问题，直接根据被调查者的答复取得资料的方法。具体有口头询问法与开调查会法。

口头询问法是指调查人员对被调查者逐一采访，并提出所要了解的问题，以此作为搜集

> **小思考** 你认为重点调查、典型调查和抽样调查之间最根本的区别是什么？

资料的方法。这种方法由于调查人员对调查项目有统一的理解，与被调查者亲自接触，逐项询问，因而获得的资料比较可靠，但需要花费较多的人力的时间。常用于消费品质量调查，购买力调查等。

开调查会法是由调查人员按一定的调查提纲，邀请一些熟悉所调查问题的人进行座谈讨论以搜集所需资料和情况的方法。这种方法由于可以展开讨论和研究，因而可以获得比较正确的资料，对问题的了解比较深入，便于找到解决问题的办法。

（3）报告法。报告法是以各种原始和核算凭证为调查资料来源，依据统一的表格形式和要求，按照隶属关系，逐级向有关部门提供资料的方法。我国现有的企事业单位所填写的统计报表就是这种方法，有些专门调查也采用此法取得资料。这种方法由于有统一的要求，并以原始记录作为填报资料的依据，如果报告系统健全，原始记录和核算工作完整，也可以取得比较准确的资料，且适宜于同时进行大量单位的调查。但也需要花费大量的人力和物力，其缺点是不便于了解到生动、具体的情况。

（4）问卷法。问卷法是以问卷的形式提问。采取随机或有意识地选择若干调查单位，发出问卷，要求被调查者在规定时间内反馈信息，借以对调查对象总体作出估计。这种搜集资料的方法多用于所谓的主观指标的调查，以其问卷设计独特而著称。问卷调查被广泛运用于民意测验，了解人民群众对一些社会问题的看法，也可用于经济调查。

需要说明的是，上述各种分类，是从不同的角度对同一调查进行的不同分类。例如，普查既是一种专门调查，又是一次性调查，也是全面调查，还可以采用报告法，它们之间是相互交叉的。各种分类相互交叉，统计调查的方式方法也就多种多样。至于组织统计调查时应该采用哪种调查的方式方法，则需要根据统计调查目的和调查对象的特点，结合具体情况灵活选择运用。

三、统计数据的误差种类及其控制方法

（一）统计数据误差的种类

采集统计数据是统计工作的第一步，如何保证统计数据的质量是数据采集阶段应重点解决的问题，因为统计数据质量的好坏直接影响到统计分析结论的客观性与真实性。为确保统计数据的质量，在数据的采集、整理、分析等各阶段都应尽可能减少误差。

统计误差通常是指统计数据与客观现实之间的差距，误差的来源主要有登记性误差和代表性误差两类。

登记性误差是调查过程中由于调查者或被调查者的人为因素所造成的误差。调查者所造成的登记性误差主要有：调查方案中有关的规定或解释不明确导致的填报错误、抄录错误、汇总错误等；被调查者造成的登记性误差主要有：因人为因素干扰形成的有意虚报或瞒报调查数据，这种误差在统计调查中应予以特别重视。登记性误差理论上讲是可以消除的。

代表性误差主要是指在用部分单位的数据进行推断时所产生的误差，其产生的原因是由于所抽取单位代表性差而产生的。如在抽样调查中，其产生的原因有：一是由于样本的抽取没有遵守随机原则而产生的；二是由于样本结构与总体结构的差异而产生的；三是由于样本容量不足而产生的，等等。这类误差在调查结束后通常就无法消除了，但我们事先可以进行控制或计算。

（二）统计数据误差的控制方法

由于登记性误差是在各种调查方式方法中都可能存在的，为了取得相对准确的统计数据，必须采取各种措施，防止可能发生的登记误差，把它缩小到最低限度。

1. 正确制订统计调查方案，详细说明调查项目和计算方法，合理选定调查方法，使之切合调查对象的实际，并使调查人员或填报人员能够明确执行，不致产生误解。

2. 有了科学的统计调查方案，还要切实抓好调查方案的贯彻执行，包括：（1）加强对统计人员的培养训练，使每个统计人员都能准确地理解统计制度方法，特别是所要调查的单位和内容，严格地执行统计制度方法。（2）扎扎实实地搞好统计基础工作：如建立与统计任务相适应的统计机构，配备必要的统计人员。建立健全计量工作、原始记录、统计台账、班组核算等各项制度，使统计数据的来源可靠。（3）在统计调查过程中，加强对数字填报质量的检查。这种检查，一般采取两种方式：一是在调查过程中及时派人去填报单位督促检查，发现问题及时解决；二是组织有关部门定期进行规模较大的数字质量检查，广泛深入地了解表式填报中的问题，提出系统的改进意见。

> 小思考　抽样调查取得的统计数据可能存在什么误差？

如果是进行大规模的普查，那就应该制订严密的工作计划，建立详细的岗位责任制，使各个环节的工作紧密衔接，发现差错，便于纠正。

以上是控制登记性误差的一些方法措施。至于代表性误差的控制，如果是重点调查和典型调查，抽取调查单位时从多方面加以研究，并广泛征求有关方面的意见，使选出的调查单位具有较高的代表性；如果是抽样调查则应该严格遵守随机原则。

第二节　统计数据的采集方案

一、统计数据采集方案的基本内容

统计调查，特别是规模较大的统计调查，需要投入大量的人力、物力和财力，整个数据的采集过程就是一项系统工程。因此，事先必须进行周密设计，拟定好提挈全局的指导性文件，这个文件就是统计数据的采集方案，或称统计调查方案。一份完整的调查方案，应包括以下基本内容。

（一）调查目的

调查目的，也就是调查研究所要解决的问题。不同的调查目的，决定不同的调查对象、调查单位和调查项目。因而调查目的必须十分明确，中心突出，这样才能有的放矢地确定调查什么，向谁调查，用什么方式方法进行调查等一系列问题。

如何确定调查目的，主要是考虑统计研究的实际需要，并结合调查对象本身特点来确定。任何现象都可以根据人们的需要，从不同方面、不同角度来搜集资料。例如，对职工家庭生活情况既可以从物质方面进行研究，也可以从精神方面进行研究。因此，确定调查目的时，一般应该遵循以下原则：（1）根据党的方针政策和当前的政治经济任务，抓住最为重要的迫切问题。（2）有关国情国力的基本情况。（3）从统计工作整体出发，立足于国民经济综合平衡。

（二）调查对象与调查单位

调查目的确定以后，随之就要确定调查的对象和单位。确定调查对象和调查单位是为了回答在什么范围内调查、向谁调查、由谁来具体提供统计资料等问题。调查对象是指需要进行调查的现象的总体。确定调查对象就是要明确规定所要采集的统计数据对应的总体范围和界限。例如，对某市失业人口进行调查，显然只有把"失业人口"界定清楚，才能保证统计数据的准确性。确定调查对象是一个比较复杂的问题，因为社会生活中的许多现象之间既相互联系又相互交错。所以在确定调查对象时，首先要根据调查目的，对研究对象进行认真分析，掌握其主要特征，科学地规定调查对象的含义；其次要明确调查对象总体的范围，划清它与其他现象的界限。只有调查对象的含义确切、界限清楚，才能避免在调查工作中产生重复或遗漏，保证统计资料的准确性。

调查单位，就是被调查的总体单位，也即被调查登记的标志的直接承担者。如对失业人口的调查，调查单位必须是界定清楚的真正的失业者，如果进行全面调查，调查单位就是全部的真正失业者；如果是非全面调查，就是被抽中的失业者。可见，调查单位必须是总体单位，但所有的总体单位是否都是调查单位，取决于调查的方式。

在确定调查对象和调查单位时，还需要确定填报单位。填报单位也叫报告单位，它是负责填定与报送统计资料的单位。填报单位一般是在行政上、经济上具有一定独立性的单位，而调查单位既可以是人、物、事件，也可以是企事业单位。根据调查目的的不同，调查单位与填报单位有时一致，有时不一致。如对失业人口调查，如果规定是向基层民政部门调查，则调查单位是每个失业者，而填报单位就是基层民政部门。

（三）调查项目

在调查目的、调查对象、调查单位确定之后，必须确定具体的调查项目。调查项目是指需要向调查单位进行调查登记的具体内容或标志。确定调查项目所要解决的问题就是：向调查单位调查什么，搜集什么资料，登记哪些特征。通俗地说，调查项目就是根据调查目的所罗列的一份在调查过程中应该获得答案的各种问题的清单。例如，对失业人口调查中，根据调查的目的需要登记每一个失业者的姓名、性别、年龄、文化程度、失业时间、失业前职业、失业前月收入额等，这些标志就是调查项目。除此以外，还有需要登记的一些具体内容，如请你对所期望的职业前景进行简单描述？这就是通常我们在问卷调查中提出的问题，也属于调查的项目。

确定调查项目是一件责任重大而非常有意义的工作。调查项目确定的正确与否，决定了整个统计工作的成效。反映调查单位特征的标志和内容是多种多样的，选择哪些，选择多少则是确定调查项目的重大问题。因此，在确定调查项目时要注意以下五个问题：一是调查项目只应列出调查目的所需要的项目，可有可无、备而不用的项目不应列入；二是调查项目只应列出能够取得确切实际资料的项目，对于虽然需要但没有条件取得实际资料的项目不应列入；三是调查项目的提法和含义必须明确具体，不能模棱两可，以免调查人员或被调查者按照各自不同的理解进行回答或填写，使调查到的统计数据无法汇总；四是调查项目之间尽可能做到相互联系、彼此衔接，以便相互核对，提高统计数据的质量；五是对于同类统计调查，本次调查的项目与过去的项目之间尽可能一致，以便进行动态对比，研究现象的发展变化。

（四）调查时间与调查期限

在统计调查方案中，需要确定两个时间：一是调查时间；二是调查期限。

调查时间，即统计数据的所属时间，是指所要调查的统计数据所限定的时间维度。如果所要调查的对象是时期现象，就要规定统计数据所采集的对象从何时起到何时止的现象特征，即调查时期；如果所要调查的是时点现象，则要规定统一的标准调查时点，即调查时点。由于现象不同，统计数据的所属时间有调查时期和调查时点之分。但调查期限则不同于统计数据的所属时间，它是指采集统计数据这一工作过程的起止时限，它包括调查资料和报送资料整个工作过程所需的时间。

明确规定调查时间，是保证调查资料准确性的重要条件，而调查期限的确定则是满足资料的时效性。所以，我们应在保证资料准确性的前提下尽可能地缩短调查的时间。

（五）组织实施计划

在调查方案中，必须有一个经过周密考虑的调查组织实施计划，这是保证统计调查工作顺利进行的重要前提。调查组织实施计划，也就是调查的具体工作计划。其内容一般包括：调查工作的领导机构和办事机构。即准备和进行统计调查并对该项调查工作负责的组织、机关或单位；调查人员的组织，调查的工作步骤；调查前的准备工作，包括宣传教育、人员培训、

小思考　人口出生数、产品产量、在册职工人数、银行存款这几项统计数据的调查中，哪一项应明确规定统一的标准时点？为什么？

调查文件的准备、调查资料的报送办法、调查经费的预算和开支办法、提供或公布调查成果的时间等；调查地点和调查方法的确定；其他工作，如调查方案的传达布置、调查工作的检查监督方法、试点调查、调查工作总结等。

随着统计工作的现代化，统计调查方案要求日趋周密完善，并且运用系统工程的原理和运筹学的方法对各个环节实现质量控制，层层把关，以保证统计数据调查工作的顺利进行，圆满地完成统计调查任务。当然，对于规模较小的统计数据的调查，可以设计较为简略的方案，但是，这五项基本内容是不可缺少的。

二、调查表与问卷的设计

（一）调查表的设计

1. 调查表的概念与构成。调查表是将调查方案中拟定的调查单位和调查项目按一定的逻辑顺序排列而成的表格，以便填写和登记调查单位的具体特征和情况。调查表是统计调查方案设计的核心部分，是调查项目的具体化，是搜集统计原始数据的一个重要工具。

调查表一般由表头、表体和表脚三部分组成。表头是调查表的名称，用来说明调查的内容，被调查单位的名称、性质、隶属关系等；表体是调查表的主要部分，包括调查的具体项目；表脚也称表外附加，通常由填表人签名、填报日期、填表说明等内容组成。

2. 调查表的种类与设计。调查表通常有单一表和一览表两种形式。

单一表是供调查单位单独登记的表格，有多少个调查单位就需要多少调查表。它可以详细列示调查的项目，甚至一份表格可以由几张表格组成。单一表适用于调查项目多而登记单位（同时也是调查单位）分散的情况（见表 2 - 1 建筑幕墙、铝合金门窗企业基本情况调查）。

表 2－1 建筑幕墙、铝合金门窗企业基本情况

表　　号：建筑幕墙 C 101 表
制表机关：中国建筑金属结构协会
铝门窗幕墙委员会

二〇××年　　　　批准文号：［2004］号

01 法人企业代码 □□□□□□□	05 企业所在地及行政区划
02 法人企业名称＿＿＿＿＿＿＿	＿＿＿省（自治区、直辖市）＿＿＿（区、市、州、盟）
法人企业曾用名称＿＿＿＿＿＿	＿＿＿＿＿县（区、市、盟）乡（镇）
03 法定代表人（负责人）：＿＿＿＿＿	＿＿＿＿＿街（村）、门牌号
职务：＿＿＿＿＿	行政区划代码 □□□□□□
04 企业资质证书编号：	

06 通讯情况	07 开业时间 □□□□年 □□月	08 行业类别 行业代码□□□□
电话号码＿＿＿＿＿＿＿		
分机号＿＿＿＿＿＿＿		
传真号码＿＿＿＿＿＿＿		09 生产许可证
分机号＿＿＿＿＿＿＿		1. 建筑幕墙
邮政编码＿＿＿＿＿＿＿		2. 铝合金门窗
E－mail ＿＿＿＿＿＿＿		
网址：＿＿＿＿＿＿＿		

10 登记注册类型

#内资	170 私营企业	240 港、澳、台商投资股份有限公司
110 国有企业	171 私营独资企业	
120 集体企业	172 私营合伙企业	#外商投资
130 股份合作企业	173 私营有限责任公司	310 中外合资经营企业
141 国有联营企业	174 私营股份公司	320 中外合作经营企业
142 集体联营企业	190 其他企业	340 外商投资股份有限公司
143 国有与集体联营企业	#港澳台商投资企业	
149 其他联营企业	210 合资经营企业	
151 国有独资公司	（港或澳、台资）	
159 其他有限责任公司	220 合作经营企业	
160 股份有限公司	（港或澳台、资）	
	230 港、澳、台商	
	独资经营企业 □□□	

11 企业资质等级

施工资质	设计资质
1. 建筑幕墙	1. 甲级
（1）一级	2. 乙级
（2）二级	3. 丙级
（3）三级	
2. 铝合金门窗	
（4）一级	
（5）二级	
（6）三级	

单位负责人：　　　　统计负责人：　　　　填报人：　　　　报出日期：　　年　月　日

说明：调查范围是全国生产建筑幕墙及铝合金门窗的企业。

一览表是可同时登记若干个调查单位的表格，适用于登记项目相对较少，且可对若干个调查单位集中登记的情况（见表2－2国土资源部直属事业单位人员、机构及经费情况）。

设计和选用调查表除考虑调查单位与调查项目的多少以外，还应考虑资料是宜于分散调查还是集中调查、资料的及时性要求等。

表2－2 　　　　　　　国土资源部直属事业单位人员、机构及经费情况

填报单位：　　　　　　　　　　　　　　　2×××年　　　　　　　　　　单位：人、万元

单位名称	年末从业人员（人）				平均人数	收入总额	收入总额（万元）	
	研究生以上	大本及大专	高中及中专	初中及以下			中央财政	其他收入

审核：　　　　　　　　　制表：　　　　　　　　　　　报出时间：　年　月　日

无论是单一表或是一览表，都只限于调查方案中所拟定的项目，力求简洁明了，排列有序，便于前后对照检查。对于表中所列项目必须向登记者提示或解释的内容，则可另附填表说明和指标解释。

填表说明是用来提示填表时应该注意的事项；指标解释则是为了说明调查表中每个或某些调查项目的含义、包括的范围、计算方法等。列入调查表中的许多项目，每个调查人员或填报人员对它们的理解不尽相同。为了保证调查得到的统计数据的科学性和统一性，填表说明和指标解释，是填报人员必须遵循的准则。

（二）问卷的设计

1. 问卷的概念与种类。问卷是一组与调查目的有关的问题，或者说是一份根据调查目的而编制的有关问题的表格。所以，问卷是一种特殊形式的调查表。其特点是在表中用一系列按照严密逻辑结构组成的问题，向被调查者调查具体事实和个人对某问题的反应、看法，它不要求被调查者填写真实姓名。

问卷按调查时传递的方式分为报刊问卷、邮政问卷、送发问卷和访问问卷；按填写的方式分为自填问卷和代填问卷。

2. 问卷的一般结构。问卷通常由三个部分组成：说明词、主题问句和作业记录。

说明词列于问卷的前面，用来说明这次问卷调查的目的、意义、简单的内容介绍、关于匿名的保证以及对回答者的要求，一般是要求回答者如实回答问题，同时要对回答者的配合予以感谢，并且要有调查者的机构或组织的名称。

主题问句即用来搜集资料的一系列问句，是问卷的主体。这一部分应包括调查的主要内容，以及一些答题的说明。一般把问卷的主体又分为两部分，一是被调查者的背景资料，即关于个人的性别、年龄、婚姻状况、收入等问题；二是调查的基本问题。一般情况下将这两部分分开，很多问卷出于降低敏感性的考虑把背景资料的问题放在基本内容的后面，这是可以的。对于回答问题的说明也要写清楚，如怎么写答案，跳答的问题，哪些人不回答等的说明，必要时进行编码以便于录入方便。

作业记录是问卷执行和完成情况的记录，由调查者最后填写。这一部分是调查的一些基本信息，如调查时间、地点、调查员姓名、被调查者的联系方式等信息的记录。最后还要对被调查者的配合再次给予感谢。

3. 问句的设计与排序。问句是问卷调查内容的基本构成要素，问卷的设计主要是指问句的设计。

问句是在问卷调查中要求被调查者回答的各种问题，与一般性的问题相比较，具有两个特点：一是问句不仅包括询问的语句，而且还包括将要记录的答案，以及回答问题的方式；二是问句不一定是发问的形式或口吻，而常常只是叙述一种情况或是事实，然后征询意见。

问句的种类有多种多样，按问句本身的性质可分为事实问句、态度问句和原因问句；按问句回答的内容分为系统问句和非系统问句；按问句回答的形式分为封闭式问句和开放式问句。以上不同分类的问句可以相互包含，相互结合。即一个问句同时既可以是事实问句，又是系统问句，还可以是封闭式问句。到底采用何种形式的问句，调查者可以根据具体的调查内容来设计。

一份问卷应该包括多少个问题，这要依据调查的内容、样本的性质、分析的方法、拥有的人力、财力和时间等各种因素来决定，没有固定的标准。但一般来说，问卷不宜太长。通常以回答者在 20 分钟以内完成为宜，最多也不要超过 30 分钟。

一般在问句设计时应注意以下几点：（1）用字简单、定义清楚。在问句设计中应该选用常见的、字义清楚的字，而避免用冷僻、模棱两可的字。使回答者能正确理解句子的含义、准确回答，以统一被调查者对同一问句的理解和认识。（2）问句的设计宜短不宜长，句子的结构应尽量的简单和口语化，且语句要和蔼、亲切，以便于被调查者积极配合调查并提供自己的意见。（3）问题应注意具体性，一个问题一个要点。同时要防止使用一般性或笼统性的字眼，对事实发生的时间、地点、人物、事件、原因都应有明确的界定。（4）问题要使回答者能够并愿意回答，以减少应答者的障碍。(5) 避免使用诱导性语言提问。(6) 在问卷中有些特定的问题只限于一部分被调查者，应借助于过滤性的问句。

在安排问卷中问题的次序时应遵循下列常用的规则：(1) 把简单易答的问题放在前面，把复杂难答的问题放在后面。(2) 把能引起被调查者兴趣的问题放在前面，把容易引起他们紧张或产生顾虑的问题放在后面。(3) 把被调查者熟悉的问题放在前面，把他们感到生疏的问题放在后面。(4) 一般先问行为方面的问题，再问态度、意见、看法方面的问题。(5) 个人背景资料，一般放在结尾，但有时也可以放在开头。(6) 若有开放式问题，则应放在问卷的最后面。

小思考 你现在使用什么牌子的牙膏？该问句是封闭式问句还是开放式问句。为什么？而你在选择衬衫时认为最重要的是什么？(1) 质料 (2) 款式 (3) 花色 (4) 价格 (5) 牌子 (6) 其他，此问句呢？

案　例

某高校为了研究××年入学新生的经济状况，欲进行全面调查，请为该项调查活动设计一个简单的统计调查方案。

分析如下：

由于调查范围较小，可以设计较为简要的调查方案。但必须包括五项基本内容。

某高校××年入学新生的经济状况调查方案

1. 调查目的。通过对某高校××年入学新生的一次性全面调查，了解入学新生的家庭经济状况，以便研究新生入学后的生活费用来源状况，以便采取相应的政策措施帮助家庭贫困的学生顺利度过高等教育阶段。

2. 调查对象和调查单位。由于此次调查是一次性的全面调查，也即普查，所以××年全部入学新生为调查对象。每一位入学新生均为调查单位。填报单位为每一位入学新生。

3. 调查项目和调查表。根据调查目的确定调查项目时，应该考虑以下两点，(1) 入学新生本身对生活费用需求大小的因素；(2) 入学新生的家庭经济状况与家庭所在地、人口数、家庭成员的劳动能力等对入学新生生活费用来源的影响。

将调查项目罗列如下：姓名、性别、家庭所在地，家庭成员姓名、性别、年龄、与本人的关系、职业、月收入、家庭的月收入、家庭月生活费支出总额。

设计调查表。由于各个调查单位所要调查的项目具有隐秘性，且该统计数据不宜于集中调查必须运用分散调查的方式，对资料的及时性要求不是很高，所以应该设计成单一表的形式。表格形式见表2-3：

表 2 - 3　　　　　　　　　　×× 年入学新生家庭经济状况调查表

姓　名			性　别			年　龄		民　族	
家庭所在地				原户籍所在地					

家庭主要成员基本情况

姓　名	称　呼	年　龄	性　别	工作单位或就读学校	职　业	月或年收入

家庭年总收入	年总支出费用						
	购买生产资料	吃	穿	住	用	烧	合　计

备　注：

父系亲属主要成员基本情况

姓　名	称　呼	年　龄	性　别	工作单位	职　业	月或年收入

母系亲属主要成员基本情况

姓　名	称　呼	年　龄	性　别	工作单位	职　业	月或年收入

后附：居委会或村委会的证明（需要经济援助者）

填表说明：（1）家庭主要成员部分只能填写父母兄弟姐妹，父系亲属主要成员填写父亲的父母兄弟姐妹，母系亲属主要成员填写母亲的父母兄弟姐妹。

（2）月或年收入项目中职业为农民者填写上年年收入，其他职业填写 ×× 年 8 月的实际收入。

（3）在年总支出费用中，户籍所在地为农村者填写购买生产资料支出，吃的支出指现金实际支出额，住的支出可在下面的备注中填写建房时间，当时的费用。户籍所在地为城镇者，住的支出填写年房租支出或还贷总额。在备注中写明购房时间、贷款年限、房屋面积与价值。

4. 统计数据所属时间和调查时限。统计数据所属时间分两种情况：上年 1 月 1 日 ~ 12 月 31 日（农村户口的学生）；上年 9 月 1 日 ~ ××年 8 月 31 日。资料调查时限：3 个月，即 ××年 11 月 30 日前结束。

5. 调查的组织实施计划。校学生处牵头，财务处及学生所属各系部协助负责调查工作，具体由 2006 级新生班班主任专门负责各班调查工作的实施，其主要内容是：（1）对班主任进行调查前培训，使其能够深入细致地了解学生经济状况并客观、公正指导学生填写调查表；（2）直接观察与被调查者自填法相结合；（3）运用被调查者自填法时应对各个调查的项目及资料所属的时间交代清楚；（4）班主任对所负责班级学生填报的资料进行初步的验证、筛选与审核；（5）在初步整理的前提下于 ××年 11 月 30 日前上报。

【本章知识架构图】

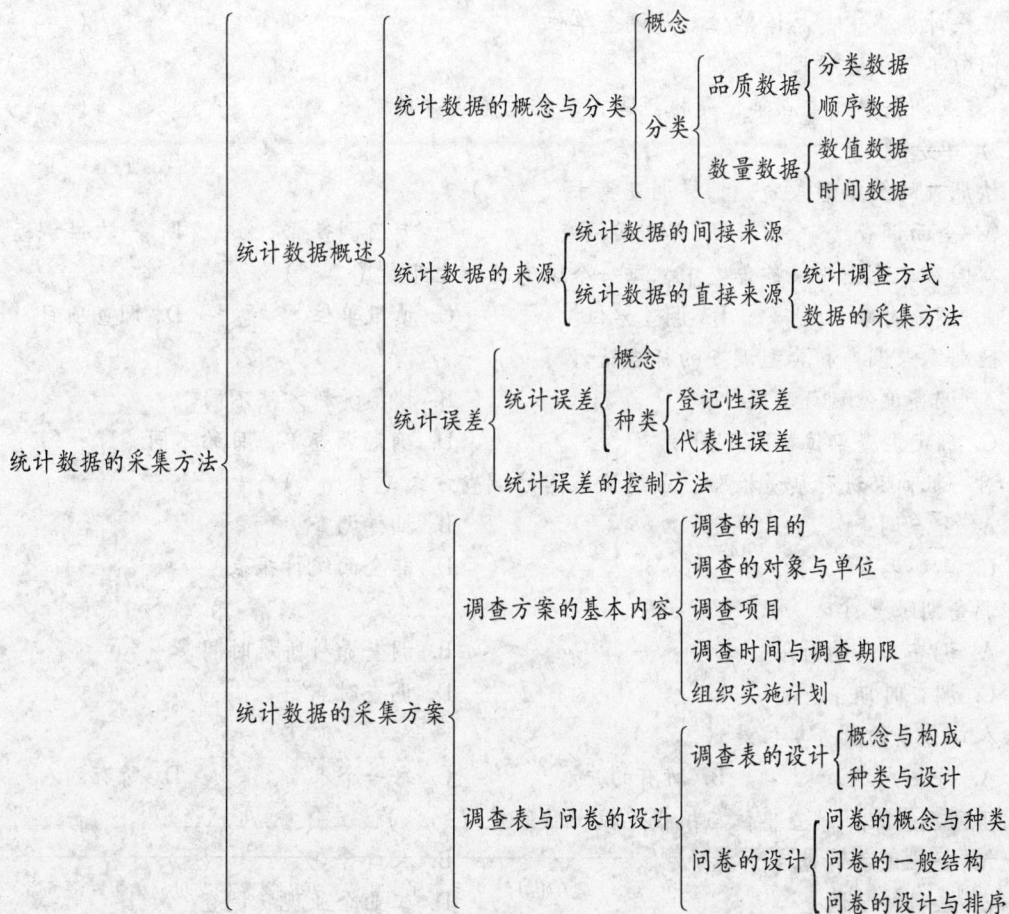

统计数据的采集方法

- 统计数据概述
  - 统计数据的概念与分类
    - 概念
    - 分类
      - 品质数据
        - 分类数据
        - 顺序数据
      - 数量数据
        - 数值数据
        - 时间数据
  - 统计数据的来源
    - 统计数据的间接来源
    - 统计数据的直接来源
      - 统计调查方式
      - 数据的采集方法
  - 统计误差
    - 统计误差
      - 概念
      - 种类
        - 登记性误差
        - 代表性误差
    - 统计误差的控制方法
- 统计数据的采集方案
  - 调查方案的基本内容
    - 调查的目的
    - 调查的对象与单位
    - 调查项目
    - 调查时间与调查期限
    - 组织实施计划
  - 调查表与问卷的设计
    - 调查表的设计
      - 概念与构成
      - 种类与设计
    - 问卷的设计
      - 问卷的概念与种类
      - 问卷的一般结构
      - 问卷的设计与排序

【综合自测题】

一、知识题

（一）判断题

1. 全面调查与非全面调查是根据调查结果所取得的资料是否全面来划分的。（　　）
2. 全面调查只适用于有限总体。（　　）
3. 重点调查只能是一次性调查。（　　）
4. 要想通过非全面调查来取得全面调查资料，应选用典型调查方法。（　　）
5. 典型调查既可以搜集数据资料，又可以搜集不能用数字反映的情况。（　　）
6. 统计误差就是指由于错误判断事实或者错误登记事实而发生的误差。（　　）
7. 调查时间就是进行调查工作所需要的时间。（　　）
8. 在统计调查中，总体单位就是调查单位。（　　）
9. 问句不是调查项目。（　　）
10. 重点调查中的重点单位是根据当前工作的重点来确定的。（　　）

（二）单选题

1. 按调查的组织形式分，抽样调查属于（　　）
   - A. 全面调查
   - B. 非全面调查
   - C. 专门调查
   - D. 一次性调查
2. 在国有工业企业设备普查中，每一个国有工业企业是（　　）
   - A. 调查对象
   - B. 调查单位
   - C. 填报单位
   - D. 调查项目
3. 区别重点调查和典型调查的标志是（　　）
   - A. 调查单位数目不同
   - B. 搜集资料方法不同
   - C. 确定调查单位标准不同
   - D. 确定调查单位目的不同
4. 对一批商品进行质量检验，最适宜采用的调查方式是（　　）
   - A. 重点调查
   - B. 抽样调查
   - C. 典型调查
   - D. 非全面统计报表
5. 调查期限是（　　）
   - A. 调查工作的时限
   - B. 调查资料所属时间
   - C. 调查时期
   - D. 调查时点
6. 人口普查的调查单位是（　　）
   - A. 每一户
   - B. 所有的户
   - C. 每一个人
   - D. 所有的人
7. 下列调查中，调查单位与填报单位一致的是（　　）
   - A. 企业设备调查
   - B. 人口普查
   - C. 农村耕畜调查
   - D. 工业企业现状调查
8. 普查规定标准时点是为了（　　）
   - A. 避免登记的重复与遗漏
   - B. 确定调查对象的范围
   - C. 确定调查单位
   - D. 确定调查期限
9. 对全国各铁路交通枢纽的货运量等进行调查以了解全国铁路货运概况属于（　　）

A. 抽样调查　　　　B. 重点调查　　　　C. 典型调查　　　　D. 经常性调查

10. 对农作物产量进行抽样调查时，调查人员亲自抽取样本、收割、脱粒、扬场、晾晒、称量，这种调查从采集资料的方法上属于（　　　）

A. 直接调查　　　　B. 凭证调查　　　　C. 派员调查　　　　D. 问卷调查

（三）多选题

1. 统计数据按测定的方法不同区分为（　　　）

A. 定量数据　　　　B. 定性数据　　　　C. 分类数据

D. 顺序型数据　　E. 数值型数据

2. 非全面调查形式有（　　　）

A. 重点调查　　　　B. 抽样调查　　　　C. 典型调查

D. 非全面统计报表　E. 普查

3. 普查是（　　　）

A. 非全面调查　　　B. 专门调查　　　　C. 全面调查

D. 经常性调查　　E. 一次性调查

4. 全国工业企业普查中（　　　）

A. 全国工业企业数是调查对象

B. 每个工业企业是调查单位

C. 每个工业企业是填报单位

D. 全国工业企业是调查对象

E. 全国工业企业数是统计指标

5. 制订一个周密的调查方案，应确定（　　　）

A. 调查目的与调查对象

B. 调查单位与填报单位

C. 调查项目与调查表或问卷

D. 调查资料的使用范围

E. 调查时间与调查期限

6. 调查单位是（　　　）

A. 需要调查的社会经济现象总体

B. 需要调查的社会经济现象总体中的个体

C. 调查项目的承担者

D. 负责报告调查资料的单位

E. 调查对象所包含的具体单位

7. 乡镇企业抽样调查中，抽取的每一个乡镇企业是（　　　）

A. 调查主体　　　　B. 调查对象　　　　C. 调查单位

D. 调查项目　　　　E. 填报单位

8. 属于一次性调查的是（　　　）

A. 人口普查

B. 职工家庭收支情况调查

C. 单位产品成本变动调查

  D. 全国现有耕地面积调查

  E. 房地产业民用住宅空置量调查

9. 统计误差按产生的原因分为（　　　）

  A. 实际误差   B. 绝对误差   C. 相对误差

  D. 登记性误差 E. 代表性误差

10. 统计调查可以采集的统计资料有（　　　）

  A. 原始资料   B. 次级资料   C. 文字资料

  D. 数值资料   E. 时间资料

（四）问答题

1. 统计数据的种类有哪些？

2. 对统计数据调查的组织形式有哪些？各种非全面调查之间的区别有哪些？

3. 调查对象与调查单位的关系是什么？试举例说明。

4. 调查单位与填报单位有何区别与联系。

二、技能题

为了了解大众看电视、听广播的情况，请设计一个调查问卷。

第 三 章

统计数据的整理与显示方法

学习目标

　　本章是统计工作过程中的第三个阶段，是对统计数据整理与显示方法的介绍。通过本章内容的学习，要求学生了解统计数据整理的程序；明确统计整理的内容；熟悉并掌握统计分组与频数分布的编制方法以及统计图表的绘制方法；在实践中能理解并具体掌握运用统计图表。

能力目标

1. 编制频数分布表。
2. 运用 Excel 进行分类汇总和合并计算。
3. 根据统计数据选用适当的统计图表示。

思考导学

1. 为什么要进行统计数据整理？统计整理的对象是什么？
2. 为什么说统计分组是统计数据整理的基本方法？
3. 编制频数分布表有哪些步骤？
4. 统计图与统计表在显示统计数据方面，哪一种容量大？

　　通过统计数据的采集，我们收集到的主要是表明个别事物或现象的原始资料，其次还有次级资料，这些资料是分散的、不系统的。仅仅根据这些资料不可能认识现象的总体，也不可能从量的方面反映出现象总体质的特征和规律。为此，必须按照统计研究的目的，采取科学的方法对统计数据进行整理。

第一节　统计数据整理的程序

统计数据整理是对统计数据的加工处理过程，目的是使统计数据系统化、条理化，符合统计分析的需要。数据整理是介于数据收集与数据分析之间一个必要的环节。同时，数据整理也是将对社会经济现象个体量的观察或实验上升到对社会经济现象总体量的认识的连接点，这一统计工作过程实现了由个体到总体、由特殊到一般、由现象到本质、由感性到理性的转化。

依据统计数据的来源不同，其整理的具体对象有两类：一是原始资料，二是次级资料。由于统计数据的采集侧重于对原始资料的收集，同样本章也侧重于对原始资料的整理。

通过统计调查搜集到的原始资料是分散的、不系统的，只能说明总体单位的特征。因此，在对统计数据采集之后，必须按照科学的原则加以整理，使之由"个别"上升到"一般"，使"原材料"转变成"产成品"，成为既便于储存，又便于传递的反映总体数量特征的指标数值。这一复杂的过程包括统计数据的审核与筛选、统计分组、统计汇总、复核资料和统计数据的显示五个程序。

一、审核与筛选调查资料

统计数据的审核与筛选是统计数据整理的首要环节，是对统计数据进行"深加工"的前提。

（一）数据审核

统计调查虽然要求做到准确、及时和全面，但由于种种原因，所采集的统计数据仍会存在某些问题。统计数据审核的目的是检查数据中的错误，以保证数据的质量，为进一步整理与分析打下基础。不同来源渠道的统计数据审核的内容和方法上有所不同。

对于通过直接调查所取得的原始数据，审核的内容主要有两个方面：一是完整性审核，即检查应调查的单位或个体是否有遗漏，所有的调查项目是否填写齐全等；二是准确性的审核，即检查数据是否真实反映客观实际情况，内容是否符合实际，计算是否正确等。审核数据准确性的方法主要有逻辑检查与计算检查。逻辑检查是从定性角度，审核数据是否符合逻辑，内容是否合理，各项目或数字之间有无相互矛盾等现象。计算检查是检查调查表中的各项数据在计量单位、计算结果和计算方法上有无错误。

对于通过其他渠道取得的二手数据，除了上述审核内容外，还应审核数据的适用性和时效性。适用性审核是指应弄清楚数据的来源、数据的口径以及有关的背景材料，以便确定数据是否符合自己分析研究的需要，是否需要重新加工整理等；时效性审核是指尽可能使用最新的数据。对于有些时效性要求较强的问题，如果所取得的数据过于落后，可能已失去了研究的价值。

对审核过程中发现的错误应尽可能予以纠正。如果对数据中发现大错误不能予以纠正，或者有些数据不符合调查的要求而又无法弥补时，就需要对数据进行筛选。

（二）数据筛选

统计数据筛选的目的是找出符合条件的数据，其内容包括两方面：一是将某些不符合要求的或有明显错误的数据予以剔除；二是将符合某种特定条件的数据筛选出来。数据的筛选既可以人工筛选，也可以借助于计算机自动完成。

在 Office 办公应用软件中，运用 Excel 可以进行“自动筛选”和“高级筛选”。“自动筛选”能满足大部分筛选需求，然而当需要更复杂的条件来筛选时，则需要使用“高级筛选”。下面以某班 16 名同学的成绩（见图 3－1）为例来说明数据筛选的过程与方法。

1. 自动筛选。

【例 3－1】将图 3－1 所示的数据表中男学生平均分大于等于 70 分的学生成绩筛选出来。

操作步骤如下：

① 将单元格光标移动到表头（第 2 行）的任意位置，在菜单栏上选择“数据”→“筛选”→“自动筛选”选项，系统自动在每列表头上显示筛选箭头（见图 3－2）。

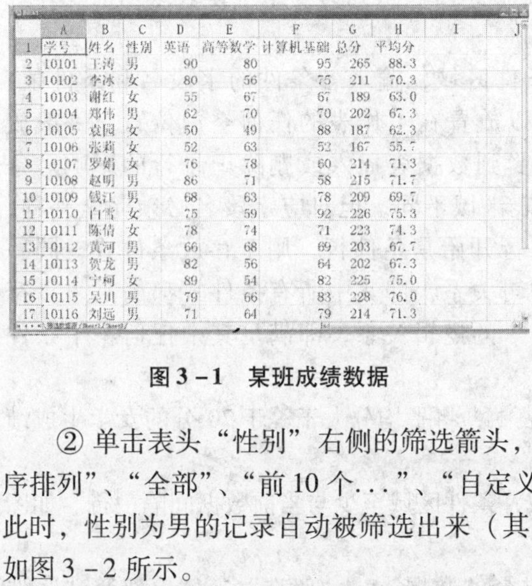

	A	B	C	D	E	F	G	H
1	学号	姓名	性别	英语	高等数学	计算机基础	总分	平均分
2	10101	王涛	男	90	80	95	265	88.3
3	10102	李冰	女	80	56	75	211	70.3
4	10103	谢红	女	55	67	67	189	63.0
5	10104	郑伟	男	62	70	70	202	67.3
6	10105	袁园	女	50	49	88	187	62.3
7	10106	张莉	女	52	63	52	167	55.7
8	10107	罗娟	女	76	78	60	214	71.3
9	10108	赵明	男	86	71	58	215	71.7
10	10109	钱江	男	68	63	78	209	69.7
11	10110	白雪	女	75	59	92	226	75.3
12	10111	陈倩	女	78	74	71	223	74.3
13	10112	黄河	男	66	68	69	203	67.7
14	10113	贺龙	男	82	56	64	202	67.3
15	10114	宁柯	女	89	54	82	225	75.0
16	10115	吴川	男	79	66	83	228	76.0
17	10116	刘远	男	71	64	79	214	71.3

图 3－1　某班成绩数据

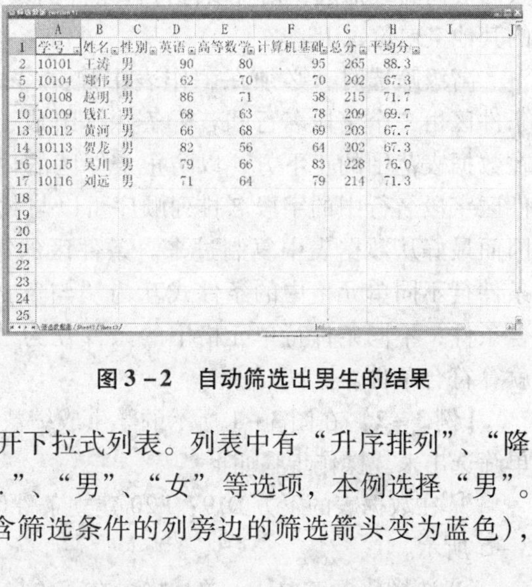

	A	B	C	D	E	F	G	H
1	学号	姓名	性别	英语	高等数学	计算机基础	总分	平均分
2	10101	王涛	男	90	80	95	265	88.3
5	10104	郑伟	男	62	70	70	202	67.3
9	10108	赵明	男	86	71	58	215	71.7
10	10109	钱江	男	68	63	78	209	69.7
13	10112	黄河	男	66	68	69	203	67.7
14	10113	贺龙	男	82	56	64	202	67.3
16	10115	吴川	男	79	66	83	228	76.0
17	10116	刘远	男	71	64	79	214	71.3

图 3－2　自动筛选出男生的结果

② 单击表头“性别”右侧的筛选箭头，打开下拉式列表。列表中有“升序排列”、“降序排列”、“全部”、“前 10 个...”、“自定义...”、“男”、“女”等选项，本例选择“男”。此时，性别为男的记录自动被筛选出来（其中含筛选条件的列旁边的筛选箭头变为蓝色），如图 3－2 所示。

③ 单击表头“平均分”右侧的筛选箭头，打开下拉式列表，并在该列表中选择“自定义...”选项，打开“自定义自动筛选方式”对话框，如图 3－3 所示。

④ 在“平均分”框内单击左列表框的向下箭头，从列表中选择“大于或等于”选项，在右边的筛选条件框中输入“70”；或单击筛选条件框（右列表框）右边的向下箭头，从列表中选择记录值。

有两个筛选条件时，可选择“与”或“或”。“与”表示两个条件均成立才做筛选，“或”表示只要有一个条件成立就可做筛选，系统默认选“与”。

⑤ 单击“确定”按钮，满足指定条件的记录自动被筛选出来，如图 3－4 所示。

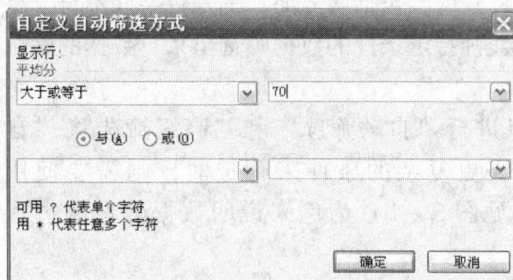

图 3 - 3   "自定义自动筛选方式"对话框

图 3 - 4   自动筛选的结果

提示：如果要取消自动筛选功能，恢复显示所有的数据，可在菜单栏上选择"数据"→"筛选"→"全部显示"选项。

2. 高级筛选。自动筛选是将不符合条件的记录暂时隐藏起来，只显示符合筛选条件的数据。而高级筛选，则可以将符合条件的数据复制（抽取）到另一个工作表或当前工作表的其他空白位置上。

高级筛选时，必须在工作表中建立一个条件区域，输入各条件的字段名和条件值。条件区由一个字段名行和若干条件行组成，可以放置在工作表的任何空白位置，一般放在数据表范围的正下方，以防止条件区的内容受到数据表插入或删除记录行的影响。条件区字段名行中的字段名排列顺序可以与数据表区域不同，但对应字段名必须完全一样，因而最好从数据表中复制过来。条件区的第二行开始是条件行，用于存放条件式，同一条件行不同单元格中的条件式互为"与"的逻辑关系，即其中所有条件式都满足才算符合条件；不同条件行单元格中的条件互为"或"的逻辑关系，即满足其中任何一个条件就算符合条件。

【例 3 - 2】在图 3 - 1 所示的学生成绩数据表中，将平均分大于等于 70 分的女学生成绩单筛选出来。操作步骤如下：

① 在数据表的下方 D19：E20 建立条件区域，条件区域至少与当前数据间隔一行。如图 3 - 5 所示。

② 选择数据表中任一单元格，在菜单栏上选择"数据"→"筛选"→"高级筛选"选项，弹出"高级筛选"对话框，如图 3 - 6 所示。

③ 在"高级筛选"对话框选中"将筛选结果复制到其他位置"选项。

④ 在"列表区域"框中确认要筛选的数据区域：A1：H17。

⑤ 单击"条件区域"右边的"▦"收缩按钮，选择 D19：E20 区域，再单击一次"条件区域"右边的"▦"展开按钮，重新显示"高级筛选"对话框。

单击"复制到"右边的"▦"收缩按钮，选择 A22 单元格；再单击一次"复制到"右边的"▦"展开按钮，重新显示"高级筛选"对话框。

如果希望结果中不出现条件相同的重复记录，则选中"选择不重复的记录"复选框。

⑥ 单击"确定"按钮，满足指定条件的记录自动被筛选出来，如图 3 - 7 所示。

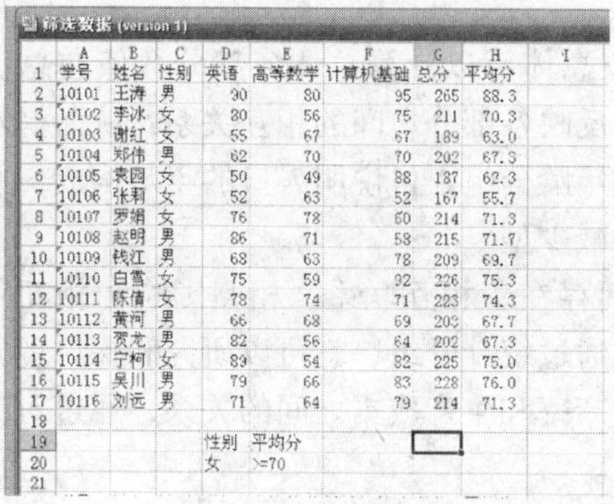

	A	B	C	D	E	F	G	H	I
1	学号	姓名	性别	英语	高等数学	计算机基础	总分	平均分	
2	10101	王涛	男	90	80	95	265	88.3	
3	10102	李冰	女	80	56	75	211	70.3	
4	10103	谢红	女	55	67	67	189	63.0	
5	10104	郑伟	男	62	70	70	202	67.3	
6	10105	袁园	女	50	49	88	187	62.3	
7	10106	张莉	女	52	63	52	167	55.7	
8	10107	罗娟	女	76	78	60	214	71.3	
9	10108	赵明	男	86	71	58	215	71.7	
10	10109	钱江	男	68	63	78	209	69.7	
11	10110	白雪	女	75	59	92	226	75.3	
12	10111	陈倩	女	78	74	71	223	74.3	
13	10112	黄河	男	66	68	69	203	67.7	
14	10113	贺龙	男	82	56	64	202	67.3	
15	10114	宁柯	女	89	54	82	225	75.0	
16	10115	吴川	男	79	66	83	228	76.0	
17	10116	刘远	男	71	64	79	214	71.3	
18									
19				性别	平均分				
20				女	>=70				
21									

图 3－5　建立高级筛选的条件区域

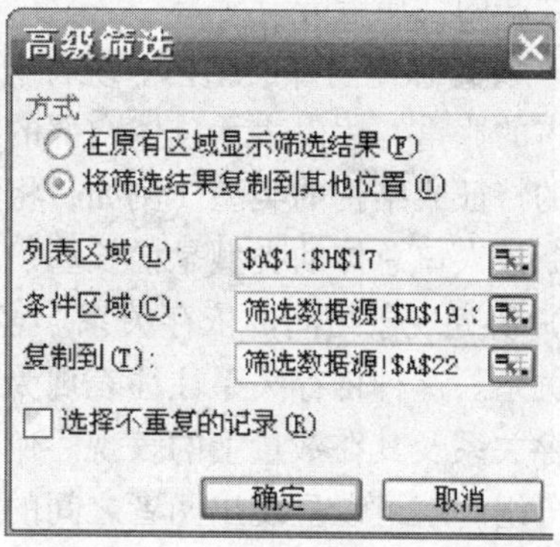

图 3－6　“高级筛选”对话框

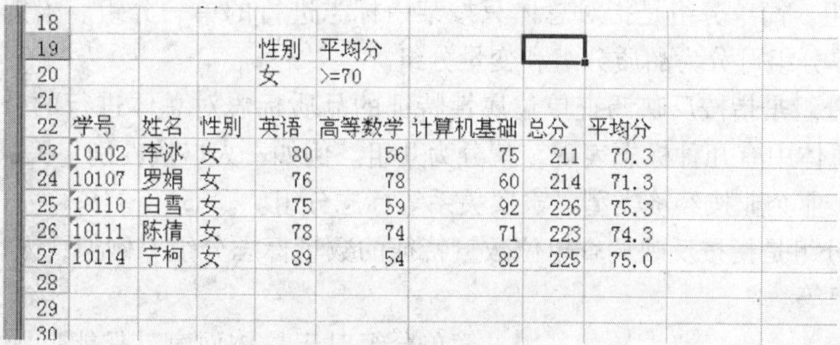

18								
19				性别	平均分			
20				女	>=70			
21								
22	学号	姓名	性别	英语	高等数学	计算机基础	总分	平均分
23	10102	李冰	女	80	56	75	211	70.3
24	10107	罗娟	女	76	78	60	214	71.3
25	10110	白雪	女	75	59	92	226	75.3
26	10111	陈倩	女	78	74	71	223	74.3
27	10114	宁柯	女	89	54	82	225	75.0
28								
29								
30								

图 3－7　高级筛选的结果

二、统计分组

数据经过审核、筛选后，可进一步作分类或分组整理，即将数据按需要分门别类，之后进行归组加总，得出反映各组和总体的指标，以说明总体的特征。统计数据分类或分组是统计整理的核心。

（一）统计分组的含义与作用

1. 统计分组的含义。统计分组是根据现象总体内在的特点和统计研究任务的要求，将总体各单位按照一定的标志划分为若干个性质不同的组成部分的一种统计方法。例如，将人口总体按性别区分为“男”与“女”两组。统计分组的目的在于揭示现象之间存在的质上的差异。统计分组具有两方面的含义：对于总体而言是“分”，即将总体区分为性质不同的若干组成部分；对总体单位而言是“合”，即将性质相同的总体单位合为一组。通过统计分组，既要体现同一组内部各单位的同质性，又要体现组与组之间各单位的差异性。

2. 统计分组的作用。统计分组，是统计数据整理这一阶段的基本方法，它的主要作用有：

（1）区分事物的性质。统计分组将现象总体划分为性质不同的若干组成部分，通过不同的特征表现以反映事物的不同性质。无论是按品质标志分组，还是按数量标志分组，均可以区分事物的性质。例如，某班 50 名学生按成绩分为 50～60、60～70、70～80、80～90、90～100 五组，也就是通过成绩这一具体的数值表现区分出该班学生在不及格、及格、中、良与优之间的性质差异。

（2）研究总体内部的结构。统计分组后的现象总体可以计算总体各部分数值在总体数值中所占的比重，用以表示总体内部的构成，同时反映各部分之间的相互关系，从而揭示总体结构的特征或结构的类型。例如，将人口总体按年龄分组，可说明人口的年龄构成，并可据此判断该人口总体的类型是增长型、稳定型或是减少型。

（3）研究现象之间的依存关系。客观现象之间存在着相互联系、相互影响和相互制约的依存关系。这种依存关系往往表现为数量关系。通过统计分组，就可以研究和探讨现象之间的依存关系及其在数量上的表现。例如，劳动生产率和生产成本之间的关系，通过对劳动生产率分组，就可以显现出两者之间的反比例关系。

（二）统计分组的种类

根据分组时选择的标志多少不同，统计分组可分为简单分组和分组体系。

1. 简单分组。简单分组是指对总体只按某一标志进行的单一分组。根据分组时选择的标志不同，简单分组可分为品质分组和变量分组。

（1）品质分组是指按反映调查单位属性特征的品质标志对总体进行的分组。其特点是该品质标志在总体中有几种标志表现，就分为几组。例如，人口按性别、民族、职业、城乡等标志分组；工业企业按经济类型、隶属关系等标志分组。

（2）变量分组是指按反映调查单位数量特征的数量标志分组。例如，人口按年龄分组；企业按产值分组等。

> **小思考**　产品按等级进行分组，是品质分组还是变量分组？企业按生产规模进行分组呢？

简单分组对于总体而言，只能反映其某一方面的构成情况，说明某一方面的差异，因此，使用简单分组不能对总体做深入细致的分析。

2. 分组体系。分组体系是指对同一总体按两个或两个以上的标志进行分组。根据分组时标志排列的形式不同，分组体系又可以分为平行分组体系和复合分组体系两种。

（1）平行分组体系，是指对同一个总体按照两个或两个以上的标志分别进行简单分组后且平行排列而形成的分组体系，即分组标志之间的关系属于平行关系。例如，我们对同一人口总体分别按性别和年龄两种标志进行分组，就形成一个平行分组体系，见图3-8。

不难看出，平行分组体系实质上是将两个以上的对同一总体的简单分组平行排列后形成的，同时反映该总体两个以上的结构特征。

（2）复合分组体系是对同一总体按两个或两个以上的标志层叠起来进行分组后形成树型结构的分组体系。例如，我们对同一人口总体按性别和年龄两个标志层叠起来进行分组，则可得到复合分组体系，见图3-9。

由此可见，复合分组体系可以反映总体多方面的复杂结构，因而，便于对总体作出比较全面、深入细致的分析。复合分组体系的特点是，第一层分组只固定一个因素对差异的影响，第二层分组则同时固定两个因素对差异的影响，当最后一层分组后，所有被选择标志对差异的影响则全部被固定。

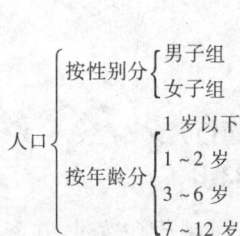

图 3 - 8 人口总体平行分组体系   图 3 - 9 人口总体复合分组体系

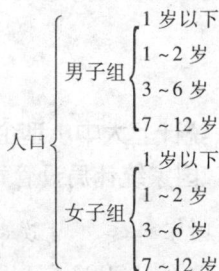

建立复合分组体系，应根据分析的要求，在选择分组标志的同时，确定它们之间的主次顺序，主要标志在前，辅助标志在后。另外要注意分组标志不宜过多，以防组数太多，冲淡主题。

小思考 对某地区的全部工业企业按企业性质和生产规模层叠起来进行复合分组，说明该地区工业企业的构成。

（三）统计分组的一般方法

1. 统计分组的关键。统计整理的关键在于统计分组。而统计分组的关键问题在于选择分组标志和划分各组界限。

（1）选择分组标志。分组标志，即在统计分组时所选择的可变标志，它是用来作为统计分组的标准或根据。选择分组标志是统计分组的核心问题。分组标志一经选定，必将突出总体在此标志下的性质差异，而将总体在其他标志下的性质差异掩盖起来。为此，选择分组标志必须遵循以下原则：一是必须根据统计研究的目的选择分组标志；二是必须选择能够反映现象本质的分组标志；三是结合现象所处的具体时间、空间等客观条件选择分组标志。

（2）划分各组界限。统计分组是在总体范围内，通过区分不同单位之间的性质差异，来揭示事物发展的特征和规律，因此，统计分组必须准确地确定各组之间的界限。特别是在进行组距分组时，要通过具体的数值来体现组与组之间质变的界限。

2. 统计分组的一般方法。由于简单分组是统计分组的基础，因此，以简单分组为例介绍统计分组的一般方法。

（1）品质分组的方法。品质分组，即选择反映事物属性差异的品质标志对总体单位加以分组，并在品质标志表现的变异范围内划定各组的界限，将总体区分为若干个性质不同的组成部分。例如，研究人口构成状况时，可按"性别"分组，划分为男和女；按"文化程度"分组，划分为大学及其以上、高中、初中、小学、半文盲和文盲。由于事物的属性特征本身即反映事物的性质，且其属性差异相对稳定，因而按品质标志分组一般比较简单，有几种标志表现就分为几组，组与组的界限也十分清晰。但有些分组标志的表现比较复杂，往往组与组之间的界限不易划分，从这一组到另一组存在着各种过渡状态。例如，对某些产品（如煤炭）若按其经济用途分，到底是属于生产资料还是属于消费资料，就不容易分清。对这些复杂的品质分组，统计上统称为分类。分类法在统计工作中发挥着重要作用，如国民经济部门分类、产品分类、职业分类等。分类不仅涉及复杂的分组技术，而且也涉及国家的政策和科学理论，因而要十分慎重。在实际工作中，为了方便和统一，各国都制定适合一般情况的标准分类目录，如我国的《国民经济行业分类目录》、《工业部门分类目录》等。联合国为便于各国之间的国际比较，还制定了国际通行的有关标准分类。

背景资料

统计上大中小型企业划分办法（暂行）
国家统计局设管司 2003 年 5 月 22 日

1. 根据国家经贸委、国家计委、财政部、国家统计局《关于印发中小企业标准暂行规定的通知》（国经贸中小企〔2003〕143 号），结合统计工作的实际情况，特制定本办法。

2. 本办法适用于统计上对工业（采矿业，制造业，电力、燃气及水的生产和供应业）、建筑业、交通运输、仓储和邮政业、批发和零售业、住宿和餐饮业的企业划分规模。

3. 本办法以法人企业或单位作为对企业规模的划分对象，以从业人员数、销售额和资产总额三项指标为划分依据。企业规模的具体划分标准见表 3 - 1。

4. 企业规模由政府综合统计部门根据上年统计年报每年划分一次。企业规模一经确认，月度统计原则上不进行调整。

表 3 - 1　　　　　　　　　　　统计上大中小型企业划分标准

行业名称	指标名称	计算单位	大型	中型	小型
工业企业	从业人员数	人	2 000 及以上	300 ~ 2 000 以下	300 以下
	销售额	万元	30 000 及以上	3 000 ~ 30 000 以下	3 000 以下
	资产总额	万元	40 000 及以上	4 000 ~ 40 000 以下	4 000 以下
建筑业企业	从业人员数	人	3000 及以上	600 ~ 3 000 以下	600 以下
	销售额	万元	30 000 及以上	3 000 ~ 30 000 以下	3 000 以下
	资产总额	万元	40 000 及以上	4 000 ~ 40 000 以下	4 000 以下
批发业企业	从业人员数	人	200 及以上	100 ~ 200 以下	100 以下
	销售额	万元	30 000 及以上	3 000 ~ 30 000 以下	3 000 以下
零售业企业	从业人员数	人	500 及以上	100 ~ 500 以下	100 以下
	销售额	万元	15 000 及以上	1 000 ~ 15 000 以下	1 000 以下
交通运输业企业	从业人员数	人	3 000 及以上	500 ~ 3 000 以下	500 以下
	销售额	万元	30 000 及以上	3 000 ~ 30 000 以下	3 000 以下
邮政业企业	从业人员数	人	1 000 及以上	400 ~ 1 000 以下	400 以下
	销售额	万元	30 000 及以上	3 000 ~ 30 000 以下	3 000 以下
住宿和餐饮业企业	从业人员数	人	800 及以上	400 ~ 800 以下	400 以下
	销售额	万元	15 000 及以上	3 000 ~ 15 000 以下	3 000 以下

说明：（1）表中的"工业企业"包括采矿业，制造业，电力、燃气及水的生产和供应业三个行业的企业。（2）工业企业的销售额以现行统计制度中的年产品销售收入代替；建筑业企业的销售额以现行统计制度中的年工程结算收入代替；批发和零售业的销售额以现行报表制度中的年销售额代替；交通运输和邮政业、住宿和餐饮业企业的销售额以现行统计制度中的年营业收入代替；资产总额以现行统计制度中的资产合计代替。（3）大型和中型企业须同时满足所列各项条件的下限指标，否则下划一档。

（2）变量分组的方法。变量分组，即选择反映事物数量差异的数量标志对总体单位加以分组，并在数量标志值的变动范围内划定各组的界限，将总体区分为若干个性质不同的组成部分。例如，研究居民家庭贫富状态时，按恩格尔系数（即食品类支出占整个居民家庭消费支出的比重）分组，将其在 0.6 以上的划分为贫困家庭，0.5～0.6 的为温饱家庭，0.4～0.5 为小康家庭，0.4 以下的为富裕家庭。由此可见，变量分组与品质分组的不同之处在于：数量标志下的变异表现为许多不等的变量值，它们虽然能够准确地反映现象在数量上的差异，却不能明确地反映现象在性质上的区别。因此，根据变量值的大小来划分性质不同的各组界限并不容易，这要求我们在按数量标志分组时，首先分析总体中客观存在多少性质不同的组成部分，然后再确定各个组成部分之间的数量界限。按数量标志分组时，有些情况有明确规定的，或约定俗成、或大家公认，这种情况下的分组界限容易确定，例如，按考试成绩分组，在百分制情况下 60 分以下为不及格。但是，在很多情况下，分组界限难以确定，在各组之间的性质差别不明显时，可以把计算、表示的方便因素考虑进去，尽量按整数或整数的倍数形式确定分组界限。

变量分组又可分为单项分组与组距分组。① 单项分组是用一个变量值表示一个组。其特点是此数量标志在该总体中有几种标志表现（即表现为几个变量值），就分为几组。例如，某小学六年级四班的学生按年龄（岁）分为 11、12、13 三组。单项分组适宜于变量值少、变动范围小的离散变量。②组距分组是用变量值变动的一个区间来表示一个组。到底应该分为几组，取决于总体内在的特点与研究目的。例如，某地区男性人口总体按年龄（岁）可以分为 0～6（学龄前儿童）、7～12（学龄儿童）、13～15（劳动力后备组）、16～59（劳动年龄组）、60 以上（老年年龄组）五组；也可以分为 0～14（少年儿童人口）、15～59（劳动年龄组）、60 以上（老年人口组）三组。组距分组适宜于变量值多、变动范围大的离散变量及一切连续变量。

> **小思考** 单项分组适用的变量是什么变量？为什么？

三、统计汇总

统计汇总是继统计分组之后的又一重要步骤，也是统计数据整理的第二个实质性阶段。它是在统计分组的基础上，对各组的总体单位及数量标志值分别进行归组加总的过程。也就是说，既要计算各组和总体的单位总量，也要计算各组和总体的标志总量。可以想象，统计汇总不是一项轻松的工作，而是一项繁重的任务。要使汇总准确迅速，节约人力物力，一定要讲究汇总的组织形式与汇总的技术。

（一）汇总的组织形式

统计汇总时，由于统计数据采集方式的不同、对统计数据要求的时效性及满足需要的范围不同，可分别选择逐级汇总或集中汇总的组织形式。逐级汇总是按照一定的统计管理体制，自下而上逐级将调查资料汇总的形式。集中汇总是将全部调查资料集中到组织调查的最高一级机关一次性汇总。在统计实践中，也可以将两者结合使用。即一方面对一些最基本的统计指标实行逐级汇总；另一方面又将全部调查资料实行集中汇总。

（二）统计汇总技术

统计汇总技术有手工汇总和电子计算机汇总两种。手工汇总是指用算盘或小型计算器进行的汇总。常用的有四种：一是划记法，即采用一定的符号形式（如"正"字），在预先设计好的汇总表上划记汇总的内容；二是过录法，即把要汇总的内容从各调查表中抄录下来，加总或综合后记入汇总表的相应组或相应位置，这种方法对汇总内容的适应范围较广泛；三是折叠法，即把调查表上需要汇总的项目及其数值全部折叠在一起进行加总；四是卡片法，就是利用特制的摘录卡片作为分组计数的工具，在调查资料多，分组细的情况下，采用卡片法进行汇总，比划记法准确，比过录法和折叠法简便，可以保证汇总质量和提高资料的时效性。计算机汇总就是利用电子计算机集中进行统计资料汇总，既是实现现代化经济管理的要求，也是统计工作现代化的一个重要标志。电子计算机的汇总，有着手工汇总所不可比拟的许多优越性，其特点是：运算速度快、存储数据多、精确度高、具有记忆和逻辑判断能力，而且它的内部操作都是自动控制进行的。但是，在原始资料上机运算之前，需要进行大量的、复杂的、严格的准备工作。包括程序的设计，数据的审查，编码录入，按预定的要求制表打印等。它要求统计人员不仅要有经济学、数学和统计学的知识，而且还要有电子计算机的应用基本知识。

（三）计算机汇总方法

利用 Excel 提供的数据"分类汇总"与"合并计算"等功能可以完成统计分组及汇总工作。

1. 分类汇总。分类汇总建立在已排序的基础上，将相同类别的数据进行统计汇总。Excel可以对工作表中选定的列进行分类汇总，并将分类汇总结果插入相应类别数据行的最下端。分类汇总并不局限于求和，也可以进行计数、求平均值等其他运算。

【例3-3】将图3-1所示的学生成绩按性别分组，并计算各组平均成绩。

操作步骤如下：

① 将光标置于"性别"一列的数据区域内任一单元格，单击常用工具栏中的排序按钮 $\frac{A}{Z}\downarrow$，如图3-10所示。

	A	B	C	D	E	F	G	H	I
1	学号	姓名	性别	英语	高等数学	计算机基础	总分	平均分	
2	10101	王涛	男	90	80	95	265	88.3	
3	10104	郑伟	男	62	70	70	202	67.3	
4	10108	赵明	男	86	71	58	215	71.7	
5	10109	钱江	男	68	63	78	209	69.7	
6	10112	黄河	男	66	68	69	203	67.7	
7	10113	贺龙	男	82	56	64	202	67.3	
8	10115	吴川	男	79	66	83	228	76.0	
9	10116	刘远	男	71	64	79	214	71.3	
10	10102	李冰	女	80	56	75	211	70.3	
11	10103	谢红	女	55	67	67	189	63.0	
12	10105	袁园	女	50	49	88	187	62.3	
13	10106	张莉	女	52	63	52	167	55.7	
14	10107	罗娟	女	76	78	60	214	71.3	
15	10110	白雪	女	75	59	92	226	75.3	
16	10111	陈倩	女	78	74	71	223	74.3	
17	10114	宁柯	女	89	54	82	225	75.0	

图3-10　性别按升序排序

② 将光标置于数据区域内任一单元格，单击"数据"→"分类汇总"菜单命令，弹出"分类汇总"对话框，如图 3-11 所示。

③ 在"分类字段"下拉列表框中选择"性别"。

④ 在"汇总方式"下拉列表框中选择"平均值"。

⑤ 在"选定汇总项"列表中选择"平均分"，指定对"平均分"这一字段进行汇总。在"选定汇总项"列表中可以根据标出的功能选用对话框底部的 3 个可选项。

⑥ 单击"确定"按钮，效果如图 3-12 所示。

分类汇总后，在工作表的左端自动产生分级显示控制符。其中，"1、2、3"为分级编号，"+、-"为分级分组标记。单击分级编号或分级分组标记，可以选择分级显示。单击分级编号"1"，将只显示第一级（总计）数据；单击分级编号"2"，将显示包括第二级以上的汇总数据；单击分级编号"3"，将显示第三级以上

图 3-11　分类汇总对话框

（全部）数据。单击分级分组标记"-"，将隐藏本级或本组细节；单击分级分组标记"+"，将显示本级或本组细节。

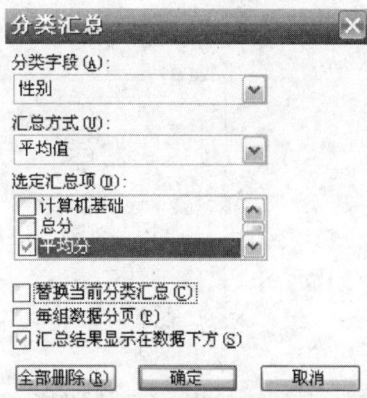

图 3-12　分类汇总的结果

取消分类汇总的方法：对已经进行分类汇总的工作表，单击"数据"→"分类汇总"菜单命令，弹出"分类汇总"对话框，选择"全部删除"按钮，就可以将当前的全部分类汇总删除。

2. 合并计算。如果要汇总不同时间或不同空间的相同报表资料（总量指标），可以将置于每个单独工作表中的数据合并计算到一个主工作表中。这些工作表可以与主工作表在同一个工作簿中，也可以位于其他工作簿中。这就需要运用 Excel 提供的"合并计算"功能，能够较容易地对数据进行定期或不定期的更新和汇总。

【例 3-4】将图 3-13 所示的分别位于表 1 与表 2 中的 2007 年与 2008 年两年的全国部分工业产品产量合并计算。

操作步骤如下：

图 3-13   2007 年与 2008 年全国部分工业产品产量

① 在表 3 中输入标题与表头，创建汇总表。如图 3-14 所示。

图 3-14   创建的汇总表

② 光标选定"产品名称"所在单元格 A2，单击"数据"→"合并计算"菜单命令，弹出"合并计算"对话框，如图 3-15 所示。

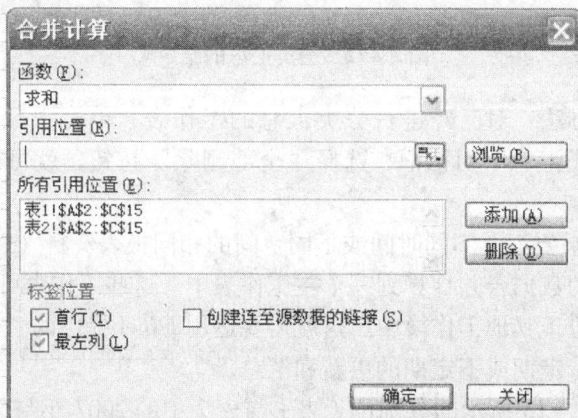

图 3-15   合并计算对话框

③ 在"函数"下拉列表框中选择"求和"。

④ 单击"引用位置"右下方的" "收缩按钮，选择表 1 中的 A2：C15 区域，再单击一次"合并计算——引用位置"右边的" "展开按钮，重新显示"合并计算"对话框。单击"所有引用位置"右边的"添加"按钮，框内出现"表1！＄A＄2：＄C＄15"的引用地址；依次添加"表2！＄A＄2：＄C＄15"。

⑤ 在"标签位置"选择"首行"与"最左列"。若要使其在源数据改变时自动更新，请选中"创建连至源数据的链接"复选框。单击"确定"按钮，效果如图 3 - 16 所示。

	A	B	C	D	E	F	G
1	表3　全国部分工业产品产量累计数						
2	产品名称	单　位	产　量				
3	布		1370				
4	卷　烟		21413.8				
5	卷　烟		22198.8				
6	彩色电视机		17466.1				
7	家用电冰箱		9154				
8	一次能源生产总量		49.7				
9	原　煤		53.29				
10	原　油		3.77				
11	天然气		1453.9				
12	发电量		67446				
13	钢　材		115382.5				
14	汽　车		1823.25				
15	移动通信手持机		110821.9				
16	微型电子计算机		25740				
17							
18							

图 3 - 16　合并计算的结果

从合并计算的结果可以看出，在计量单位一列中留有空白，需要复制表 1 或表 2 这一列的数据才能制作成一个完整的汇总表。

四、复核整理资料

即复查统计汇总以后得到的统计数据。由于这时的统计数据已为反映总体单位的标志表现经分组整理后转变为说明总体数量特征的指标数值，且为总体单位总量或总体标志总量。为确保统计数据的质量，特别是其准确性要求，对汇总计算出的各项指标数值，还要逐一进行复核查对，发现差错，及时更正，这时所采用检查方法既有计算检查，也有对比检查。对比检查包括有关指标之间的对比、表与表之间的对比、汇总资料与实际情况的对比等。

五、显示统计数据

为了简明扼要地显示现象在数量方面的有关联系，需要把复核过的统计数据用统计表或统计图的形式显示出来。统计图表是统计数据的表现形式。统计汇总得到一系列的指标数值，用统计图表加以概括，不仅可以节省大量的文字叙述，便于资料积累和比较分析，而且能更为集中醒目，条理分明，给人一种直观的印象。

统计表、统计图是显示统计数据的两种主要方式。统计表把杂乱的数据有条理地组织在一张简明的表格内，统计图把数据形象地显示出来，统计数据用统计表或统计图的形式显示出来，以便找出数据的初步特征，或者方便别人看懂数据所要表达的问题，实际工作中应用非常广泛。正确地使用统计表和统计图是做好统计分析的最基本技能。

. **（一）统计表**

统计表是以纵横交叉的线条绘制的一种表现统计资料的表格。在数据的收集、整理、描述和分析过程中，我们都要使用统计表。统计表是表现统计数据最常用的形式，它的主要优点是：它能使资料有条有理和系统地排列，便于人们阅读和利用；能合理科学地组织统计资料，便于人们对比分析和资料积累。

1. 统计表的结构。统计表的构成，可以从表式和内容两个方面来认识。

统计表从形式上看，统计表一般由四个主要部分组成，即总标题、横行标题、纵栏标题和指标数值，此外，必要时可以在统计表的下方加上附加说明，见表3－2。

总标题

表3-2 2008年全国三次产业产值及比重情况

按三次产业分类 （甲）	国内生产总值（亿元） （1）	比重（%） （2）
第一产业 第二产业 第三产业	34 000 146 183 120 487	11.3 48.6 40.1
合　计	300 670	100.0

（纵栏标题　指标数值　横行标题　主词　宾词）

资料来源：中华人民共和国统计局网站。

总标题是表的名称，用来概括统计表中的主要内容，一般位于表的上端中部。横行标题是横行的名称，它通常用来表示总体各组（或各单位）的类别名称，代表统计表要说明的对象，一般列在表的左方。纵栏标题是纵栏的名称，通常表示统计指标的名称，一般写在表内上方。指标数值列在各横行与纵栏标题的交叉处。统计表中任一数字的内容均由总标题、横行标题和纵栏标题所限定。附加说明通常放在表外下方，主要包括资料来源、指标的注释和必要的说明等内容。

从统计表的内容来看，由主词和宾词两部分组成。主词是统计表所要说明的总体及其组成部分，一般在统计表的左边；宾词是用来说明总体数量特征的各项统计指标，包括指标名称和指标数值，一般在统计表的右边。必要时主宾词可以变换位置。

2. 统计表的设计。由于使用者的目的不同，根据统计数据的特点，统计表的设计在形式和结构上会有较大差异，但其设计上的基本要求是一致的，即"科学、实用、简练、美观"。具体来说，设计和使用统计表时要注意以下内容：

（1）统计表的标题应当简练而又准确地表述统计资料的内容及资料所属的空间和时间范围。

（2）统计表的主词与宾词之间必须遵守相互对应的原则，各主词和宾词的排列，应当合理有序，根据诸如时间的先后、数量的大小、空间的位置等自然顺序或项目之间存在的逻辑顺序合理编排。要按照先局部后全体的顺序，即先列分项后列合计编排；但如果只打算列出全体中的部分项目，则先列合计，后列分项，并对下属各行用"其中"表示。

（3）统计表应设计成由纵横线条交叉组成的长方形表格，长宽之间要保持适当的比例，避免出现过高或过长的表格。统计表上、下端应以粗线或双线绘制，表内其他线要以细线绘制。表格左右两端习惯上均不画线，采用"开口式"。列标题之间一般用竖线分开，而行标题之间不必用横线隔开。总之表中尽量少用横线。

（4）当统计表栏数较多时，为便于阅读，应当按顺序编号。习惯上对非填写统计资料的各栏分别以甲、乙、丙、丁……为序号；对填写统计资料的各栏分别以（1）、（2）、（3）、（4）……为序号。如某栏数字是根据其他栏数字计算的，则应标明计算关系。

（5）统计表必须注明数字的计量单位。如果表中数据是同一计量单位时，可在表的右上方标明，若指标的计量单位不同，放在每一指标后或单列出一列标明。

（6）统计表各横行如需合计时，可将合计列在最前一栏或最后一栏；纵列如需合计时，一般应将合计列在最后一行。

（7）统计表的数字填写整齐、对准数位。数字一般是右对齐，有小数点时应以小数点对齐，而且小数点位数应统一。当缺某项数字时，可用符号"…"表示；对于表内没有数字的单元，一般用"—"表示。

小思考　统计表仅仅是在统计整理时才使用吗？

为了保证统计资料的科学性与严肃性，在统计表下应注明资料来源，以便查考。必要时，可在表下加注释或说明。

（二）统计图

统计图是采用几何图形、事物的具体形象以及地图等形式来绘制的，用以反映现象数量特征和数量关系的各种图形。

利用统计图来表现和分析统计数据具有直观、形象、鲜明、感染力强的特点。一张好的统计图，往往胜过冗长的文字表达。

统计图的种类很多，按其形式可分为几何图、象形图和统计地图。

几何图是利用点、线、面、体来表现统计数据的图形。几何图主要有条形图、线形图、圆形图、散点图等。许多几何图除了可以绘制成二维平面图外，也可以绘制三维立体图。图形的制作既可以用手工完成，也可以由计算机完成。几何图主要有条形图、直方图、圆形图、线形图等。本书主要介绍最常用的几何图的制作与应用。

如图 3-17 是根据 2000～2005 年我国的国内生产总值资料运用 Excel 绘制的散点图。

象形图是以事物的实物形象来表现统计数据的内容，以图形的大小、多少来表明数字多少的统计图形。其主要有单位象形图、长度象形图和平面象形图等。如图 3-18 所示，具体生动地反映了某地区的年电脑销售量。

小思考　中国地形图属于哪一种统计地图？

统计地图是指在地图上利用点、线、形、色等显示统计数据在空间上的分布状况的图形。其主要有线级统计地图、密度统计地图、象形统计地图等。图 3-19 为密度统计地图，表示某地人口分布情况。

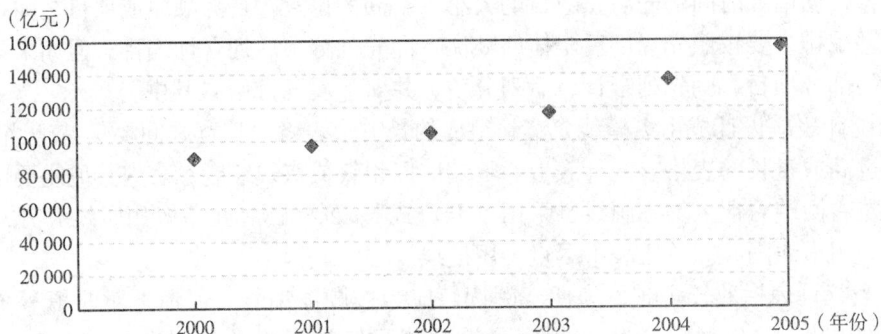

图 3－17　我国 2000～2005 年国内生产总值变动情况

注：每一图案代表10万台。

图 3－18　某地区年电脑销售量

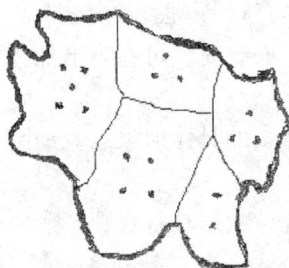

注：每点代表 10 万人。

图 3－19　某地区各县人口分布情况

统计图的选择与运用，取决于统计研究的目的与统计数据本身的特点。当利用统计图描述与观察一组数据所显示的特征时，可选用简单几何图；当利用统计图进行两组或两组以上数据对比时，可使用复合的几何图形。统计图的选用与绘制在品质数据与数值型数据的整理与显示中介绍。

第二节　品质数据的整理与显示

统计数据分类或分组是统计整理的核心。在对数据进行整理时，首先要弄清我们所面对的数据类型，因为不同类型的数据，所采取的处理方式和方法是不同的。对品质数据主要是做分类整理，对数值型数据则主要是做分组整理。品质数据包括分类数据和顺序数据，通常用文字表示。

一、分类数据的整理与显示

分类数据本身就是对事物的一种分类，对其整理的基本过程包括：首先列出各个类别；其次计算出每一类别的频数、频率或比例、比率等指标，同时制作频数分布表；最后选择适当的图形进行显示，以便对数据及其特征有一个初步的了解。

【例3-5】对某小区的30户家庭家具的抽样调查后，得到客户家具的基色调的原始数据如表3-3所示。要了解家庭家具的基色调分布特征，就必须对其进行分类整理。

表3-3　　　　　　　　　　家庭家具的基色调的抽样调查结果

暗红色	淡黄褐色	暗红色	浅绿色	淡黄褐色
淡黄褐色	白色	淡黄褐色	浅绿色	浅绿色
暗红色	淡黄褐色	浅绿色	暗红色	白色
浅绿色	浅绿色	暗红色	白色	淡黄褐色
淡黄褐色	淡黄褐色	黑色	暗红色	淡黄褐色
淡黄褐色	白色	暗红色	暗红色	白色

显然，本例中的数据是分类数据，它们自身不存在大小顺序问题。表3-2中的数据不难进行分类，关键是计算有关特征指标，并将其显示出来。

（一）频数与频数分布

通过表3-3观察家庭家具有暗红色、淡黄褐色、浅绿色、白色、黑色五种基色调，在30户抽样调查的家庭中，有8户暗红色、10户淡黄褐色、6户浅绿色、5户白色和1户黑色，在这里将8、10、6、5、1称为频数。因而频数是指落在各类别中的数据个数，也称次数。把各个类别及落在其中的相应频数全部列出并用表格形式表示出来，称为频数分布或次数分布，也即分配数列。

例如，根据上述资料归类计算整理出家庭家具的基色调的频数分布如表3-4所示，从中我们可以大致了解这次抽查的家具基色调的分布特点。

表3-4　　　　　　　　　　家具的基色调的频数分布

家具的基色调	频　数	比　例	频率（%）
暗红色	8	0.27	27
淡黄褐色	10	0.33	33
浅绿色	6	0.20	20
白色	5	0.17	17
黑色	1	0.03	3
合　计	30	1	100

由于该分配数列是按品质标志分组形成的，因而是品质数列。在数列中除了频数，还可以计算频率。频率是指总体中各个部分的频数占总频数的百分比，常用%表示。

频率通常用于反映总体的构成或结构。假定总体的 N 个数据被分成 K 个部分，每一部

分的数据分别为 N_1，N_2，…，N_K，则频率为 N_i/N。显然各部分的频率之和等于100%，即：

$$\frac{N_1}{N}+\frac{N_2}{N}+\cdots+\frac{N_K}{N}=100\%$$

百分比是将对比的基数抽象化为100而计算出来的。很多相对数都用百分比表示。

如若所需整理的资料太多，可运用 Excel 的分类汇总功能进行计数以编制分配数列。

操作步骤如下：

① 将需要整理的全部原始资料置于 Excel 工作表中的一列。选定第一行插入一行，在A1 单元格中输入"基色调"，单击常用工具栏中的排序按钮 $\overset{A}{\underset{Z}{}}\downarrow$ 将此列排序。

② 将光标置于数据区域内任一单元格，单击"数据"→"分类汇总"菜单命令，弹出"分类汇总"对话框，如图 3 – 20 所示。

③ 在"分类字段"下拉列表框中选择"基色调"。

④ 在"汇总方式"下拉列表框中选择"计数"。

⑤ 在"选定汇总项"列表中选择"基色调"，指定对"基色调"这一字段进行汇总。

⑥ 单击"确定"按钮，单击分级编号"2"，效果如图 3 – 21 所示。

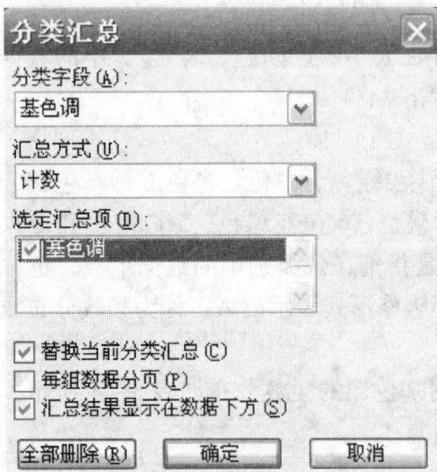

图 3 – 20　分类汇总对话框　　　　　　图 3 – 21　分类汇总效果图

将分类汇总的结果稍作调整，分别进行每一个单元格修改，并在 C1 单元格中输入"比重"，在 C10 单元格中输入公式" = B10/ B37"，单击编辑栏中的 √ ，拖动 C10 单元的自动填充柄，选择 C10：C37 区域，单击格式工具栏中的百分比样式按钮 % ，得出频数分布如图 3 – 22 所示。

（二）分类数据的图示

前面是用表格形式来反映分类数据的频数分布的。如果用图形来显示频数分布，就会更加形象与直观。统计图的类型很多，分类数据的图示方法主要包括条形图（或柱形图）和圆形图。

条形图是用宽度相同的条形的高度或长短来表示各类别数据多少的图形。条形图有单式条形图、复式条形图等形式。条形图主要用于反映分类数据的频数分布。在表示分类数据的

1 2 3		A	B	C	D
	1	按基色调分组	户数（户）	比重（%）	
+	10	**暗红色**	8	27	
+	16	**白色**	5	17	
+	27	**淡黄褐色**	10	33	
+	29	**黑色**	1	3	
+	36	**浅绿色**	6	20	
-	37	**合计**	30	100	
	38				
	39				
	40				
	41				

图 3 – 22　分类汇总整理后的频数分布

分布时，用条形的高度或长度来表示各类别数据的频数或频率。绘制条形图时，各类别可以放在纵轴，也可以放在横轴。根据图 3 – 21 中数据，运用 Excel 的图表向导功能制作反映家具的基色调的频数分布图操作步骤如下：

① 选定 B10：B36 单元格区域（即各组户数所在的单元格区域）。

② 单击常用工具栏中的图表向导按钮 ，进入图表向导——4 步骤之1——图表类型，在标准类型选项中选柱形图之三维簇状柱形图。

③ 单击下一步按钮，进入图表向导——4 步骤之2——图表源数据，在系列选项中分类（x）轴标志的右框内按"　"收缩按钮，选择表 A10：A36 区域，再单击一次"　"展开按钮。

④ 单击下一步按钮，进入图表向导——4 步骤之3——图表源数据，在标题选项中，分类（x）轴框内输入"基色调"，数值（y）轴框内输入"户数"，在图例选项中不显示图例。

⑤ 单击下一步按钮，进入图表向导——4 步骤之4——图表位置，单击完成按钮。

调整标题位置后如图 3 –23 所示。

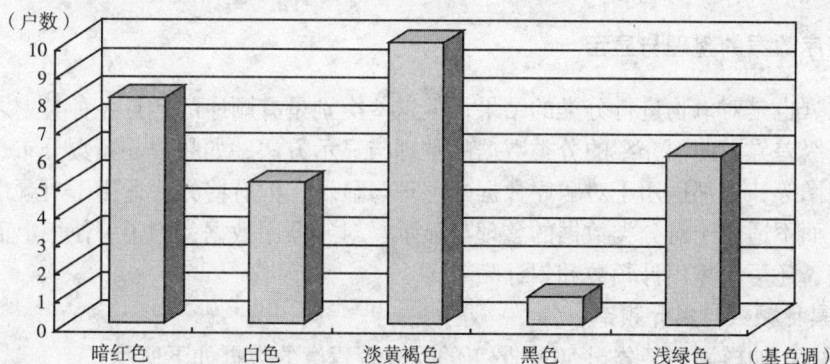

图 3 –23　家具基色调频数分布

图 3 –23 中，横坐标轴上的不同点，仅仅表示"基色调"数据的取值是不同的，即不同类别，没有大小顺序之分。纵坐标表示相应的类别出现的频数（即户数）。需要提醒的是在类别太多的情况下，会使横轴排列有困难，使用时要注意。

圆形图也称饼图，它是用圆形及圆内扇形的面积来表示数值大小的图形。

圆形图主要用于表示总体或样本中各组成部分所占的比例，对于研究结构性问题十分有用。绘制圆形图时，总体中各部分所占的百分比用圆内的各个扇形面积表示，这些扇形的中心角度，是按各部分数据百分比占360°的相应比例确定的。将上述数据绘制的圆形图操作步骤如下：

① 选定 B10：B36 单元格区域（即各组户数所在的单元格区域）。

② 单击常用工具栏中的图表向导按钮 📖 ，进入图表向导——4 步骤之1——图表类型，在标准类型选项中选饼图之三维饼图。

③ 单击下一步按钮，进入图表向导——4 步骤之2——图表源数据；点击系列选项，在系列框内选系列1，按名称框后的" 📠 "收缩按钮，选择 A10 单元格，再单击一次" 🖳 "展开按钮；点击系列框下的添加按钮，在系列框内选系列2，按名称框后的" 📠 "收缩按钮，选择 A16 单元格，再单击一次" 🖳 "展开按钮；依次增加基色调的名称。

④ 单击下一步按钮，进入图表向导——4 步骤之3——图表选项，在数据标志选项中，数据标签包括"系列名称"与"百分比"，在图例选项中不显示图例。

⑤ 单击下一步按钮，进入图表向导——4 步骤之4——图表位置，单击完成按钮。

如图 3-24 所示。

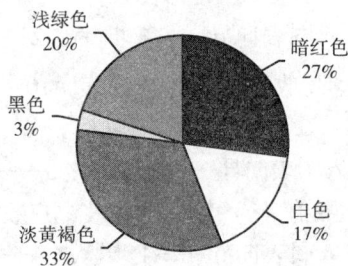

图3-24 家具基色调的使用构成

二、顺序数据的整理与显示

顺序数据也是对事物进行分类的结果，但这些类别是有顺序的，且各种类型之间具有某种意义的等级差异。前面介绍的分类数据的整理与显示方法，如频数、频数分布、频率、条形图、圆形图等，也都适用于对顺序数据的整理与显示。但有些方法适用于对顺序数据的整理与显示，而不适用于对分类数据的整理与显示。对于顺序数据，除了可使用上面的整理与显示方法外，还可计算累计频数和累计频率。

（一）累计频数与累计频率

【例3-6】抽样调查某公司50名员工的受教育程度的数据如下所示：

小学	小学	小学	小学	初中	初中	初中	初中	初中	初中
高中	高中	高中	高中	高中	高中	高中	高中	高中	高中
高中	高中	高中	高中	高中	高中	高中	高中	高中	高中
大学	大学	大学	大学	大学	大学	大学	大学	大学	大学
大学	大学	大学	大学	大学	大学	大学	大学	硕士研究生	硕士研究生

显然，上述数据为顺序型数据。50 名员工按受教育程度的高低依次可以分为小学、初中、高中、大学和硕士研究生五组，由此不难得出各组频数的分布情况（如表 3 – 5 所示）。

表 3 – 5　　　　　　　　　　　员工受教育程度的频数分布

受教育程度	人数（人）	比重（%）
小学	4	8
初中	6	12
高中	20	40
大学	18	36
硕士研究生	2	4
合　计	50	100

通过频数分布表，我们只能了解 50 名员工中各种受教育程度的人数及其所占比重。但是，对于这一类型的资料，我们往往更想了解高中以下受教育程度的员工人数及其所占比重，这就需要计算累计频数与累计频率。

累计频数就是将各类别的频数逐级累加起来得到的频数。

频数的累计方法有两种：一是向上累计，即从类别顺序的开始一方向类别顺序的最后一方累加频数；二是向下累计，即从类别顺序的最后一方向类别顺序的开始一方累加频数。通过累计频数，可以很容易地看出某一类别以下或某一类别以上的频数之和。

将各类别频率（百分比）的逐级累加起来，成为累计频率或累计百分比。累计频率也有向上累计和向下累计两种方法。

将表 3 – 5 中的资料计算累计频数和累计频率，得出表 3 – 6。

表 3 – 6　　　　　　　　　员工受教育程度的累计频数（频率）分布

受教育程度	人数（人）	频率（%）	向上累计		向下累计	
			人数（人）	频率（%）	人数（人）	频率（%）
小学	4	8	4	8	50	100
初中	6	12	10	20	46	92
高中	20	40	30	60	40	80
大学	18	36	48	96	20	40
硕士研究生	2	4	50	100	2	4
合　计	50	100	—	—	—	—

通过表 3 – 6 我们了解到高中以下的员工人数为 30 名，其所占的比重为 60%；大学以上的员工人数为 20 名，其所占的比重为 40%。由此可见，该公司员工的受教育程度还不错。

（二）顺序数据的图示

顺序数据的图示除了条形图、圆形图外，还可以根据累计频数或累计频率，绘制累计频数分布或频率图。例如，根据表 3－6 的数据绘制的向上累计频数分布图 3－25 所示。

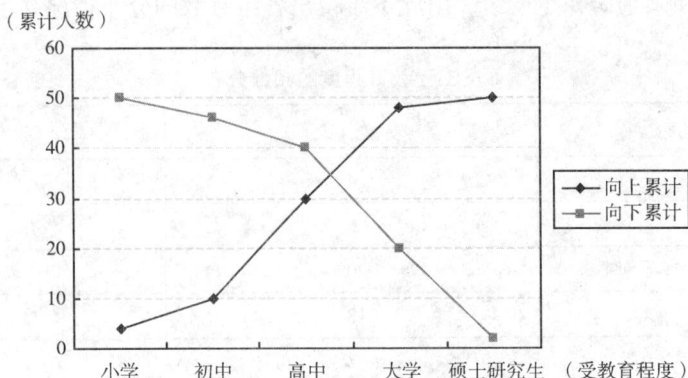

图 3－25   员工受教育程度的累计频数分布

图 3－25 是运用 Excel 的图表向导功能的点折线图制作而成的，由向上累计可以看出，50 名员工中受教育程度为高中以下的有 30 名。除此以外，适用的图表类型还有两轴线——柱图、两轴折线图、平滑直线图及柱状面积图等。

但是，无论是向上累计抑或是向下累计，均以类别数据为横轴，以累计频数（频率）为纵轴，才能准确直观形象地反映出累计频数分布情况。

第三节   数量数据的整理与显示

数量数据说明的是现象的数量特征，通常用数字来表示。品质数据的整理与图示方法，也都适用于数量数据的整理与显示。但数量数据还有一些特殊的整理与图示方法，它们并不适用于分类数据和顺序数据。由于数量数据，有些是同一时间上不同空间范围所取得的静态数值，有些是在同一空间范围上不同时间取得的动态数值，所以又分为静态数值型数据和时间型数据两种，对其整理与显示也有所不同。

一、数值型数据的整理与显示

对静态数值型数据整理时通常是进行数据分组，分组的结果是频数分布表（或变量数列）。

（一）数据分组与频数分布

数据分组是根据统计研究的需要，将数据按照某种标准化分成不同的组别，然后再计算出各组的频数，就形成了各组的频数分布表。数据分组的方法有单项分组和组距分组两种。

1. 单项分组与频数分布。单项分组就是将每一个变量值作为一组进行的分组，在此基础上形成的频数分布，为单项数列。

【例 3－7】某公司一、二车间 18 名员工看管设备台数资料见表 3－7。

表 3 - 7　　　　　　　　　某公司工人看管设备台数情况

职工编号	看管设备台数（台）	职工编号	看管设备台数（台）
1001	4	2001	4
1002	3	2002	4
1003	3	2003	3
1004	3	2004	3
1005	3	2005	2
1006	2	2006	2
1007	2	2007	2
1008	2	2008	1
1009	1	2009	1

在本例中两个车间的 18 名员工看管设备台数最多为 4 台，最少为 1 台，且设备台数为离散型变量，因而对看管设备台数进行分组时只能以 1、2、3、4 这四个变量值分为四组，并编制频数分布表（见表 3 - 8）。

表 3 - 8　　　　　　　某公司两个车间工人看管设备台数频数分布

按看管设备台数分组（台）	人数（人）
1	3
2	6
3	6
4	3
合　计	18

在原始资料太多的情况下，需要运用 Excel 整理资料，具体步骤如下：

① 将数据中的看管设备台数按升序排序。

② 在 C3 单元格中输入"人数（人）"。

③ 在 C4、C10、C16、C19 中运用函数分别对看管设备台数 1、2、3、4 这四个变量值进行计数。

④ 依次选定 2 ~ 3 行、5 ~ 9 行、11 ~ 15 行、17 ~ 18 行击右键对这四个区域隐藏。

⑤ 在 B20 单元格中输入"合计"，C20 单元格中运用函数进行求和。

得出的频数分布表如图 3 - 26 所示：

单项分组方法只适用于离散型变量，且在变量值较少的情况下使用。由于单项式分组是对标志值的一一列举，所以分组简单。由此可见，单项分组与顺序数据分组相类似，两者的不同之处为单项分组其各组组名用变量值表示，且由小到大排列，而顺序数据分组其各组的组名用文字表示，排列顺序取决于习惯或研究目的。但是，如果静态数值型数据是离散型变

	A	B	C	D
1	职工编号	看管设备台数	人数（人）	
4	2009	1	3	
10	2007	2	6	
16	2004	3	6	
19	2002	4	3	
20		合计	18	
21				
22				

图 3-26 频数分布

量且变量值较多、变动范围比较大，或静态数值型数据是连续变量的情况下，通常采用组距分组。

2. 组距分组与频数分布。组距分组是用变量值变动的一个区间来表示各组。如前所述，变量值多、变动范围大的离散型变量需要进行组距分组；而连续型变量，则必须进行组距分组，如表 3-9 所示。

表 3-9   ××年4月某商品批发市场月销售额分组

按月销售额分组（万元）	经营户数（户）
40 以下	52
40~60	68
60~80	50
80~100	32
100 以上	6
合　计	208

组距分组与其他分组的最大区别在于：归为一组的变量值是由一个区间范围来概括表示的。在组距分组中，每一组的起点值为组的下限，终点值为组的上限。组距就是上限与下限的距离。用公式表示为：

组距 = 上限 - 下限

在有些情况下，为了避免出现空白组，同时又能使个别特大或特小的变量值（极值）对应的总体单位不至于无组可归，常使用"××以下"或"××以上"这种无明确组限的组，这样的组称之为开口组。"××以下"有上限而无下限，为下开口组，只能出现在第一组；"××以上"有下限而无上限，为上开口组，只能出现在最后一组。而既有上限，又有下限的组，称之为闭口组，中间各组必须是闭口组。

组距分组由于把多个变量值归为一组，就把组内变量值之间的差异抽象化了，不可避免地使资料的真实性受到损害。但是，统计分组整理的目的是计算总体的指标数值，因而在组距数列中，需要用组中值作为各组内标志值的一般水平的代表值来估算总体的指标数值。组中值是位于各组中间位置的数值。其计算公式为：

组中值 = （上限 + 下限）/2

如表 3－9 中，第二组的组中值＝（40＋60）／2＝50；第三组的组中值＝（60＋80）／2＝70；第四组的组中值＝（80＋100）／2＝90。

对于开口组组中值的计算，需要借用邻组的组距来确定。

下开口组的组中值＝上限－邻组组距/2

上开口组的组中值＝下限＋邻组组距/2

如表 3－9 中，第一组的组中值＝40－（60－40）／2＝30；最后一组的组中值＝100＋（100－80）／2＝110。

用组中值代表组内变量值的一般水平有一个前提，即各单位的变量值在本组范围内呈均匀分布或在组中值两侧呈对称分布，而实际完全具备这一前提是不可能的。因此，组中值只是代表组内变量值的一般水平的近似值。同时应注意到：开口组的组中值具有双重的假定性：既假定变量值是均匀分布，又假定其组距与邻组组距相等。

对于一堆杂乱无章的原始资料，通过统计分组来反映频数分布，是一项复杂而烦琐的工作，下面利用【例 3－8】来介绍组距分组的步骤。

【例 3－8】某高校某班第一学期 50 名学生英语成绩如下：

68	59	70	71	62	63	73	72	71	38
69	70	80	61	83	75	60	78	77	80
81	83	84	85	85	73	99	86	87	88
89	76	94	74	64	78	79	81	76	77
68	72	65	74	82	82	84	67	66	69

将上述数据进行组距分组并反映频数分布情况。

组距分组的步骤：

（1）整理数据资料，计算全距，判断变量数列的种类。进行组距分组，首先要知道所有变量值变动的范围（即全距），才能确定各组的组距。因而从理论上讲，将全部变量值从小到大排列，找出其中的最大变量值和最小变量值，并计算两者之间的距离，就得到全距。对于总体单位比较多的复杂现象总体，也可以不进行大小顺序排列，直接找出最大变量值和最小变量值计算全距。

可以看出，最大变量值为 99 分，最小变量值为 38 分。那么，全距＝最大变量值－最小变量值＝99－38＝61（分）。由此可见，相对于 50 人的总体而言，变量值变动的范围较大，同时，变量值的个数也较多，有 33 个，因而不能进行单项分组，只能进行组距分组。

（2）确定组距分组的形式。确定组距分组的形式，也就是确定进行等距分组还是进行异距分组。分组时每组的组距都相等的为等距分组，如表 3－10 所示。异距分组是指分组时各组的组距不相等。是进行等距分组还是异距分组，这主要取决于变量值的分布状况，如果变量值的分布比较均匀，则采用等距分组。例如，身高、成绩、体重等，都是常见的等距分组，编制等距数列便于各组间单位数与变量值的直接对比，也便于计算各项综合指标和进行对比分析。如果是变量值的分布很不均匀或变量本身有较明显的变动规律，则采用异距分组，编制异距数列。无论是采用等距形式，还是采用异距形式，必须是通过统计分组，体现组内的同质和组间的差异。

那么，本例中究竟是进行等距分组还是异距分组，需要进一步的分析。

通过对数轴中各变量值对应点的观察可以看出，38 分与其相距最近的分数是 59 分，两者相差 21 分，因而它是一个极小值。从 59 分开始，数轴上分布的标志值逐渐增多，然后逐渐减少至 89 分，与 89 分相距不远的依次为 94 分和 99 分。在 59～89 分之间可以看出标志值的分布是均匀的，所以，本例进行等距分组。

（3）组限的确定与表示。合理地确定组限，是组距分组的关键。因此应首先对变量值的分布情况进行仔细分析，在分布比较集中的变量值中确定组距的中心位置，然后根据组距和组数定出上下限，做到最小组的下限不大于最小变量值，最大组的上限不小于最大变量值，尽可能使各组的变量值在组内分布比较均匀。

本例中，由于标志值在 59～89 分之间分布比较均匀，因而理论上讲组限的确定自由度很大。但必须考虑，成绩这一变量值存在一个客观组限——60 分，它是及格与不及格的数量界限。由于 38 分是一个极小值，所以，60 分以下的两个标志值可归为第一组。通常情况下，60 分以上的学生我们习惯定性为优、良、中、及格四种类型，所以，对 60 分以上的学生可以再分为 4 组。重新计算全距 = 99 - 60 = 39（分），组数 = 4 组，则在等距分组的情况下，组距 = 全距/组数 = 39/4 ≈ 10 分。各组的组限依次为 60 分、70 分、80 分、90 分、100 分。

> **小思考** 某公司所属的生产同一产品的 10 个企业，按单位产品成本计划完成情况可分为 95%～100%，100%～105% 两组，A 企业的单位产品成本计划完成正巧等于 100%，它应该归于哪一组？为什么？

将 50 名学生按英语成绩分为 60 分以下，60～70 分、70～80 分、80～90 分、90～100 分五组。有时，我们也会看到学生按英语成绩分为 60 分以下、60～69 分、70～79 分、80～89 分、90～100 分五组这样的情况。实际上，两者的区别在于组限的表示方式不同。前者我们称之为重叠组限，即某一组的下限是其相邻的下一组的上限，或者说某一组的上限是其相邻的上一组的下限。后者称之为间断组限，即某一组的下限与其相邻的下一组的上限之间是间断的，或者说某一组的上限与其相邻的上一组的下限之间是间断的。离散变量由于其变量值可以一一列举，且相邻两个变量值之间没有中间数值。在进行组距分组时，"组限可间断"。连续变量由于在任意两个变量值之间可以插入无数多的数值，不可能一一列举，因此，在进行组距分组时，"组限必重叠"。在重叠组限的情况下，计算各组单位数遵循"上限不在内"原则。由此可见，对于离散变量的组距分组，也可用重叠组限的方式表示。这样不仅比较简单，而且在计算组中值时，不至于造成麻烦。

（4）编制频数分布表。进行组距分组、确定组限及其表示方法以后，将 50 名学生进行归组整理，得到各组次数，并可在此基础上计算各组的比率（见表 3 - 10）。

表 3 - 10　　　　　　　　　某高校某班第一学期 50 名学生英语成绩频数分布

按成绩分组（分）	人数（人）	比重（%）
60 分以下	2	4
60～70	12	24
70～80	18	36
80～90	16	32
90～100	2	4
合　计	50	100

（二）静态数值型数据的图示

前面介绍的条形图、饼图及累计分布图等都适用于显示静态数值型数据。此外，对静态数值型数据还有其独有的图示方法，这些方法并不适用于分类数据和顺序数据。

1. 未分组数据——茎叶图和箱线图。

在数据分组之前，可以通过图示来观察未分组的原始数据的分布规律。一般选用茎叶图和箱线图。

（1）茎叶图是指由"茎"和"叶"两部分构成的，反映原始数据分布的图形。

茎叶图的图形是由数据组成的。通过茎叶图，可以看出数据分布的形状及数据的离散状况，如分布是否对称、是否集中，数据中是否存在极端值等。

绘制茎叶图的关键是设计好树茎，通常是以该组数据的高位数值做树茎，低位数字做树叶，而且树叶上只保留该数值的最后一位数字。树茎一经确定，树叶就自然地长在相应的树茎上了。我们通过一个简单的例子来说明茎叶图的做法。

【例 3 – 9】某班级男生的身高数据如表 3 – 11 所示。

表 3 – 11　　　　　　　　　　某班级男生的身高数据　　　　　　　　　单位：厘米

171	182	175	177	178	181	185	168	170	175	177
180	176	172	165	160	178	186	190	176	163	183

制作茎叶图时，首先要依据数据的大小范围，确定"茎"的数字位和"叶"的数字位。确定"茎"的数字位时，要遵循"数据的'茎'必须有变化的原则"。显然，本例中，不能以百位数为"茎"（如果这样，"茎"都是 1，没有变化了），而应以十位数为"茎"。这样"叶"就只能是个位数了。

其次，将全部数据分成"茎"和"叶"两部分，"茎"在左，"叶"在右。"茎"、"叶"之间用小数点隔开。如数据 171 的"茎"就是 17，"叶"就是 1，表达方式为"茎.叶"即 17.1。

再其次，把样本数据所有的茎，从小到大、从上到下纵向排列，并在"茎"后标出小数点，小数点要纵向对齐。

最后，按照"茎"从小到大的顺序，依次把数据中所有"茎"相同的数据取出来，把这些数据中的"叶"，按照从小到大的顺序，写在这个"茎"后小数点的右边，从左到右横向排列，直至把所有数据处理完毕。

为了清楚地看出各个身高段的人数，可以在茎叶图的最右边增加一列，表示各个树茎右边数据个数的数字。

于是，按照上述方法，可以按表 3 – 11 数据制作茎叶图，见图 3 – 27。

树茎		树叶	数据个数
16	.	0358	4
17	.	01255667788	11
18	.	012356	6
19	.	0	1

图 3 – 27　某班级男生的身高茎叶图

可以看出，茎叶图既能保留了原始数据的信息，又给出了数据的分布状况，很像频数分布表。

（2）箱线图是由一组数据的最大值、最小值、中位数和两个四分位数5个特征值绘制而成的，反映原始数据分布的图形。

箱线图由一个箱子和两条线段组成。其绘制方法是：首先找出五个特征值，即数据的最大值、最小值、中位数 Me 和两个四分位数（中位数 Me 是将数据排序后处在中间位置的变量值，四分位数是处在数据25%和75%位置上的两个值，分别称为下四分位数 Q_L 和上四分位数 Q_U）；然后连接两个四分位数画出箱子；再将两个极值点与箱子用线段相连接。

【例3-10】我们仍以上例某班级男生的身高数据为例来说明箱线图的做法。

例中最大值为190、最小值为160、中位数为176.5、下四分位数为170.75、上四分位数为181.25，依据这五个特征值绘制箱线图如图3-28所示。

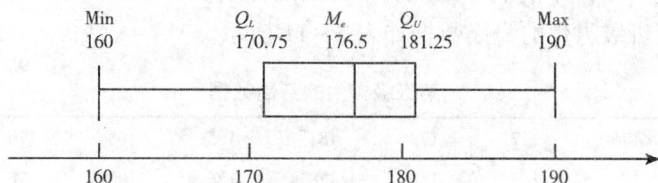

图3-28 男生身高数据箱线图

箱线图没有茎叶图和直方图那么详细，但其能够简明扼要地显示出所分析数据的中心、范围、分布的主要特征。

上面是根据一组数据绘制的简单箱线图，如果是多组数据则可以绘制比较箱线图，用来比较多组数据的分布特征。

2. 已分组数据——直方图和折线图。

对于经过统计分组的数据，依据频数分布表可以采用图示的方法来观察其分布特征。最常用的是直方图和折线图。

（1）直方图是用矩形的宽度和高度（即面积）来表示频数分布的图形。

在绘制直方图时，用横轴表示数据分组，纵轴表示频数（一般标在左方）或频率（一般标在右方），依据各组组距与相应的频数就形成了一个矩形，即直方图。

【例3-11】根据表3-9的资料运用Excel的图表向导功能绘制的直方图操作要点如下：

① 选中各组人数，绘制簇状柱形图，加入坐标轴标题"成绩"、"人数"，不显示图例，调整位置后如图3-29所示。

② 在图表中对准任一个条形单击左键，当条形中出现小方块时单击右键，选择"数据系列格式"，打开其对话框，如图3-30所示。

③ 在"数据系列格式"对话框中选择"选项"，将分类间距设为"0"，单击"确定"。

运用Excel的图表向导功能绘制的直方图如图3-31所示。

图3-31是依据等距分组绘制的直方图。对于等距分组数据，可以用条形的高度直接表示频数分布。对于不等距分组数据，由于各组组距不同，用条形高度来表示各组频数的分布

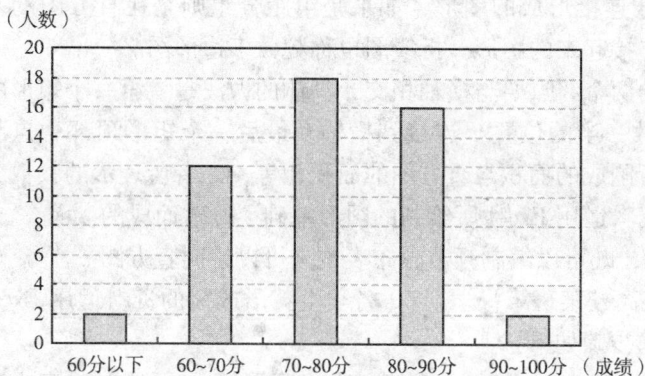

图 3 - 29 成绩分布的簇状柱形图

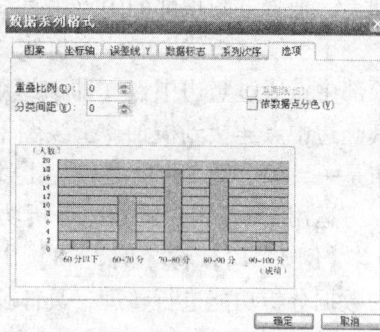

图 3 - 30 数据系列格式对话框

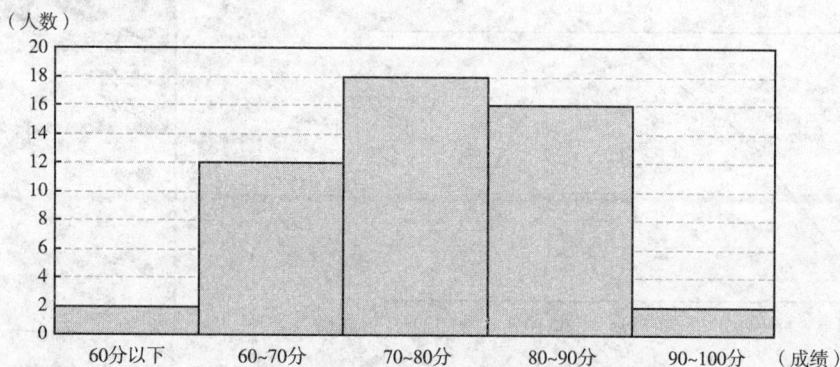

图 3 - 31 成绩分布的直方图

就不再适用。此时，可以用条形的面积来表示各组的频数分布，或根据频数密度来绘制直方图就可以准确地表示各组的分布特征，频数密度 = 频数 ÷ 组距。

实际上，无论是等距分组还是异距分组，使用条形的面积来表示各组的频数分布更为合适，因为这样可以使直方图下的总面积等于1。比如在等距分组中，条形的高度与各组的频数成比例，如果取矩形的宽度（各组组距）为一个单位，高度表示比例（即频率），则直方图下的总面积等于1。在直方图中实际上是用条形的面积来表示各组的频数分布。

直方图与条形图的不同。首先，条形图是用条形的长度（横置时）表示各类别频数的多少，其宽度（表示类别）是固定的；直方图是用面积表示各组频数的多少，条形的高度表示每一组的频数或频率，宽度则表示各组的组距，因此其高度与宽度均有意义。其次，由于分组数据的连续性，直方图的各条形通常是连续排列，而条形图（或柱形图）则是分开排列。最

> **小思考** 为什么异距分组数据用矩形高度来表示各组频数的分布就不再适用？应如何表示？

后，条形图主要用于展示品质数据的频数分布和数值型数据中经单项分组后的频数分布，而直方图则主要用于展示数值型数据经组距分组后的频数分布。因而，图 3 - 31 是在柱形图的基础上变形而来的。

（2）折线图是将各数据点用直线连接形成的图形，如果是组距分组则是在直方图的基础上，把直方图顶部的中点用直线连接起来的图形。折线图也称频数多边形图。

手工绘制折线图时注意折线图的两个终点要与横轴相交，具体的做法是：第一个矩形的顶部中点通过竖边中点（即该组频数一半的位置）连接到横轴，最后一个矩形顶部中点与其竖边中点连接到横轴。折线图下所围成的面积与直方图的面积相等，二者所表示的频数分布是一致的。图 3-32 是使用上述资料运用 Excel 所绘制的图形基础上修改而成的。

运用 Excel 提供的数据分析功能，既可以编制频数分布表，又可以绘制直方图。

【例 3-12】将【例 3-8】中某高校某班第一学期 50 名学生英语成绩的资料运用 Excel 的数据分析功能进行整理，具体操作步骤如下：

① 单击"工具"菜单，选择"加载宏"，打开"加载宏"对话框。在可用加载宏中选择"分析工具库"和"条件求和向导"，单击确定，如图 3-33 所示。

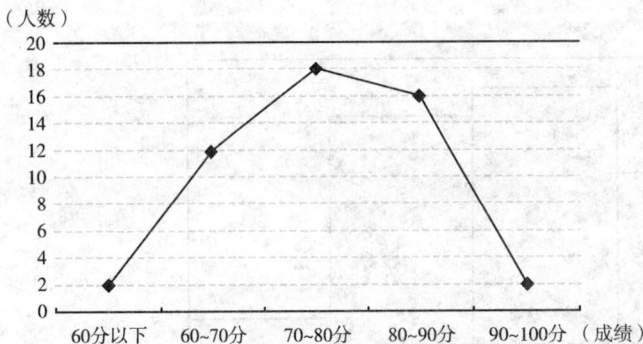

图 3-32　成绩分布的折线图

图 3-33　"加载宏"对话框

② 在 A7：A11 单元格中依次输入 59、69、79、89、100 作为条件区域；

③ 单击"工具"菜单，选择"数据分析"，打开"数据分析"对话框，在"分析工具"中先"直方图"，单击确定，如图 3-34 所示。

④ 打开直方图对话框。在输入区域右框内按"🔲"收缩按钮，选择表 A2：J5 区域，再单击一次"🔲"展开按钮；接收区域右框内按"🔲"收缩按钮，选择表 A7：A11 区域，再单击一次"🔲"展开按钮；输出区域右框内按"🔲"收缩按钮，选择表 A14 区域，再单击一次"🔲"展开按钮；勾选累积百分率和图表输出。单击确定，如图 3-35 所示。

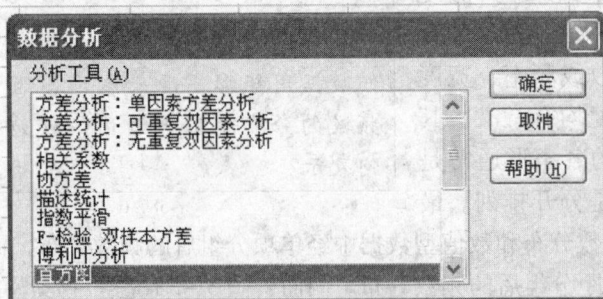

图 3-34　"数据分析"对话框

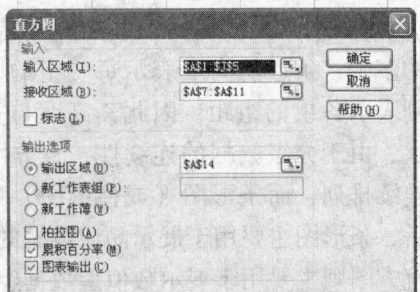

图 3-35　"直方图"对话框

由"直方图"对话框得出图 3 - 36 和图 3 - 37。

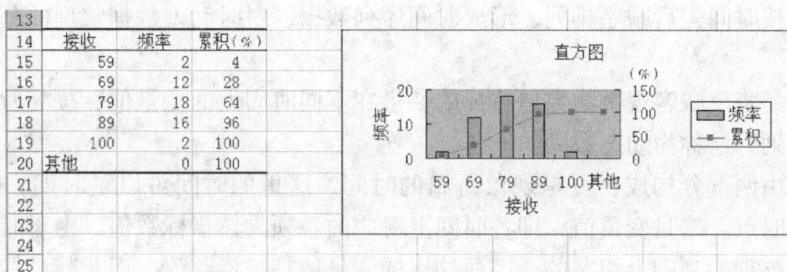

接收	频率	累积(%)
59	2	4
69	12	28
79	18	64
89	16	96
100	2	100
其他	0	100

图 3 - 36　"直方图"效果图

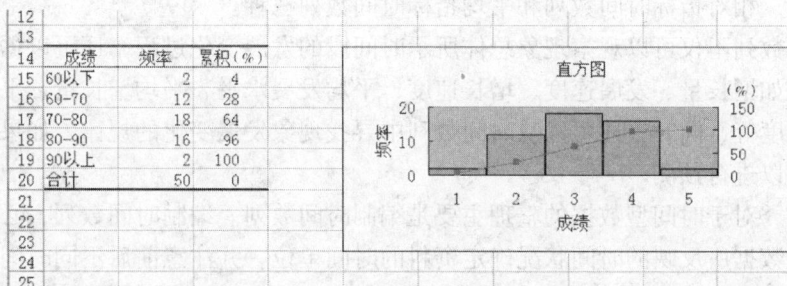

成绩	频率	累积(%)
60以下	2	4
60-70	12	28
70-80	18	64
80-90	16	96
90以上	2	100
合计	50	0

图 3 - 37　调整后的频数分布表与直方图

二、时间型数据的整理与显示

社会经济现象总是随着时间的推移而发生变化，呈动态性。统计对社会经济现象的研究，不仅要从静态上揭示研究对象的数量特征和数量关系，而且要从动态上反映其发展变化的过程及规律性。

（一）时间数列的编制

【例 3 - 13】研究我国城乡居民家庭收入的变动规律时，收集到 2000～2008 年我国城乡居民家庭的人均可支配收入数据如表 3 - 12 所示。

表 3 - 12　　　　　　2000～2008 年城乡居民家庭人均可支配收入　　　　　　单位：元

年　份	城镇居民	农村居民
2000	6 280.0	2 253.4
2001	6 859.6	2 366.4
2002	7 702.8	2 475.6
2003	8 472.2	2 622.2
2004	9 421.6	2 936.4
2005	10 493.0	3 254.9
2006	11 759.5	3 587.0
2007	13 785.8	4 140.4
2008	15 780.8	4 760.6

资料来源：《中国统计年鉴（2009）》，中国统计出版社 2009 年版。

可以看出 2000～2008 年城乡居民家庭人均可支配收入是间接得到的，是二手数据，且该统计数据已按时间先后顺序排列，形成时间序列数据，对时间型数据整理的基本方法是编制时间数列。

时间数列是将反映客观事物数量特征的变量在不同时间上的变量值，按其所属时间顺序排列而成的数列，又称为动态数列。

时间数列由两部分构成：一是现象所属的时间，这里的时间可以是时期，时期可长可短，也可以是时点。二是变量值，即各时间上对应的各项具体指标数值。由于时间数列一般是在次级资料整理的基础上编制的，因而这里的变量值是指标数值，而非数量标志值。由于指标按其表现形式不同，分为总量指标、相对指标和平均指标。因而时间数列也可分为总量指标时间数列、相对指标时间数列和平均指标时间数列三种。

通过时间数列不仅可以观察现象总体所示时间段的发展变化过程，还可以据此计算相应的派生指标，如增长量、发展速度、增长速度、平均发展水平、平均增长量、平均发展速度和平均增长速度等，同时，还可以从时间数列中寻找现象发展变化的规律，如果存在一定的发展趋势还可以进行预测。

如前所述，对于时间型数据的整理主要是编制时间数列。编制时间数列，必须根据具体的研究任务及数据所反映的时间状况确定资料的时间单位，并注意前后不同时间的各项指标数值的可比性。

对社会经济现象在一个较长时期发展过程和趋势进行宏观分析时，通常采用年度资料即可；如果要同时分析季节性变化，或因年度资料太少，不足以观察现象变化过程的特点，就要采用季度和月度资料。对微观过程的分析，除年度、季度和月度资料以外，为了具体了解经济技术活动的特点，还要采用按日登记的资料，甚至以小时或分为时间单位的资料。如果是对时点现象观察其发展变化的过程，通常用期初或期末数据，实际上反映的是现象总体在瞬间的数量特征。

编制时间数列的目的是要观察数列各时间上的数值变化和进行前后比较分析。因此，保证各期指标数值的可比性是编制时间数列的基本原则。具体地说，应注意以下几点：

一是时间跨度或间隔应相等。这是对时间数列中的时间要素的基本要求。在时期数列中，由于各个指标数值的大小与时期长短有直接关系，因此，如果各期指标数值的时间跨度不一致，就很难直接比较。对于时点数列来说，虽然指标数值只表明一定时点的状态，不存在时期长短问题，但为了前后对比，时点间的间隔应尽可能保持一致。

二是总体范围应一致。指标是说明现象总体数量特征的，总体范围发生变化，必然导致指标数值计量范围的不同。如果前后不同时间的总体范围不同，必须对其资料进行适当的调整，使总体范围一致后再做动态比较。

三是经济内容、计算方法要统一。在社会经济统计中，随着统计制度的变化，有些统计指标各个时间所包含的经济内容或计算方法均会有很大的出入，为了如实地分析客观现象的变化规律及其发展趋势，就需要对不同经济内容和计算方法的同一指标进行相应的调整，使之具有连贯性和可比性。

（二）时间型数据的图示

运用 Excel 时间序列数据，可以通过绘制线图、条形图来显示。

线图主要用于显示时间序列数据，以反映事物发展变化的规律和趋势。根据表 3 - 12 中的数据绘制的线图如图 3 – 38 所示。

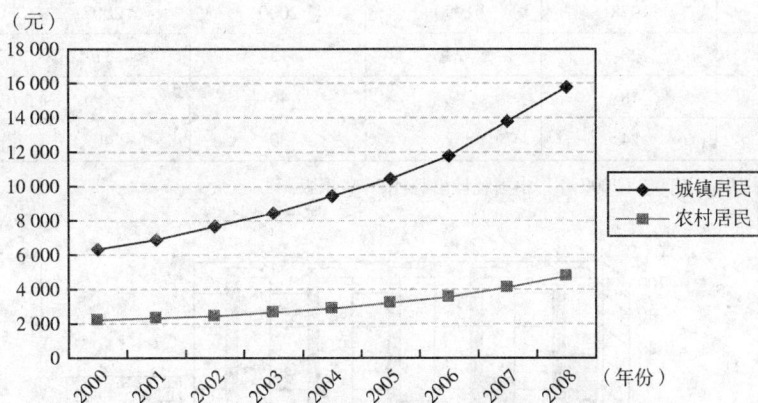

图 3 – 38　城乡居民家庭人均可支配收入

从图 3 – 38 可以清楚地看出，城乡居民与农村居民的家庭人均可支配收入均逐年提高，但城镇居民的家庭人均可支配收入不仅高于农村，且增长速度快，以至于城乡差距呈现出扩大的趋势。

绘制线图时应注意以下几点：

第一，时间一般绘在横轴，指标数值绘在纵轴。

第二，图形的长宽比例要适当，其长宽比例大致为 10∶7。

小思考　对统计数据进行动态对比时应如何选用统计图？

第三，一般情况下，纵轴数据下端应从"0"开始，以便于比较。数据与"0"之间的间距过大时，可以采取折断的符号将纵轴折断。

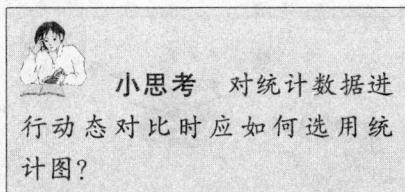

根据表 3 – 12 数据绘制的条形图同样可以得到相同的结论，如图 3 – 39 所示。

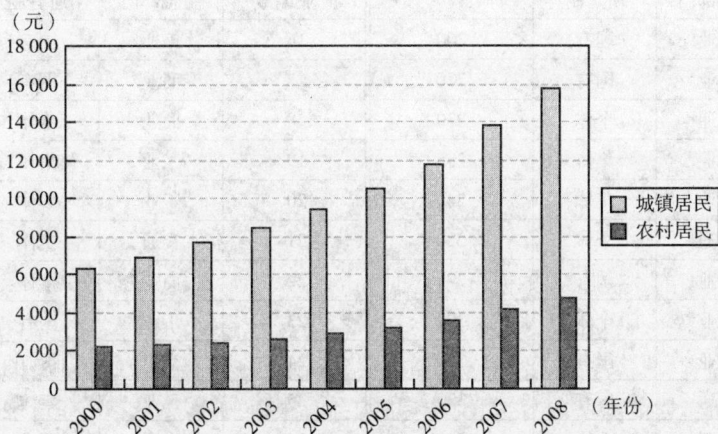

图 3 – 39　城乡居民家庭人均可支配收入

条形图除了可以描述现象发展变动规律以及进行动态比较外，还可以用于反映不同时间上的同一总体内部结构变动规律。例如，将表 3 – 13 中的数据绘制条形图，可以看出我国历年国内生产总值的产业构成变动情况，如图 3 – 40 所示。

表 3－13　　　　　　　　我国历年国内生产总值的产业构成变动情况　　　　　　　　单位:%

年　份	1978	1990	2000	2007	2008
第一产业	28	27	15	11	11
第二产业	48	41	46	49	49
第三产业	24	32	39	40	40

资料来源:《中国统计年鉴（2009）》，中国统计出版社 2009 年版。

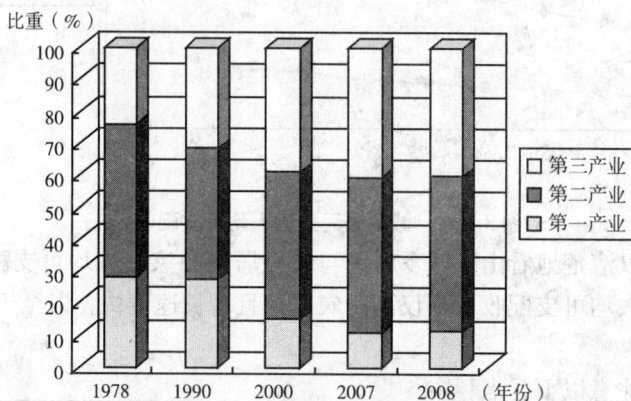

图 3－40　我国国内生产总值构成

案例 3-1

某地区 30 个企业情况见表 3－14。

表 3－14　　　　　　　　　　　某地区 30 个企业情况资料

企业编号	主管部门	所有制	职工数（人）	企业编号	主管部门	所有制	职工数（人）
1	工业	国有	200	16	工业	国有	380
2	商业	国有	220	17	商业	国有	400
3	交通	个体	230	18	商业	集体	410
4	工业	集体	235	19	工业	集体	410
5	商业	集体	240	20	工业	集体	420
6	交通	个体	280	21	交通	个体	420
7	工业	国有	290	22	商业	个体	420
8	工业	个体	300	23	工业	国有	480
9	商业	国有	310	24	交通	国有	480
10	交通	国有	320	25	工业	集体	500
11	工业	个体	340	26	交通	国有	520
12	商业	国有	350	27	工业	集体	520
13	商业	集体	360	28	工业	国有	800
14	商业	集体	360	29	商业	国有	800
15	工业	集体	370	30	工业	国有	900

根据上述资料，按要求进行分组并编制分配数列。

（1）用所有制与主管部门进行复合分组，并编制数列。

（2）用所有制与职工人数（分为三组）进行复合分组，并编制数列。

（3）指出小王整理出的表 3－15 中的错误。

表 3－15　　　　　　　　　　　某地区 30 个企业情况资料

按所有制及主管部门分组	企业数（个）	部门			职工人数		
		工业	商业	交通	100~400 人	400~700 人	700~1 000 人
（甲）	（1）	（2）	（3）	（4）	（5）	（6）	（7）
国有	14	6	5	3	7	5	2
集体	10	6	4	0	5	5	0
个体	6	2	1	3	4	1	2
合　计	30				16	11	4

分析如下：

从（1）与（2）的要求来看，我们需要首先对该资料进行分组，然后才可编制数列。上述所给资料中，所有制与主管部门都是品质标志，按品质标志分组比较简单，由于事物的属性特征本身即反映事物的性质，且其属性差异相对稳定，因而一般有几种标志表现就分为几组，组与组的界限也十分清晰。如按所有制分组，30 个企业有三种标志表现（即国有、集体与个体），则分为三组；按主管部门分组，30 个企业也是有三种标志表现（即工业、商业和交通），同样分为三组。但是，按职工人数分组则是按数量标志分组，一般方法是先判断职工人数是离散变量还是连续变量，然后分析其适用于单项分组还是组距分组。在本题中要求分三组，而职工人数是计数得到的，只能取整数，是离散变量，变量值个数不仅仅是三个，所以进行组距分组。组距分组先要观察变量值变动的范围，企业职工人数在 200~900 之间，变量值的个数为 23 个，所以只能编制组距数列。进行等距分组，分为三组，组距 = 全距/组数 =700/3≈300 人。第一组与第二组的组限为 400 人、第二组与第三组的组限为 700 人。即三个组依次为 100~400、400~700、700~1 000。通过上述分组，将 30 个企业进行归组整理编制数列如下：

（1）按所有制与主管部门进行复合分组编制数列（见表 3－16）。

表 3－16　　　　　　　　　　　某地区 30 个企业所有制及主管部门构成

按所有制及主管部门分组	企业数（个）
国有	14
工业	6
商业	5
交通	3
集体	10
工业	6
商业	4
交通	0

续表

按所有制及主管部门分组	企业数（个）
个体	6
工业	2
商业	1
交通	3
合　　计	30

（2）按所有制与职工人数（分为三组）进行复合分组并编制数列（见表 3 – 17）。

表 3 – 17　　　　　　　　　　　某地区 30 个企业所有制及规模构成

按所有制及职工人数分组	企业数（个）
国有	14
100 ~ 400	7
400 ~ 700	4
700 ~ 1 000	3
集体	10
100 ~ 400	5
400 ~ 700	5
700 ~ 1 000	0
个体	6
100 ~ 400	4
400 ~ 700	2
700 ~ 1 000	0
合　　计	30

（3）由于小王已将资料进行整理并绘制了表格进行资料显示，因而这是对整理资料的复核，主要运用计算检查的方法，同时可结合（1）与（2）的分组资料断定。具体错误之处有：

① 表中各部门的企业个数没有填写合计数，此项是可以计算的，应该填写具体数值。

② 从横行来看，个体所有制企业按职工人数分组后各组单位数之和不等于合计数，这三项数值中至少有一项是错误的。需要特别注意个体所有制职工人数在 700 ~ 1 000 人的企业数，因为大型的个体企业较少。

③ 从最后一行的合计来看，也出现了各组单位数之和不等于总合计数的情况。

④ 从纵栏来看，计算检查难以发现错误，但由于原始资料中显示职工人数在 800 人以上的企业有 3 个，且均为国有企业，可见最后一栏中的数字是错误的。

⑤ 由于最后一栏出现数值错误，所以在职工人数分组后形成的这三栏中至少有一个数值还是错误的。

案例 3-2

据北京市统计局 2001 年 4 月 5 日发布《第五次人口普查公报》的资料显示（截至 2000 年 11 月 1 日）：全市人口中，0～14 岁的人口为 187.8 万人，占总人口的 13.6%；15～64 岁的人口为 1 078.6 万人，占总人口的 78.0%；65 岁及以上的人口为 115.5 万人，占总人口的 8.4%。与 1990 年第四次全国人口普查相比，0～14 岁人口的比重下降了 6.6 个百分点，65 岁及以上人口的比重上升了 2.1 个百分点。

要求：（1）根据上述资料编制一张统计表。（2）选择合适的统计图显示统计表中的资料。
分析如下：

（1）根据资料分析，统计表的总标题是北京市第五次人口普查年龄构成情况；横行标题分别是 0～14 岁、15～64 岁、65 岁及以上；纵栏标题依次为人数、比重、与 1990 年相比比重上升；由横行标题和纵栏标题限定的指标数值填入对应位置。由于各指标数值的计量单位不完全一致，需要分别将其标定在各纵栏标题的下方或右侧；由于缺少 15～64 岁年龄段的人口数及总人口数与 1990 年相比的数字，必须用符号"…"表示；作为统计数据整理的一个表格，最后一行需要有合计栏。因此统计表 3-18 编制如下。

表 3-18 北京市第五次人口普查年龄构成情况

按年龄分组	人数（万人）	比重（%）	比 1990 年相比比重上升（%）
（甲）	（1）	（2）	（3）
0～14 岁	187.8	13.6	-6.6
15～64 岁	1 078.6	78.0	…
65 岁及以上	115.5	8.4	2.1
合　计	1 381.9	100.0	…

（2）要做到运用合适的统计图显示统计表中的资料，首先需要分析统计表中所显示的指标的种类及其所属的时间状态，该表中列有三个统计指标，一是人口数，二是人口比重，三是人口比重与 1990 年相比的差率，前两个指标是同一时间的数据，即为静态指标，后一个是不同时间相减得到的，为动态指标。不同的统计数据需要选用不同的统计图显示。由于年龄不同，所以组距数列且组限是间断的，因而用条形图显示比较准确，见图 3-41；由于各年龄段的人所占的比重不同，所以总体内部构成最好用圆形图或饼形图，见图 3-42；图 3-43 中的数字说明少年儿童组与老年组人口比重 2000 年与 1990 年相比的差率，经调整可绘制多重条形图。

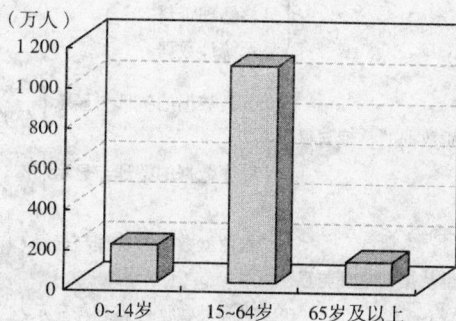

图 3-41 2000 年北京市不同年龄段人口分布图

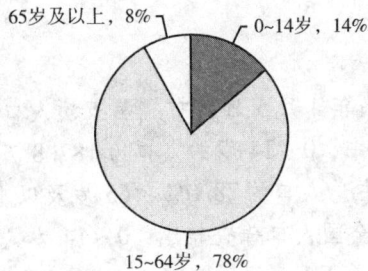

图3－42　2000年北京市人口年龄结构

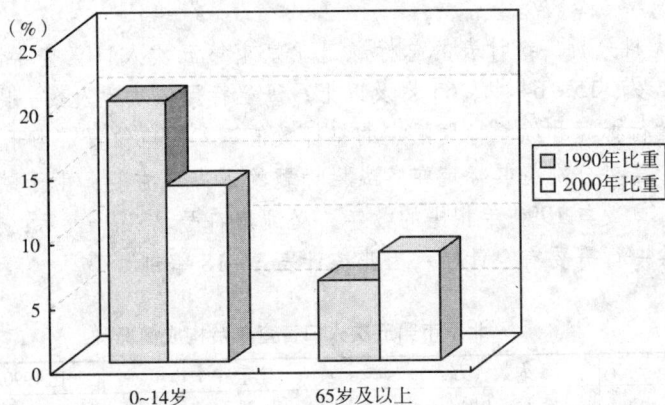

图3－43　2000年与1990年人口比重差异

【本章知识架构图】

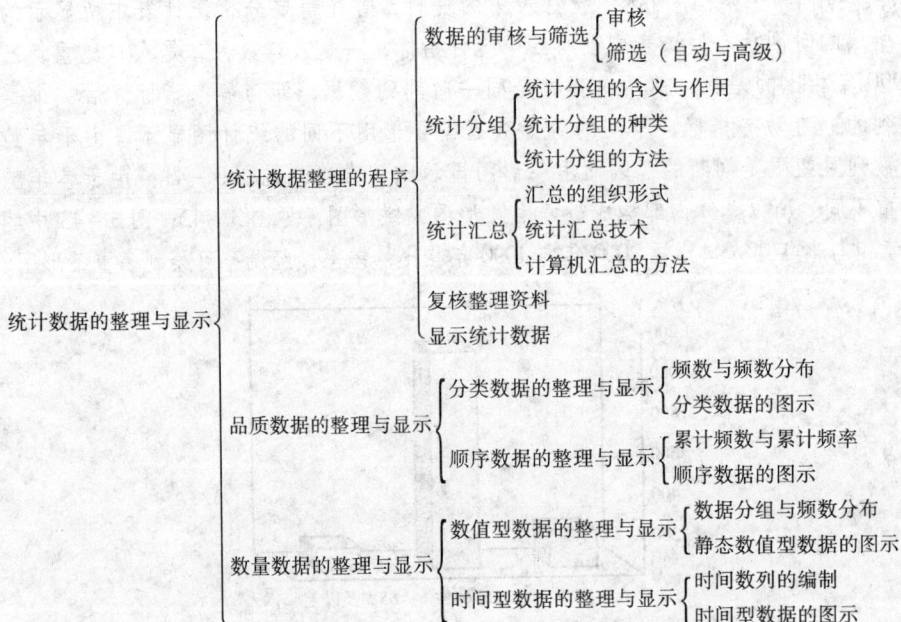

统计数据的整理与显示
- 统计数据整理的程序
  - 数据的审核与筛选
    - 审核
    - 筛选（自动与高级）
  - 统计分组
    - 统计分组的含义与作用
    - 统计分组的种类
    - 统计分组的方法
  - 统计汇总
    - 汇总的组织形式
    - 统计汇总技术
    - 计算机汇总的方法
  - 复核整理资料
  - 显示统计数据
- 品质数据的整理与显示
  - 分类数据的整理与显示
    - 频数与频数分布
    - 分类数据的图示
  - 顺序数据的整理与显示
    - 累计频数与累计频率
    - 顺序数据的图示
- 数量数据的整理与显示
  - 数值型数据的整理与显示
    - 数据分组与频数分布
    - 静态数值型数据的图示
  - 时间型数据的整理与显示
    - 时间数列的编制
    - 时间型数据的图示

【综合自测题】

一、知识题

(一) 判断题

1. 之所以能对统计总体进行分组，是由其"差异性"的特征所决定的。（　　）
2. 按数量标志进行分组的目的，就是要区别各组在数量上的差异。（　　）
3. 统计分组的关键在于划分各组界限。（　　）
4. 一般情况下，在确定组限时，最低组的下限应高于最小变量值。（　　）
5. 在开口组的组距数列中，开口组的组中值是用相邻组的组中值代替。（　　）
6. 分配数列由各个组别和各组次数构成，而时间数列由时间和指标数值构成。（　　）
7. 累计次数的计算仅限于组距数列。（　　）
8. 统计图表是统计数据仅有的表现形式。（　　）
9. 统计图按形式分为散点图、象形图和统计地图三种。（　　）
10. 利用统计图可以描述、观察和对比分析统计数据。（　　）

(二) 单选题

1. 统计数据整理阶段最关键的问题是（　　）
   A. 对调查资料的审核与筛选　　　　　　B. 统计分组
   C. 统计汇总　　　　　　　　　　　　　D. 编制统计表
2. 在重叠组限的组距分组中遇到某单位的标志值刚好等于相邻两组的组限时（　　）
   A. 将此单位归入上限所在组　　　　　　B. 将此单位归入下限所在组
   C. 将此单位归入上限或下限所在组均可　D. 另行分组
3. 简单分组与分组体系的区别在于（　　）
   A. 选择分组标志的性质不同　　　　　　B. 组数的多少不同
   C. 选择分组标志的多少不同　　　　　　D. 总体的复杂程度不同
4. 将统计总体按照一定标志区分为若干个组成部分的统计方法是（　　）
   A. 统计整理　　　B. 统计分析　　　C. 统计调查　　　D. 统计分组
5. 汇总各组单位数的手工方法一般用（　　）
   A. 划记法　　　　B. 过录法　　　　C. 折叠法　　　　D. 卡片法
6. 下面数列中不属于分配数列的是（　　）
   A. 品质数列　　　B. 单项数列　　　C. 时间数列　　　D. 组距数列
7. 统计表从内容构成上看（　　）
   A. 由总标题、横行标题、纵栏标题和指标数值组成
   B. 由主词和宾词组成
   C. 由主语和宾语组成
   D. 由实词和虚词组成
8. 直方图用于反映下面哪一种分组后的频数分布特征（　　）
   A. 品质分组　　　　　　　　　　　　　B. 单项分组

    C. 重叠组限的组距分组   D. 间断组限的组距分组

9. 圆形图最适宜反映（　　）

    A. 总体各单位分布特征   B. 总体内部的构成

    C. 不同现象的数量差异   D. 同一现象数量的绝对差异

10. 分类数据不可绘制（　　）

    A. 条形图   B. 圆形图

    C. 饼形图   D. 累计频数折线图

（三）多选题

1. 统计分组（　　）

    A. 是一种统计方法

    B. 对总体而言是"合"

    C. 对总体而言是"分"

    D. 对个体而言是"合"

    E. 对个体而言是"分"

2. 统计分组的作用（　　）

    A. 区分事物的性质

    B. 说明总体的基本情况

    C. 说明总体单位的特征

    D. 研究总体内部的结构

    E. 研究现象之间的依存关系

3. 在频数分布表中（　　）

    A. 各组频数之和等于100

    B. 频数越小，则该组在总体中所占份额越少

    C. 总次数一定，频数与频率成反比

    D. 各组频率均大于0

    E. 各组频率之和等于100

4. 统计汇总的组织形式（　　）

    A. 手工汇总   B. 计算机汇总   C. 集中汇总

    D. 逐级汇总   E. 超级汇总

5. 等距分组中（　　）

    A. 各组组距是相等的

    B. 各组组距绝大部分是相等的

    C. 各组标志值变动的区间是相等的

    D. 开口组可以与其他组组距不等

    E. 各组指标值变动的区间是相等的

6. 统计表从形式上看其组成部分有（　　）

    A. 总标题   B. 横行标题   C. 纵栏标题

    D. 表格形式   E. 指标数值

7. 进行动态对比时，可以选用的图形有（　　）

A. 条形图   B. 圆形图   C. 曲线图

D. 直方图   E. 折线图

8. 累计频数分布图用于分析（　　）

A. 品质数据   B. 顺序数据   C. 数值型数据

D. 时间型数据   E. 统计数据

9. 填写统计表中指标数值的具体方法有（　　）

A. 当数字为 0 时要填写 0

B. 如不应有数字时，要用符号"－"表示出来

C. 当缺某项数字或因数小可略而不计时，用符号"…"表示

D. 当某项资料就免填时，用符号"×"表示

E. 统计表中数字部分不应留下空白，不可出现"同上"等字样

10. 统计表从形式上要求（　　）

A. 由纵横线条交叉组成的长方形表格，避免过于细长、过于粗短

B. 统计表上、下两端的端线应以粗线或双线绘制

C. 长宽之间应保持适当的比例

D. 表中其他线条一般应以细线绘制

E. 左右两端习惯上均不画线，采用不封闭的"开口"表式

（四）简答题

1. 对统计数据的加工整理，通常要按哪几个步骤进行？

2. 什么是统计分组？它有什么作用？

3. 单项分组与组距分组分别在什么情况下使用？

4. 分配数列与时间数列的区别在哪儿？

5. 直方图与条形图有什么不同？两者之间有何联系？

二、技能题

1. 某市 40 个百货商店某年 12 月份的销售额资料如下（单位：万元）

80　52　92　75　81　96　88　70　90　98　83　95　67　64　61　87　63　78　83

82　85　75　81　74　97　109　70　84　96　81　101　79　105　98　77　99　59

107　89　65

要求：

（1）编制组距为 10 的等距数列。

（2）指出各组中的上限值。

（3）计算各组的组中值。

（4）计算各组的向上累计次数和向下累计次数。

（5）能否编制单项数列，若能，请编制；不能，则说明其原因。

2. 根据 2007 年华北地区生产总值资料，选用适当的图形反映 2007 年华北五省市地区生产总值的差异、北京市 2007 年地区生产总值的产业构成。

2007 年华北地区生产总值资料

单位：亿元

地　区	地区生产总值	第一产业	第二产业		第三产业
			工　业	建筑业	
北京	9 353.32	101.26	2 082.76	426.64	6 742.66
天津	5 050.40	110.19	2 661.87	230.66	2 047.68
河北	13 709.50	1 804.72	6 555.24	686.56	4 662.98
山西	5 733.35	269.68	3 141.89	296.68	2 025.09
内蒙古	6 091.12	762.10	2 742.67	411.89	2 174.46

第 四 章

统计数据的描述

····· 学习目标 ···

　　本章主要介绍对社会经济现象的规模、对比关系、集中趋势和离中趋势描述的总量指标、相对指标、平均指标和标志变异指标。通过本章的学习，要求在理解各类指标含义的基础上，重点掌握各类指标的特点、计算方法，并能对不同数据进行灵活的应用。

　能力目标

1. 区分总量指标和相对指标的种类。
2. 计算各类平均指标。
3. 会计算和应用标准差和标准差系数。

　思考导学

1. 什么是总量指标？总量指标有哪些种类？
2. 什么是相对指标？如何区分各类相对指标？
3. 什么是平均指标？如何计算平均指标？
4. 标志变异指标有什么作用？标准差和标准差系数分别在什么情况下应用？

···

　　通过调查和实验所取得的反映事物状态或特征的数据，经过排序、分组、汇总、列表、绘图等整理以后，可以初步反映事物的基本状况。但这只是对事物的表面认识，要取得对事物本质特征的认识，还必须对初步加工整理过的资料，进行进一步分析研究，计算反映客观现象基本特征和内在联系的数值（通常称其为特征值、统计量或指标）。在统计实践活动中，对客观现象状态的数量描述通常有总体规模的描述、对比关系的描述、集中趋势的描述、离散程度的描述等，本章将逐一进行介绍。

第一节　总体规模与对比关系描述

一、总体规模描述

（一）总量指标的含义及计量单位

总量指标是用绝对数形式反映某种现象总体在一定时间、地点和条件下的总规模或总水平的统计指标，又称绝对指标、绝对数或数量指标。例如，2008 年全国国内生产总值 300 670 亿元，粮食总产量 52 850 万吨，全社会固定资产投资 172 291 亿元，全年进出口总额 25 616 亿美元，年末人口 132 802 万人等，就是反映 2008 年我国在经济和社会方面的总规模和总水平的总量指标。

总量指标是客观存在的，是具有一定内容的数值，所以它具有相应的计量单位。总量指标的计量单位一般分为实物单位、货币单位、劳动量单位三种。

1. 实物单位。实物单位是根据事物的自然属性和特点度量其数值的计量单位。常用的有以下四种。

（1）自然单位。它是按照被研究现象的自然状态来度量其数量的一种计量单位。如人口按"人"计量，汽车按"辆"计量，鞋按"双"计量等。

（2）度量衡单位。它是按照统一的度量衡制度规定的单位来计量事物数量的一种计量单位。如木材以"立方米"为单位，粮食以"千克"为单位，布匹以"米"为单位等。

（3）标准实物单位。它是按照统一折算的标准来度量被研究现象数量的一种计量单位。如各种不同发热量的能源以 7 000 大卡 / 公斤为标准单位折合标准实物量，不同能力的拖拉机以 15 马力为标准单位折算标准实物量等。其折算公式为：

标准实物量 = 实物量 × 折合系数

（4）双重单位或复合单位。指两个或两个以上的单位结合使用的计量单位，双重单位如电机用"千瓦/台"、起重机用"台/吨"计量等；复合单位如货运周转量以"吨公里"表示、发电量以"千瓦时"计量等。

2. 货币单位。货币单位是以货币作为价值尺度计量社会物质财富或劳动成果的一种计量单位，常用的有元、千元、万元、亿元等。如工业增加值、国内生产总值、进出口总额、商品销售额、工资总额、产品总成本等指标，都是用货币单位表示的总量指标。

3. 劳动量单位。劳动量单位是以劳动时间来表示的一种计量单位。一般用工时、工日表示，1 个工时表示一个工人做 1 小时工，8 个工时等于 1 个工日。它是人们在生产过程中所消耗的劳动数量，如在机械工业部门，由于产品生产周期长，产品结构复杂，一台机械往往是由许多零部件组成，要在各车间、各班组进行加工生产，一天内完成的大小零件、部

件，用实物量是无法相加的，所以必须用生产消耗的
工时来计量。

（二）总量指标的种类

1. 总体单位总量与总体标志总量。总量指标按其
反映总体内容不同，分为总体单位总量指标和总体标
志总量指标。总体单位总量指标简称单位总量，是反
映总体中单位总数的总量指标，是将总体中每个总体
单位加总得到的。例如，研究全国工业企业的基本情
况，则全国工业企业是总体，每一个工业企业是一个
总体单位，那么，全国工业企业数就是总体单位总量；再如，以全国工业企业职工为总体，
则全国工业企业职工人数就是单位总量。总体单位总量指标决定着一个统计总体的规模大
小，一个总体只有一个总体单位总量指标。

小思考 某拖拉机厂某月生产 75 马力拖拉机 85 台，45 马力拖拉机 40 台，15 马力拖拉机 94 台，若以 15 马力为一个标准台，则本月该厂的混合产量和标准实物产量分别为多少？

总体标志总量指标简称标志总量，是反映总体中单位标志值总和的总量指标。例如，全
国工业企业总体中，每个工业企业的职工人数、总产值、利润等标志数值加总得到的全国工
业企业职工人数、工业总产值、利润总额等就属于总体标志总量指标。总体标志总量指标的
大小决定着总体某一数量标志水平的高低，一个总体可有多个总体标志总量指标。

总体单位总量和总体标志总量的地位并不是固定不变的，它们随着统计研究的目的
不同而变动。上例中，研究总体如改为全国工业企业的职工，要研究他们的工资水平，
那么，全国工业企业的职工人数就成了总体单位总量，而工资总额则是总体标志总量了。
明确总体单位总量和总体标志总量的关系对于计算和区分相对指标和平均指标具有重要
意义。

提示

（1）研究全国工业企业情况时，总体是全国所有工业企业，总体单位是每一个企业，
所以，单位总量是全国工业企业总数。而每一个企业的"职工人数"、"产值"、"利润"是
数量标志，所以标志总量是全国工业企业的职工总数、总产值、利润总额。

（2）研究全国工业企业的职工情况时，总体是全国工业企业所有职工，总体单位是每
一位职工，所以，单位总量就是全国工业企业职工总数。由于每一位职工的工资是数量标
志，所以，标志总量是全国工业企业职工工资总额。

第一个问题中全国工业企业的职工总数为标志总量，第二个问题中全国工业企业的职工
总数是单位总量。注意区分。

2. 时期指标和时点指标。总量指标按其反映现象时间状况的不同，可分为时期指标和
时点指标。时期指标是反映现象在某一段时期内活动过程累积的总量。如产品产量、产值、
工资总额、人口出生数等。时点指标是反映现象在某一时点（瞬间）所表现的总量。如职
工人数、设备台数、牲畜存栏数、商品库存数等。时期指标和时点指标各有不同特点。

（1）时期指标的特点。

① 时期指标的数值具有可加性，相加后表示更长时期的累计总量，如一年中每天产量
相加就是一年的总产量。

② 时期指标的数值大小与包含的时期长短有直接关系。一般情况下，包含的时期越长，指标数值越大；时期越短，指标数值越小。如一个企业一年的产值必然大于其该年一个月的产值。

③ 时期指标数值是连续登记、积累的结果，一般通过经常性调查取得。

（2）时点指标的特点。

① 时点指标的数值不具有可加性，只有在有关指标的计算过程中需要直接相加，否则就没有实际意义，如年末人口数，指某年12月31日24时的实有人口数，而不是将全年各月末人口数相加的总和。

② 时点指标的数值大小与其时间间隔（两个不同时点的指标之间的时间距离）长短没有直接关系，如某企业年末的职工人数不一定大于该年中某月末的职工人数。

③ 时点指标数值是间断计数的，因为，不可能对每一时点（瞬间）的数量都进行登记，通常是一次性调查来完成的。

> 小思考 1. 某企业第一季度产值和第一季度末的职工人数均为时期指标吗？
> 2. 人口数和人口出生数属于时期指标还是时点指标？

3. 实物指标、价值指标和劳动量指标。总量指标按计量单位不同分为实物指标、价值指标和劳动量指标。实物指标是以实物单位计量的总量指标，用于表明现象总体的使用价值总量。其最大特点就是能直接反映产品的使用价值或现象的具体内容，具体表明事物的规模和水平。它的局限性在于其综合性能较差，不能综合反映多种不同类事物的总规模、总水平。例如，不能用一个实物指标来反映我国某年所有工业产品总产量。

价值指标是以货币单位计量的总量指标，如工农业总产值、商品销售额、工资总额、产品总成本等。价值指标的最大特点在于它代表一定的社会必要劳动量，因此具有最广泛的综合性能和概括能力。所以不同产品的产值，不同商品的销售额等都是可以相加的。价值指标也有它的局限性，就是指标脱离了物质内容，比较抽象。因此，在实际工作中，价值指标应该和实物指标结合起来使用，才能比较全面地认识问题。

劳动量指标是以劳动量单位计量的总量指标。将生产各种产品所消耗的劳动量相加得到的劳动消耗总量，即总工时或总工日，可用来综合反映企业生产各种不同产品的总产量。

二、对比关系描述

（一）相对指标的含义及计量形式

相对指标又称统计相对数或相对数，是两个有联系的统计指标对比计算的比率。表明现象内部的结构、比例、现象之间的数量对比关系和联系程度。如某年我国总人数中，男性占51.5%，女性占48.5%，人口出生率为12.14‰，自然增长率为5.08‰，人口密度为138人/平方公里，农村居民人均纯收入4 761元等都属于相对指标。

相对指标的计量单位，一般有无名数和有名数两种。

1. 无名数。无名数是一种抽象化的数值，通常的表现形式是系数、倍数、成数、百分数、千分数等。

（1）系数和倍数，是将对比的基数抽象化为1而计算出来的相对数。当对比的两个指标数值相差不大时，用系数表示，如固定资产折旧系数为 0.4；当对比的两个指标数值分子比分母大很多时用倍数表示，如某商店今年销售额是去年的 5 倍。

（2）成数，是将对比的基数抽象化为 10 而计算出来的相对数。一成就是 1/10，过去俗语中用得比较多。

（3）百分数，是将对比的基数抽象化为 100 而计算出来的相对数。是相对指标中最常用的一种表现形式。如计划完成相对数为 120%，银行存款准备金为 7%，商品流通费用率为 13% 等。在对比分析中，有时用到百分点，百分点是指两个以百分数表示的相对指标进行对比时，差距为 1% 称为 1 个百分点。

（4）千分数，是将对比的基数抽象化为 1 000 而计算出来的相对数。它常用于分子指标比分母指标数值小得多的情况。如人口的出生率、人口死亡率、人口自然增长率等一般用千分数表示。

2. 有名数。有名数是指有具体内容的计量单位的相对数。它是将分子指标和分母指标的计量单位结合使用，如人口密度用"人/平方公里"表示，平均每人分摊的粮食产量用"公斤/人"表示等，就是用复名数表示的。有名数主要用来表现强度相对指标的数值。

相关链接

"百分数"与"百分点"

百分数是用 100 做分母的分数，在数学中用"%"来表示，在文章中一般都写作"百分之多少"，与百分点不同。运用百分数时，要注意概念的准确，如"比过去增长 20%"，即过去为 100，现在是"120"；"比过去降低 20%"，即过去是 100，现在是"80"；"降低到原来的 20%"，即原来是 100，现在是"20"。运用百分数时，还要注意有些数最多只能达到 100%，如产品合格率，种子发芽率等；有些百分数只能小于 100%，如粮食出粉率等。百分点是指不同时期以百分数形式表示的相对指标的变动幅度。例如，我国国内生产总值中，第一产业占的比重由 20×8 年的 15.20% 下降到 20×9 年的 12.46%。可以说，国内生产总值中，第一产业占的比重，20×9 年比 20×8 年下降 2.74 个百分点（12.46 - 15.2 = -2.74）；但不能说下降 2.74%。

（二）相对指标的种类及计算

相对指标根据其作用和对比的基数不同，可以分为结构相对指标、比例相对指标、比较相对指标、动态相对指标、强度相对指标和计划完成程度相对指标六种。

1. 结构相对指标。结构相对指标是在分组基础上，将总体区分为不同性质的各部分，以部分数值与总体数值对比求得的比重或比率，来反映总体内部的组成状况。一般用百分数或系数表示。其计算公式为：

$$结构相对指标 = \frac{总体某部分数值}{总体全部数值} \times 100\% \qquad (4-1)$$

结构相对指标的特点：① 只有在对总体进行分组的基础上，才能计算结构相对指标；② 是在同质总体中计算的，它的分子必须是总体的部分数值，分母必须是总体的全部数值，分子、分母不可互换位置；③ 其分子、分母可以是总体单位总量指标，也可以是总体标志总量指标；④ 同一总体各结构相对指标之和必定为100%或1。

常见的指标有：产品的合格率、废品率；学生的出勤率、及格率；积累额占国民收入的比重；恩格尔系数等。

【例4-1】我国2008年国内生产总值300 670亿元，其中第一产业增加值34 000亿元，第二产业增加值146 183亿元，第三产业增加值120 487亿元，则第一、第二、第三产业增加值在全国国内生产总值中所占的比重分别为：

第一产业：$\dfrac{34\ 000}{300\ 670} \times 100\% = 11.31\%$

第二产业：$\dfrac{146\ 183}{300\ 670} \times 100\% = 48.62\%$

第三产业：$\dfrac{120\ 487}{300\ 670} \times 100\% = 40.07\%$

结构相对指标的具体应用：① 它可以反映总体的内部构成，说明事物的性质特征。因为事物的性质往往决定于其中占比重最大的那一部分的属性；② 可以反映人力、物力、财力的利用程度情况。如工时利用率、设备利用率、原材料利用率等经济技术指标就是用来反映人力、物力、财力的利用情况的，而这些指标都是已经利用部分的数量与全部可能利用的数量之比，实际上也是部分与总体之比，因而也是结构相对指标。

相关链接

恩格尔定律与恩格尔系数

19世纪德国统计学家恩格尔根据统计资料，对消费结构的变化得出一个规律：一个家庭收入越少，家庭收入中（或总支出中）用来购买食物的支出所占的比例就越大，随着家庭收入的增加，家庭收入中（或总支出中）用来购买食物的支出则会下降。推而广之，一个国家越穷，每个国民的平均收入中（或平均支出中）用于购买食物的支出所占比例就越大，随着国家的富裕，这个比例呈下降趋势。

恩格尔系数是根据恩格尔定律得出的比例数，是表示生活水平高低的一个指标。其计算公式如下：

$$恩格尔系数 = \frac{食物支出金额}{总支出金额}$$

除食物支出外，衣着、住房、日用必需品等的支出，也同样在不断增长的家庭收入或总支出中，所占比重上升一段时期后，呈递减趋势。

2. 比例相对指标。比例相对指标是将总体中不同组成部分的指标数值进行对比求得的相对数，用以反映总体中各个组成部分之间的内在联系和比例关系。一般用比数表示，也可以用百分数来表示。其计算公式为：

$$比例相对指标 = \frac{总体中某一部分数值}{总体中另一部分数值} \qquad (4-2)$$

比例相对指标的特点：① 根据统计研究的目的，对被研究总体进行科学分组；② 分子、分母必须是同一总体的不同组成部分数值；③ 分子、分母可以互换位置。

常见的指标有：人口的性别比例、国民收入的积累与消费比例、农轻重比例、固定资产与流动资产比例等。

【例4-2】2008 年末我国人口总数为 132 802 万人，其中，男性为 68 357 万人，女性为 64 445 万人，求人口的性别比例。

$$比例相对指标 = \frac{68\ 357}{64\ 445} = 1.0607$$

表明我国男女性别比例为 1.0607:1。

【例4-3】利用【例4-1】的资料计算我国 2008 年第一、第二、第三产业增加值的比例相对指标为：34 000:146 183:120 487 = 1:4.2995:3.5437。

比例相对指标的具体应用：比例相对指标能够反映事物内部各部分之间的数量联系程度和比例关系。按比例是事物发展的客观要求，对比例关系进行研究，能帮助我们认识客观事物按比例发展的状况，判断比例关系正常与否以及分析它对事物的影响，为国家制定政策和计划提供依据。在实际工作中，比例相对指标与结构相对指标往往结合起来应用，既研究总体的结构是否合理，也研究总体中各部分之间的比例关系是否协调，这对于合理安排人力、物力、财力都有重要作用。

> **小思考** 积累额与消费额的比例为 1:3 （A），即积累额占国民收入的 25% （B），这里，（A）和（B）分别是什么指标？

3. 比较相对指标。比较相对指标是将同类指标在同一时间、不同空间（不同国家、不同部门、不同单位等）的数值进行对比，计算出来的相对数，以表明同类事物在不同空间条件下的数量差异程度。既可以用百分数表示，也可以用系数或倍数表示。其计算公式为：

$$比较相对指标 = \frac{某总体的某指标数值}{另一总体的该指标数值} \qquad (4-3)$$

比较相对指标的特点：①用来对比的指标既可以是总量指标，也可以是相对指标或平均指标，实际工作中更多采用强度相对指标或平均指标。不论采用哪一种指标，都必须要注意对比的两个指标数值所属的时间、含义、计量单位、计算方法应当完全一致；②分子和分母可以互换，以哪个数值作比较基数，应根据研究目的而定。

【例4-4】甲、乙两个同类型工业企业，2009 年全员劳动生产率分别为 27 813 元/人和 32 340 元/人，则两个企业全员劳动生产率的比较相对数为：

$$比较相对指标 = \frac{27\ 813}{32\ 340} \times 100\% = 86\%$$

或者表示为：

$$比较相对指标 = \frac{32\ 340}{27\ 813} = 1.16$$

计算表明，甲企业全员劳动生产率为乙企业的86%，或者乙企业全员劳动生产率为甲企业的1.16倍。

比较相对指标的具体应用：可用于不同国家、地区、单位之间的比较，也可用于先进与落后之间的比较，以揭示同类现象的差异程度。在经济管理工作中，将各企业的经济指标与先进水平（国际先进水平、国内先进水平、同行业先进水平等）比较，可以促使企业树立奋斗目标，提高企业的经营管理水平，从而促进经济的发展。

4. 动态相对指标。动态相对指标是将同类指标在不同时间上的数值进行对比求得的相对数，用以说明现象在时间上发展变化的程度，又称发展速度。一般用百分数或倍数表示。其计算公式为：

$$动态相对指标 = \frac{报告期某指标数值}{基期该指标数值} \times 100\% \tag{4-4}$$

报告期是我们要研究的时期，基期是与之对比的时期。通常报告期发生时间在后，基期发生时间在前。

动态相对指标的特点：①对比的分子、分母属于同一个总体、同类指标；②分子、分母不宜互换位置。

【例4-5】某地国内生产总值2009年为6 357.72亿元，2006年为8 136.93亿元，则动态相对指标为：

$$动态相对指标 = \frac{8\ 136.93}{6\ 357.72} \times 100\% = 127.99\%$$

计算结果表明，该地的国内生产总值增长速度快，经济发展情况比较好。

动态相对指标在经济分析中应用很广，将在第五章进一步介绍。

5. 强度相对指标。强度相对指标就是两个性质不同但有一定联系的总量指标数值对比求得的相对数，表明现象的强度、密度和普遍程度。其计算公式为：

$$强度相对指标 = \frac{某一总量指标数值}{另一有联系而性质不同的总量指标数值} \tag{4-5}$$

强度相对指标一般用有名数表示，如商品流转次数用"次/年"或"次/月"表示，人口密度用复名数"人/平方公里"，人均产品产量用复名数"公斤/人"表示。如果对比的两个指标的计量单位相同，则可用千分数或百分数表示，如人口的出生率用千分数表示，流通费用率用百分数表示。

强度相对指标的特点：①对比的两个总量，不是同一个总体，也不属于同类现象，而是两个有联系的总体总量进行对比；②它在大多数情况下是用有名数表示，个别时候用百分数和千分数表示；③有少数反映社会服务行业的负担情况或保证程度的强度相对指标的分子和分母可以互换，从而形成正指标和逆指标，分别从正、反两个方向说明现象的密度和普遍程度；④有些强度相对指标带有"平均"的意义，但又不同于平均指标。

常见强度相对指标有：人口密度、人口自然增长率、人均国内生产总值、人均产品产量、资金利税率、商品流通费率、城市平均每百人病床数、商业网点密度等。

【例4-6】 2009年某地区人口500万人，按38 400平方公里土地面积计算，则：

$$该地区人口密度 = \frac{人口数}{土地面积} = \frac{500 万人}{38 400 平方公里} \approx 130（人/平方公里）$$

计算结果表明，该地区平均每平方公里土地居住了130人，说明居住的密集程度。

【例4-7】 某地区2009年人口500万人，共有医疗机构1 000个，则：

$$医疗机构密度 = \frac{医疗机构数}{人口数} = \frac{1 000 个}{500 万人} = 2（个/万人）$$

计算结果说明该城市平均每1万人拥有2个医疗机构，这个数值越大，表示医疗机构满足居民需要的程度越高，这叫做正指标。如果将分子与分母调换计算，则：

$$医疗机构密度 = \frac{人口数}{医疗机构数} = \frac{500 万人}{1 000 个} = 5 000（人/个）$$

说明该城市每个医疗机构平均要为5 000人提供医疗服务，其数值越大，表示一个医疗机构要服务的人数越多，医疗机构满足居民需要的程度越低，这叫做逆指标。

【例4-8】 2009年某地区人口500万人，全年粮食总产量193万吨，则：

$$该地区人均粮食产量 = \frac{粮食总产量}{人口数} = \frac{193 万吨}{500 万人} = 0.386（吨/人）$$

强度相对指标的具体应用：① 可反映社会经济现象的分布密度和普遍程度；② 又可反映一个国家或一个地区的经济实力。因为一个国家或一个地区的经济实力受该国家或地区人口多少的影响非常大，一个大国的工农业产品产量可能是某些小国的几倍，但按人分摊后却往往会少于某些小国，所以用总量指标说明不了问题，要准确反映一个国家或一个地区的经济实力，通常要用强度相对指标，就是将国民经济的一些主要指标，如国民收入、主要工农业产品产量等数字与相应的人口数对比，计算人均拥有量。就可准确地表明一个国家或地区经济实力的强弱程度；③ 还可反映企业经济效益的好坏。如可以计算资金利税率，说明企业固定资产和流动资产使用的经济效益好坏，计算流通费用率，反映增收与节支的经济效益。

提示

强度相对指标中，能够计算逆指标的只是少数。同时由于强度相对指标是两个性质不同但又有联系的指标的对比，因此必须从现象的本质方面去寻找它们之间的内在联系，这样才能保证其对比的结果具有实际意义。另外，强度相对指标与平均指标在某些方面很相似，在使用时需注意区别。

6. 计划完成程度相对指标。计划完成程度相对指标简称计划完成程度指标，又称计划完成百分比，是将同类指标在同一时期内的实际完成数与计划数进行对比求得的相对数，以反映计划的完成程度。一般用百分数表示。其基本计算公式为：

$$计划完成程度相对指标 = \frac{某期实际完成数}{同期计划任务数} \times 100\% \tag{4-6}$$

计划完成程度相对指标的特点：①分子、分母在指标含义、计算方法、计量单位、计算时间和空间范围等方面应完全一致；②由于计划数总是衡量计划完成情况的标准，故分子、分母位置不得互换；③评价计划完成程度时，应结合指标本身的特点。对于指标数值越大越好的指标，大于100%为超额完成计划，小于100%为未完成计划，对于指标数值越小越好的指标则相反。

计划完成程度相对指标的具体应用：用来监督和检查计划的执行情况，分析计划完成和未完成的原因，抓住薄弱环节，进一步挖掘潜力，为正确评价工作成绩和促进经济发展提供重要依据。

由于下达的计划指标可以有总量指标、相对指标和平均指标，因此，计划完成程度相对指标的计算方法也不尽相同，以下分别介绍。

（1）短期计划检查方法。短期计划是指一年以内的计划，如年度、季度、月度、旬计划等。

① 当计划指标是总量指标时，可以通过计划完成程度指标检查现象总规模、总水平的计划完成程度以及计划的执行进度。具体方法如下：

检查全期计划完成程度。即以整个计划期为检查期，检查全期计划的完成程度。在这种情况下，可以直接采用基本计算公式，即：

$$计划完成程度相对指标 = \frac{某期实际完成数}{同期计划任务数} \times 100\% \qquad (4-7)$$

上式中，分子、分母相减表示完成计划的绝对效果。

【例4-9】某公司2009年计划销售收入700万元，实际销售收入834万元，则该公司销售收入计划完成情况为：

$$计划完成程度 = \frac{834}{700} \times 100\% = 119.14\%$$

计算结果表明，该公司2009年销售收入计划完成119.14%，因为销售收入要求越大越好，所以，超额完成计划19.14%。超额完成计划的绝对量为134万元（834万元 - 700万元）。

检查计划执行进度。是以计划期某一段时间为检查期，检查该段时间完成全期计划任务的程度。这种方法多用于控制生产计划的执行进度。其计算公式为：

$$计划执行进度指标 = \frac{期初至报告期止累计实际完成数}{全期计划任务数} \times 100\% \qquad (4-8)$$

因为，实际完成数的时期要比计划数的时期短，所以，不能以100%作为完成计划的标准，而应以时间进度作为考核标准，比如，1~6月累计应完成全年计划的50%，1~9月累计应完成全年计划的75%等。

【例4-10】2009年某公司计划完成商品销售额1 500万元，1~9月累计实际完成销售额1 125万元，则：

$$上半年计划执行进度 = \frac{1\ 125}{1\ 500} \times 100\% = 75\%$$

计算结果表明，该公司前三季度销售额的计划执行进度为75%，按照考核标准，该公司前三季度的销售计划与时间同步（时间过3/4，任务完成3/4），只要第四季度保持前三季度的平均水平或有所提高，则年末就能完成或超额完成全年计划。

② 当计划指标是相对指标时，计划完成程度指标多用于检查各种现象的降低率和提高率的计划完成程度。如单位产品成本的降低率、劳动生产率的提高率等的计划完成程度。这些下达的指标计划数是以比上期减少或提高百分之几的形式出现的，要使其计算的计划完成相对指标符合基本公式的要求，就不应直接用实际降低率或提高率除以计划降低率或提高率，而应以包括原有基数在内的公式计算。其计算公式为：

$$计划完成程度相对指标（提高率）= \frac{1+实际提高率}{1+计划提高率} \times 100\% \qquad (4-9)$$

$$计划完成程度相对指标（降低率）= \frac{1-实际降低率}{1-计划降低率} \times 100\% \qquad (4-10)$$

【例 4-11】某企业 2009 年规定利润额要求比上年提高 5%，实际执行结果是利润额比上年提高 6%，则该企业利润计划完成情况为：

$$利润计划完成程度 = \frac{1+6\%}{1+5\%} \times 100\% = 100.95\%$$

计算结果表明，该企业利润额计划完成了 100.95%，超过完成计划 0.95%。利润额实际比计划多提高了 1 个百分点（6%~5%）。

【例 4-12】某工业企业 2009 年某产品的单位成本水平计划规定比 2008 年降低 5%，实际降低了 7.5%，则该企业该产品的单位成本计划完成情况为：

$$计划完成程度 = \frac{1-7.5\%}{1-5\%} \times 100\% = 97.4\%$$

计算结果表明，该企业该产品单位成本计划完成 97.4%，超 2.6% 完成计划。单位成本实际比计划多降低了 2.5 个百分点（7.5%~5%）。

提示

在计算提高率或降低率相对指标的计划完成程度时，千万不要直接利用提高率或降低率的百分数进行对比，否则，其计算结果和意义将完全不同。

③ 当计划指标是平均指标时，计划完成程度指标一般适合于检查以平均水平表示的技术经济指标的计划完成情况。其计算公式为：

$$计划完成程度相对指标 = \frac{实际平均水平}{计划平均水平} \times 100\% \qquad (4-11)$$

【例 4-13】某企业 2009 年计划某产品日均产量 100 件，实际 150 件，则：

$$日均产量计划完成程度 = \frac{150}{100} \times 100\% = 150\%$$

计算结果表明，该产品日均产量超额 50% 完成计划。

（2）中长期计划检查方法。中长期计划是指计划期五年或以上的计划，而多是五年计划。检查中长期计划一般有两个方面内容：一是计算计划完成的相对数；二是计算提前完成计划的时间。

下达中长期计划一般有两种形式：一是只规定计划期最末一年应达到的水平（水平法）；二是规定整个计划期内累计应达到的水平（累计法）。那么，检查中长期计划完成情况的方法也相应地有水平法和累计法两种。

① 水平法：用水平法检查中长期计划完成情况的计算公式为：

$$计划完成情况 = \frac{计划期末年实际达到的水平}{计划期规定的末年水平} \times 100\% \qquad (4-12)$$

利用水平法检查中长期计划完成情况时，如果超额完成计划，需要计算提前完成计划的时间。其方法是以连续12个月的实际完成数（可以跨年度计算）达到了计划规定的末年水平，就认为已经完成了计划。则往后的时间均为提前完成中长期计划的时间。

【例4-14】某公司某五年计划规定，甲产品产量在计划期最后一年应达到220万吨，而实际上第四年4月至第五年3月产量已达到220万吨，则可认为，第五年3月就已完成计划，那么，该产品产量提前完成计划的时间为9个月。

② 累计法：采用累计法检查中长期计划完成情况的计算公式为：

$$计划完成情况 = \frac{计划期累计实际完成数}{计划期规定的累计数} \times 100\% \qquad (4-13)$$

利用累计法检查中长期计划完成情况时，若超额完成计划需计算提前完成计划的时间。具体方法是从计划全部时间减去自计划执行日起至累计实际完成任务的日期止，其余时间则为提前完成计划的时间。

小思考　某企业2009年8月计划规定，某种产品的产量比7月增长6%，而实际8月的产量比7月增长8%，试问该种产品产量的计划完成程度如何？实际比计划增减百分点是多少？

【例4-15】某市某五年计划规定基本建设投资总额达600亿元，实际执行结果，各年基本建设投资总额分别为：第一年138亿元，第二年为142亿元，第三年为80亿元，第四年为95亿元，第五年四个季度分别为70亿元、75亿元、83亿元、89亿元，则：

基本建设投资总额五年计划完成情况为：

$$五年计划完成程度 = \frac{138+142+80+95+70+75+83+89}{600} \times 100\% = \frac{772}{600} \times 100\% = 128.67\%$$

由于从第一年的第一季度开始至第五年的第二季度投资总额恰好等于计划数600亿元（138+142+80+95+70+75），所以，提前完成五年计划的时间2个季度。

第二节 集中趋势的描述

一、平均指标的意义

平均指标又称统计平均数或平均数，是用来反映同质总体各单位在一定时间、地点、条件下某一数量标志的标志值的一般水平的综合指标。统计工作中经常用到平均指标，例如工人的平均工资、劳动生产率、学生的平均成绩等都属于平均指标。

平均指标可以是同一时间的同类现象的一般水平，称为静态平均数，又称一般平均数；也可以是不同时间的同类现象的一般水平，称为动态平均数，又称序时平均数。本节只讨论静态平均数，动态平均数的内容将在第五章介绍。

平均指标具有以下几个特点：

1. 平均指标是一个代表值。它是用一个平均数代表了总体内各单位某一数量标志值的一般水平，例如，某车间某班组有 6 名工人，他们某天在正常的生产条件下的日产量分别是：20 件、22 件、23 件、23 件、24 件，26 件，他们的平均日产量为（20 + 22 + 23 + 23 + 24 + 26）÷6 = 23（件）。这个 23 件平均日产量虽然不能说明任何一个工人日产量的实际数额，但却把高产量和低产量相互抵补而拉平了，能够说明总体的一般水平，所以平均日产量可作为全组每个工人日产量的代表值。

2. 平均指标是一个抽象值。它将总体内各单位的某一数量标志值的差异抽象化了。如上例中 6 名工人的日产量存在着差异，利用平均日产量 23 件作代表就把工人之间日产量的差异抽象化了。计算平均数的过程就是从个性到共性的抽象过程。

小思考 平均指标反映的是同质总体各单位不同数量标志值的一般水平，对吗？

3. 平均指标反映了总体变量值的集中趋势。既然平均指标能够代表总体各单位标志值的一般水平，那么可以肯定，接近或等于平均数的标志值居多，而远离平均数的标志值较少，也就是说，总体各单位标志值有向平均数集中的趋势。

二、平均指标的种类及计算方法

平均指标有多种不同的计算方法，因而也有不同的类别。按其计算方法和应用条件不同，可分为算术平均数、调和平均数、几何平均数、中位数和众数。前面三种是根据总体所有标志值来计算的，通常称为数值平均数；后面两种是根据标志值所处的位置来确定的，通常称为位置平均数。以下分别加以介绍。

（一）算术平均数

算术平均数是最常用的一种平均指标，它是用总体单位总量直接去除总体标志总量所得的平均数。计算算术平均数要求总体的标志总量等于总体各单位标志值之和。在许多现象中，总体的标志总量都是总体各单位标志值之和，如企业职工的工资总额是每个职工工资加总而得到的，某车间班组的日产量是每个工人日产量的总和等，因此，算术平均数应用非常广泛。其基本计算公式为：

$$算术平均数 = \frac{总体标志总量}{总体单位总量} \qquad (4-14)$$

计算算术平均数应注意：分子、分母属于同一总体的两个总量指标，即作为分子的总体标志总量必须是分母各单位数量标志值总和。各标志值与各单位之间是一一对应的，有一个总体单位必有一个标志值与之相对应，否则，计算平均指标就失去意义。这正是算术平均数与强度相对数之间的根本区别。强度相对指标虽然也是两个总量指标之比，但其分子分母从属于不同的总体，不存在各标志值与各单位的对应问题。例如，用某地区的粮食消费量除以该地区人口数得到人均粮食消费量，就是一个算术平均数，而用该地区的粮食生产量除以该地区人口数得到人均粮食产量，却是强度相对指标。

小思考 某商店有职工20人，工资总额为20 000元，职工及其家庭成员共50人（假定其他成员没有收入），则该商店职工的平均工资和家庭的人均收入如何计算？并分析分别是什么指标？

实际工作中，由于所掌握的资料不同，在平均指标基本计算公式的要求下，算术平均数的计算方法通常采用简单算术平均数和加权算术平均数两种形式。

1. 简单算术平均数。这种方法适用于未分组资料（直接掌握所有总体单位的标志值）或资料虽已分组，但各组标志值出现次数均相等的情况。即将总体各单位标志值简单相加求得总体标志总量，然后除以总体单位数得出平均数。简单算术平均数的计算方法，用公式表示则为：

$$\bar{x} = \frac{x_1 + x_2 + \cdots + x_n}{n} = \frac{\sum x}{n} \qquad (4-15)$$

式（4-15）中，$\bar{x}$代表算术平均数；x代表各单位的标志值；n代表总体单位数；$\sum$为求和符号。

【例4-16】某公司共有5位高层管理人员，其年薪分别为：30万元、25万元、21万元、21万元、20万元，计算该公司5位高层管理人员的平均工资。

$$平均工资 = \frac{30+25+21+21+20}{5} = \frac{117}{5} = 23.4（万元）$$

此例应用Excel处理操作如下：

首先将这5名高层管理人员的年薪输入A1到A5单元格内，排序不排序均可；然后利用AVERAGE函数计算平均值，可单击任一单元格，输入"=AVERAGE（A1:A5）"，确定即得平均工资23.4万元。

还可以利用打开函数对话框的方法来计算平均值。单击任一单元格后，单击"插入"菜单，选择"函数"命令，打开"插入函数"对话框，如图4-1所示，选择"函数类别"里"统计"项目下的"AVERAGE"函数，单击"确定"。

选定函数后进入"函数参数"设置对话框，如图4-2所示。在"Numberl"中输入数据所在区域"A1:A5"确定后计算结果显示在你所选定的单元格内。

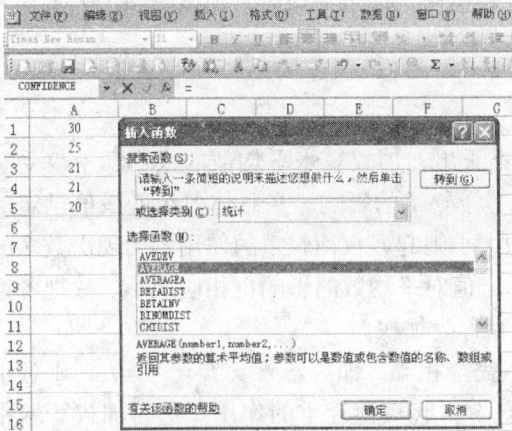

图 4-1 插入函数对话框

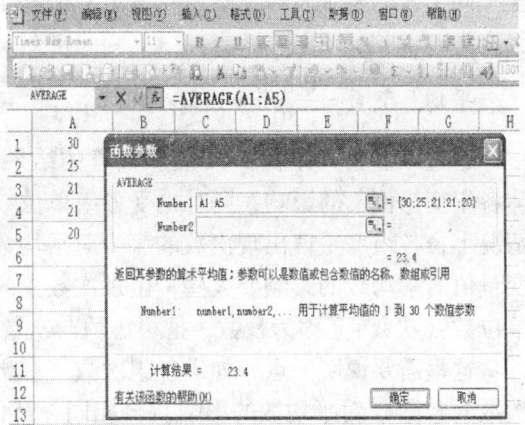

图 4-2 "函数参数"设置对话框

2. 加权算术平均数。这种方法适用于分组资料（经过分组整理后编制的变量数列），且各组标志值出现次数不相等的情况。其计算公式可表示为：

$$\bar{x} = \frac{x_1 f_1 + x_2 f_2 + \cdots + x_n f_n}{f_1 + f_2 + \cdots + f_n} = \frac{\sum xf}{\sum f} \tag{4-16}$$

式（4-16）中，x 代表各组的标志值；f 代表各组单位数（反映各组变量值出现的次数）。

计算加权算术平均数时有两种情况：一是由单项式变量数列计算，二是由组距式数列计算。

（1）根据单项式变量数列计算算术平均数。由单项式变量数列计算算术平均数，是将各组的标志值乘以相应的各组单位数求出各组标志总量，并加总得到总体的标志总量，同时把各组单位数相加求出总体单位总数，然后再用总体单位总数去除总体标志总量，即得算术平均数。

【例 4-17】某企业某车间有 50 名工人，各级工人奖金和工人人数资料如表 4-1 所示。

表 4-1　　　　　　　　　　　某车间各级工人奖金和工人人数

技术级别	月奖金（元）x	工人人数（人）f	奖金总额（元）xf
1	110	6	660
2	125	14	1 750
3	140	18	2 520
4	155	10	1 550
5	170	2	340
合　计	—	50	6 820

根据表 4-1 的资料，计算该车间工人的平均月奖金，应先求出各级工人的奖金总额和

全车间工人的奖金总额，然后将奖金总额和工人数相比，得出平均数，则该车间工人平均月奖金为：

$$平均月奖金 = \frac{6\ 820}{50} \approx 136\ （元）$$

通过以上公式和表4-1资料计算的结果不难看出，加权算术平均数的大小，不仅受总体各组变量值 x 的影响，同时也受各组单位数（次数）f 的影响。在总体各组变量值已定的情况下，各组变量值出现次数的多少对平均数的大小则起着权衡轻重的作用，出现次数多的变量值对平均数的影响要大些，出现次数少的标志值对平均数的影响也相应地小。故把各组单位数（次数）f 称为权数，把标志值与次数相乘称为加权。

这里需要说明一点，如果各组次数（权数）完全相等，即 $f_1 = f_2 = f_3 = \cdots = f_n$，则各组次数（权数）对平均数的影响就会相同，从而它不再起权衡轻重的作用。这时加权算术平均数就等于简单算术平均数。

所以，简单算术平均数其实就是权数相等的加权算术平均数，也就是说，当变量数列中各组次数相同时，可直接用简单算术平均法计算平均数，即用各组标志值之和除以组数。因此，简单算术平均数是加权算术平均数的一个特例。

权数除用各组单位数 f（属于绝对数）表示外，还可用各组单位数 f 占总体单位总数 $\sum f$ 的比重（$f / \sum f$）（属于相对数）即频率表示。以频率为权数的加权算术平均数的计算公式可表示为：

$$\bar{x} = \sum x \cdot \frac{f}{\sum f} \tag{4-17}$$

【例4-18】以表4-1的资料计算各组工人人数比重（频率）如表4-2，据此计算其平均月奖金。

表4-2   某车间工人按月奖金分组资料

技术级别	按月奖金分组（元）	工人人数	
		绝对数（人）	比重（%）
	x	f	$\dfrac{f}{\sum f}$
1	110	6	12
2	125	14	28
3	140	18	36
4	155	10	20
5	170	2	4
合　计	—	50	100

则该车间平均月奖金为：

$$\bar{x} = \sum x \cdot \frac{f}{\sum f} = 110 \times 12\% + 125 \times 28\% + 140 \times 36\% + 155 \times 20\% + 170 \times 4\% \approx 136\ （元）$$

可见，计算加权算术平均数时，采用绝对数权数和采用相对数权数，计算结果是完全一致的。

通过以上的分析，可见权数对平均数的影响作用，不决定于同一总体内各组单位数（次数）的多少，而取决于各组单位数占总体单位数的比重（频率）的大小。

（2）根据组距式变量数列计算算术平均数。在实际工作中，有时需要根据组距式变量数列计算平均数。它的计算方法与单项式变量数列基本相同，不同的只是要先计算出各组的组中值，再以组中值作为某一组变量值的代表值来进行计算。

【例 4－19】某企业某月工人工资资料如表 4－3 所示。

表 4－3　　某企业某月工人工资分组情况

按月工资额分组（元）	工人人数（人）	组中值（元）	各组工人工资（元）
—	f	x	xf
800 以下	270	700	189 000
800～1 000	525	900	472 500
1 000～1 200	1 350	1 100	1 485 000
1 200～1 400	780	1 300	1 014 000
1 400 以上	75	1 500	112 500
合　计	3 000	—	3 273 000

根据表 4－3 的资料，计算该企业工人平均工资为：

$$\bar{x}=\frac{\sum xf}{\sum f}=\frac{3\ 273\ 000}{3\ 000}=1\ 091\ （元）$$

此例应用 Excel 处理操作如下：

首先将分组资料输入 A、B 两列，然后填写组中值（C 列），这样我们就列出了工人工资分组表，如图 4－3 所示。

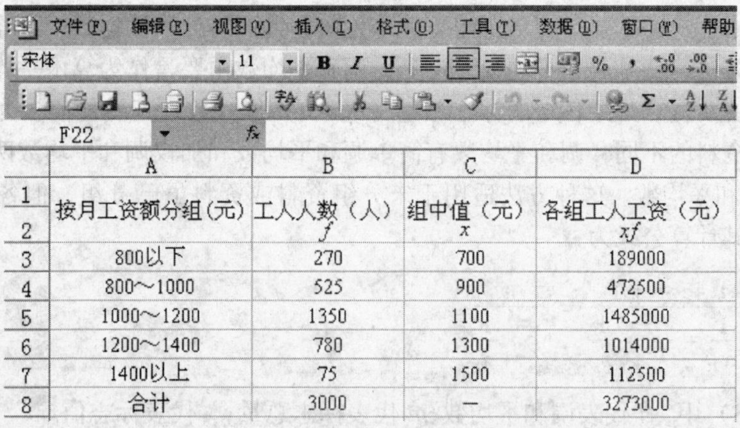

	A	B	C	D
1	按月工资额分组(元)	工人人数（人）	组中值（元）	各组工人工资（元）
2		f	x	xf
3	800以下	270	700	189000
4	800～1000	525	900	472500
5	1000～1200	1350	1100	1485000
6	1200～1400	780	1300	1014000
7	1400以上	75	1500	112500
8	合计	3000	—	3273000

图 4－3　输入某企业某月工人工资资料

下面计算各组工人工资，并求出工资总额。单击 D2 单元格，输入“＝C2 * B2”确定后即得出第一组 800 元以下组的工人工资。然后利用填充柄功能，计算出其他各组的工人工资，再单击 D8 单元格，点击“Σ”即得 D 列的合计数，即工人工资总额。最后单击任一空单元格，输入"=D8/B8"，确定后即得出工人的平均工资为 1 091 元。

3. 算术平均数的数学性质。

（1）算术平均数与标志值个数（单位总数）的乘积等于各标志值的总和。

（2）各个标志值与其算术平均数离差之和等于零。

（3）各个标志值与其算术平均数离差平方和为最小值。

> 小思考　某加工车间日产量资料如表 4-4 所示。

（4）如果对每个标志值加或减一个任意值 A，则其算术平均数也增加或减少该数 A。

（5）如果对每个标志值乘或除以一个任意值 A，则其算术平均数也等于乘或除以该数 A。

表 4-4　　　　　　　　　　　　某加工车间日产量资料

日产量	工人数（人）	各组工人数占工人总数的比重（%）
60~70 件	40	20
70~80 件	80	40
80~90 件	60	30
90 件以上	20	10
合　计	200	100

怎样用次数和频率作权数计算该车间平均产量。

（二）调和平均数

在某些场合，由于资料的限制，无法直接得到被平均的标志值的相应次数，这时就要计算调和平均数。调和平均数又称倒数平均数，它是利用标志值的倒数计算的，是标志值倒数的算术平均数的倒数。在统计中，往往由于只有各组标志总量和各组变量值而缺乏总体单位数资料，不能直接采用算术平均数计算，这时，就需要将算术平均数的形式加以改变，按照算术平均数基本算式的需要，算出所需总体单位数，继而再计算平均数，这样就得到另一种平均数的计算方法，就是调和平均数。可见，调和平均数主要是作为算术平均数的变形形式来使用的。其主要特点是用各组的标志总量（m = xf）作权数，其变量值多为相对数和平均数。根据掌握资料的不同，调和平均数有简单调和平均数和加权调和平均数两种。

1. 简单调和平均数。这种方法适用于未分组资料或资料虽已分组，但各组标志总量均相等的情况。其计算公式为：

$$H = \frac{1 + 1 + \cdots + 1}{\frac{1}{x_1} + \frac{1}{x_2} + \cdots + \frac{1}{x_n}} = \frac{n}{\sum \frac{1}{x}} \tag{4-18}$$

式（4-18）中，H 代表调和平均数；n 代表标志总量；x 代表标志值。

【例 4-20】假设某商场出售三种苹果，每千克单价分别为 0.50 元、0.80 元、1.00 元，若各买 1 元钱的苹果，试问平均每千克的价格是多少？

按照基本公式要求，总体标志总量应是总金额，即 1 + 1 + 1 = 3 元，而总体单位总量是购买的总千克数为：$\frac{1}{0.50} + \frac{1}{0.80} + \frac{1}{1.00} = 4.25$（千克）则：

平均每千克单价 $= \dfrac{3}{4.25} \approx 0.71$(元)

此例应用 Excel 计算，可采用调和平均函数 HARMEAN 计算。单击任一空单元格，输入"= HARMEAN（0.50，0.80，1.00）"，确定后得平均价格为 0.71 元。

如果数据比较多，则需将数据输入到表中的一栏中，利用"插入函数"中"统计"的"HARMEAN"函数进行计算，其操作过程与算术平均数基本一致。

对分组资料计算调和平均数，在将数据输入到表中各列以后，需要使用公式输入和填充柄功能进行操作，其操作方法参考根据分组资料计算算术平均数的操作方法。

2. 加权调和平均数。这种方法适用资料已分组，且各组标志总量不相等的情况。其计算公式为：

$$H = \frac{m_1 + m_2 + \cdots + m_n}{\dfrac{m_1}{x_1} + \dfrac{m_2}{x_2} + \cdots + \dfrac{m_n}{x_n}} = \frac{\sum m}{\sum \dfrac{m}{x}} \qquad (4-19)$$

式（4-19）中，m 代表各组标志总量。

【例 4-21】如前例，若各种苹果分别买 3 元、4 元、5 元，求平均每千克的价格。

按基本公式要求，总体标志总量，即总金额为 $3+4+5=12$ 元，而总体单位总量即总的千克数为：$\dfrac{3}{0.50} + \dfrac{4}{0.80} + \dfrac{5}{1.00} = 16$ 千克。则：

平均每千克单价 $= \dfrac{3+4+5}{\dfrac{3}{0.50} + \dfrac{4}{0.80} + \dfrac{5}{1.00}} = \dfrac{12}{16} = 0.75$(元)

不难发现，调和平均数与算术平均数从计算内容上看，二者是一致的，均为总体标志总量与总体单位总量的对比。从形式上看，调和平均数是算术平均数的变形。

提示

加权算术平均数与加权调和平均数是计算平均指标时常常用到的两种计算方法。加权算术平均数中的权数一般情况下是资料已经分组得出分配数列的情况下标志值的次数，而加权调和平均数的权数是直接给定的各组标志总量。

在实际工作中，有时要平均的变量值本身是由两个数值对比而成的相对数或平均数。首先，由于相对数和平均数不宜求和，因此不能把相对数和平均数直接相加求平均，其次相对数和平均数通常是由两个有联系的绝对数对比而成，因此一系列的相对数和平均数虽不能加总，但是由其所对比的一系列的分子的绝对数和分母的绝对数可以加总。这时，就要采用分子指标总数除以分母指标总数的方法计算其平均数。根据所用资料的不同，可采用加权算术平均法或加权调和平均法，对相对数或平均数计算平均指标。现举例说明。

【例 4-22】某 50 个商业企业利润率资料如表 4-5 所示，求平均利润率。

表 4 – 5   50 个商业企业利润率资料

按利润率（%）分组	企业数（个）	利润额（万元）
10	2	300
11	16	550
12	20	360
13	9	390
14	3	560
合　计	50	2 160

解：利润率 = 利润额／销售额　则：销售额 = 利润额／利润率

平均利润率 = 利润额合计／销售额合计，可见，计算平均利润率，应采取加权调和平均数。

$$H = \frac{\sum m}{\sum \frac{m}{x}} = \frac{300 + 550 + 360 + 390 + 560}{\frac{300}{0.1} + \frac{550}{0.11} + \frac{360}{0.12} + \frac{390}{0.13} + \frac{560}{0.14}} = \frac{2\ 160}{18\ 000} = 12.17\%$$

12.17% 这一数值既可理解为各个企业利润的平均数，也可理解为 50 个企业的总利润率。

💡 **提示**

例 4 – 22 中容易错误地将企业数当做权数，正确的应选择各组的利润额做权数。做此类题目，首先要写出符合相对指标含义的分子、分母指标，再来选择用 $\dfrac{\sum xf}{\sum f}$ 或 $\dfrac{\sum m}{\sum \frac{m}{x}}$ 计算平均利润率，从而确定权数是各组 m 值，还是各组的 f 值。

由此可见，对于相对数或平均数这类比值指标，如果有比值和比式分母的资料，就要以分母作权数，采用加权算术平均法计算平均指标；如果有比值和比式分子的资料，就要以分子作权数，采用加权调和平均法计算平均指标。

📚 **案　例**

某局所属 20 个工厂，本月完成销售计划的情况是：有 2 个完成 90%，计划销售总额为 400 万元；有 4 个完成 95%，计划销售总额为 200 万元；6 个完成 100%，计划销售总额为 250 万元；5 个完成 110%，计划销售总额为 300 万元；3 个完成 120%，计划销售总额为 220 万元。则全局平均完成销售计划为：103.5%（90% ×2 +95% ×4 +100% ×6 + 110% ×5 +120% ×3/20）。试分析该资料中所用的平均指标是否恰当？如果不恰当，应如何改正？

分析如下：

所用平均指标不恰当。因为计划完成程度是相对指标，在计算平均数时，不能直接对其进行简单算术平均，而应用分子指标总和除以分母指标总和，即 20 个工厂的实际销售总额除以计划销售总额。所以，全局平均完成销售计划为：

$$\frac{90\% \times 400 + 95\% \times 200 + 100\% \times 250 + 110\% \times 300 + 120\% \times 220}{400 + 200 + 250 + 300 + 220} \approx 101.75\%$$

（三）几何平均数

几何平均数是 n 个变量值连乘积的 n 次方根，主要用来计算平均比率和平均速度。在现实生活中，有些现象总体的标志总量不等于各单位标志值之和，而是等于各单位标志值之积。比如，流水生产线产品总合格率等于各车间产品合格率之积；按复利计算的若干年总的年本利率等于各年年本利率之积；一定时期现象发展的总速度等于各期发展速度之积等。在这些情况下，计算平均比率和平均速度不能采用算术平均数和调和平均数的方法，而应采用几何平均数的方法。

根据所掌握的资料的不同，几何平均数的计算方法也有简单和加权两种形式。

1. 简单几何平均数。这种方法适用于未分组资料或资料虽已分组，但各组标志值出现次数均相等的情况。其计算公式为：

$$G = \sqrt[n]{x_1 \cdot x_2 \cdot x_3 \cdots x_n} = \sqrt[n]{\Pi x} \tag{4-20}$$

式（4-20）中，G 代表几何平均数；x 代表各个标志值；n 是变量值个数；Π 为连乘符号。

【例 4-23】某企业生产某种产品需经过毛坯、粗加工、精加工、装配四个流水作业的车间才能完成，现已知 2009 年 2 月各车间的产品合格率分别为 95%、93%、94% 和 92%，求各车间产品的平均合格率。

由于各车间的产品合格率是在其前一车间的合格产品的基础上计算的，因此，成品的总合格率并不等于各个车间的产品合格率的总和而是连乘积，所以，计算平均合格率应当采用几何平均数的方法。

即各车间产品的平均合格率为：

$$G = \sqrt[4]{95\% \times 93\% \times 94\% \times 92\%} = 93.5\%$$

此例应用 Excel 计算，可直接使用 GEOMEAN 函数计算，单击任一空单元格，输入"= GEOMEAN（0.95，0.93，0.94，0.92）"，确定后得平均合格率为 0.935，即 93.5%。

如果数据较多，则需要将数据输入到某列中，利用"插入函数"中"统计"的"GEOMEAN"函数进行操作。操作过程与算术平均数基本一致。

2. 加权几何平均数。这种方法适用于分组资料，且各组标志值出现次数不相等的情况。其计算公式为：

$$G = \sqrt[f_1+f_2+f_3+\cdots f_n]{x_1^{f_1} \cdot x_2^{f_2} \cdot x_3^{f_3} \cdots x_n^{f_n}} = \sqrt[\Sigma f]{\Pi x^f} \tag{4-21}$$

式（4-21）中，f 代表各标志值出现的次数（权数）。

【例 4-24】若例 4-24 中各车间的产品合格率分别为 95%、93%、93% 和 92%，求各车间产品的平均合格率，则：

产品合格率 $= \sqrt[1+2+1]{95\%^1 \times 93\%^2 \times 92\%^1} = 93.24\%$

几何平均数常用于平均发展速度和平均增长速度的计算，这部分内容，将在第五章时间序列分析法中介绍。

（四）中位数和众数

1. 中位数。将总体中各单位某一数量标志按其标志值大小顺序加以排列，位于中间位置的标志值，就是中位数。中位数的概念表明，数列中应有一半项目的数值小于中位数，一半项目的数值大于中位数。中位数属于位置平均数，不受数列中极端变量值的影响，在这一点上它优于算术平均数。所以在实际工作中，当被研究总体单位的变量值很多，而且明显存在极端数值的情况下，用中位数比算术平均数更能代表总体的一般水平。

由于所掌握的资料有未分组和已分组两种情况，确定中位数的方法有以下几种：

（1）由未分组资料确定中位数。在资料未经分组时，将各变量值按大小顺序排列后，按下列公式确定中位数的位置：

$$中位数位置 = \frac{n+1}{2} \qquad (4-22)$$

式（4-22）中：n 代表数列项数。

① 如果项数是奇数，则居于中间位置的那个变量值就是中位数。

【例 4-25】有 7 位学生的年龄顺序排列为：10 岁、18 岁、19 岁、19 岁、20 岁、21 岁、23 岁，求中位数。

中位数位置 $= \frac{7+1}{2} = 4$，表明中位数应在第四个位置上，则：

中位数 = 19（岁）

② 如果项数是偶数，则中间位置的两个变量值的算术平均数为中位数。

【例 4-26】如果例 4-26 中有 8 名同学，其年龄顺序排列是：10 岁、15 岁、18 岁、19 岁、19 岁、20 岁、21 岁、23 岁，求中位数。

中位数位置 $= \frac{8+1}{2} = 4.5$，表明中位数应在第四和第五个中间的位置上，则：

中位数 $= \frac{19+19}{2} = 19$（岁）

如果要采用 Excel 计算未分组资料的中位数，需要先将原始数据输入到表中的某一列，进行排序后使用"插入函数"中"统计"中的"MEDIAN"函数进行计算，操作方法与算术平均数基本一致。

（2）由变量数列确定中位数。根据变量数列确定中位数，按下列公式确定中位数的位置：

$$中位数位置 = \frac{\sum f}{2} \qquad (4-23)$$

由于变量数列有单项式数列和组距式数列之分，所以具体计算有两种情况：

① 单项式数列确定中位数。先计算各组的累计次数（向上累计或向下累计），然后根据中点的位置 $\dfrac{\sum f}{2}$（$\sum f$ 相当于 n）对照累计次数来确定中位数所在组，中位数所在组的变量值就是中位数。

【例 4－27】某车间 20 名工人日产量资料见表 4－6，确定中位数。

表 4－6　　　　　某车间工人日产量及累计次数资料

日产量（件）x	工人人数（人）f	累计次数（人）	
		由低到高（向上累计）	由高到低（向下累计）
13	2	2	20
14	7	9	18
15	8	17	11
16	2	19	3
17	1	20	1
合　计	20	—	—

据表 4－6 资料计算：

$$中位数位置 = \frac{\sum f}{2} = \frac{20}{2} = 10（人）$$

即中位数应在第 10 人的位置上。根据计算出的累计次数资料可知，中位数位于第三组，因此该组为中位数所在组。

中位数所在组对应的变量值就是我们所确定的中位数，则：

中位数 = 15（件）

② 组距式数列确定中位数。根据组距式数列确定中位数的步骤如下：一是确定中位数所在组。具体方法同单项式变量数列。二是计算中位数的近似值。采用中位数的组限公式（上限公式和下限公式）计算。

中位数的下限公式：

$$M_e = L + \frac{\frac{\sum f}{2} - S_{m-1}}{f_m} \times d \tag{4-24}$$

式（4－24）中：M_e 为中位数；L 为中位数所在组的下限；$\sum f$ 为总次数或次数总和；S_{m-1} 为中位数所在组以下的累计次数；f_m 为中位数所在组的次数；d 为中位数所在组的组距。

中位数的上限公式：

$$M_e = U - \frac{\frac{\sum f}{2} - S_{m+1}}{f_m} \times d \tag{4-25}$$

式（4-25）中，U 为中位数所在组的上限；S_{m+1} 为中位数所在组以上的累计次数；其他同下限公式。

【例4-28】某企业某月工人工资分组资料见表4-7，确定中位数。

表4-7　　　　　　　　　　　某企业某月工人工资分组情况

按月工资额分组（元）	工人人数（人）f	累计次数（人）	
		由低到高（向上累计）	由高到低（向下累计）
800 以下	270	270	3 000
800~1 000	525	795	2 730
1 000~1 200	1 350	2 145	2 205
1 200~1 400	780	2 925	855
1 400 以上	75	3 000	75
合　计	3 000	—	—

据表4-7资料计算：

$$中位数位置 = \frac{\sum f}{2} = \frac{3\ 000}{2} = 1\ 500$$

即中位数应使这个数列中各有 1 500 名工人的工资在其上下。根据计算出的累计次数资料可知，中位数位于第三组，则 1 000~1 200 组就是中位数所在组。

按下限公式计算中位数：

$$M_e = L + \frac{\frac{\sum f}{2} - S_{m-1}}{f_m} \times d = 1\ 000 + \frac{\frac{3\ 000}{2} - 795}{1\ 350} \times 200 \approx 1\ 104.44\ （元）$$

按上限公式计算中位数：

$$M_e = U - \frac{\frac{\sum f}{2} - S_{m+1}}{f_m} \times d = 1\ 200 - \frac{\frac{3\ 000}{2} - 855}{1\ 350} \times 200 \approx 1\ 104.44\ （元）$$

可见，不论是按照下限公式还是上限公式，同一资料所计算的中位数是完全一致的。

此例应用 Excel 计算操作方法如下：

将例4-28的数据输入 Excel，如图4-4所示。采用公式（4-24）计算，首先确定包含中位数的组，根据总频数的一半（即 1 500）以及累计频数，可知中位数在"1 000~1 200"这个组内。然后单击任一空单元格，输入"=1 000+（B8/2-795）*200/B5"，确定后就得到中位数110.44元。式中，1 000 为中位数组的下限，B8 为总频数，795为小于中位数所在组下限的累计频数，200 为中位数所在组的组距，B5 为中位数所在组的次数。

2. 众数。众数是指总体中出现次数最多的变量值。它也属于位置平均数，不受极端数值的影响，最适合在总体单位的变量值分布相当集中，变量值中两极端值差距很大的情况下采用。比如，要了解消费者所购买衣服、鞋袜中最普遍的号码，销售量最大的家用电器的牌号和规格，职工中最普遍的月工资额，农贸市场上销售量最大的商品价格等，都可以用众数来说明。

图4-4 某企业某月工人工资分组情况

💡 提示

不是任何统计资料都能计算众数。只有在总体单位数比较多，而变量值又有明显集中趋势的条件下，才能应用众数来分析说明问题。如果总体单位数较少，或总体单位数虽多，但其变量值并无明显的集中趋势，是不宜应用众数的。

根据掌握的统计资料不同，众数有不同的确定方法。

（1）由单项式变量数列确定众数。根据单项式变量数列确定众数比较简单，只要看哪个组的变量值出现的次数最多，那个变量值就是众数，就可代表总体的一般水平。

（2）由组距式数列确定众数。组距式数列确定众数比较复杂。应先根据各组次数确定众数所在组，其方法同单项式变量数列；然后再由众数的组限公式确定众数的近似值。

众数的下限公式：

$$M_0 = L + \frac{\Delta_1}{\Delta_1 + \Delta_2} \times d \qquad (4-26)$$

式（4-26）中，M_0 为众数；L 为众数所在组的下限；Δ_1 为众数组次数与下一组次数之差；Δ_2 为众数组次数与上一组次数之差；d 为众数所在组的组距。

众数的上限公式：

$$M_0 = U - \frac{\Delta_2}{\Delta_1 + \Delta_2} \times d \qquad (4-27)$$

式（4-27）中，U 代表众数组的上限；其他同下限公式。

【例4-29】仍用【例4-28】的资料，计算众数。

首先，根据表4-7资料确定众数所在组：因为，在3 000个工人中，月工资在1 000～1 200之间的最多，有1 350个，所以该组就是众数组。

其次，由众数的组限公式确定众数的近似值：

L 为1 000，Δ_1 为825（1350-525），Δ_2 为570（1350-780），d 为200

用下限公式计算：

$$M_0 = L + \frac{\Delta_1}{\Delta_1 + \Delta_2} \times d = 1\ 000 + \frac{825}{825 + 570} \times 200 = 1\ 118.28(\text{元})$$

用上限公式计算：

$$M_0 = U - \frac{\Delta_2}{\Delta_1 + \Delta_2} \times d = 1\ 200 - \frac{570}{825 + 570} \times 200 = 1\ 118.28(\text{元})$$

可见，根据上限公式与下限公式计算结果相同。

用 Excel 计算众数的操作方法如下：

如果掌握的数据是未分组资料，操作方法与中位数基本一样，只是将函数 MEDIAN 改为 MODE 函数。

如果掌握的数据是分组资料，可用公式（4－26）计算众数。仍用例 4－28 资料，输入数据后，如图 4－5 所示。

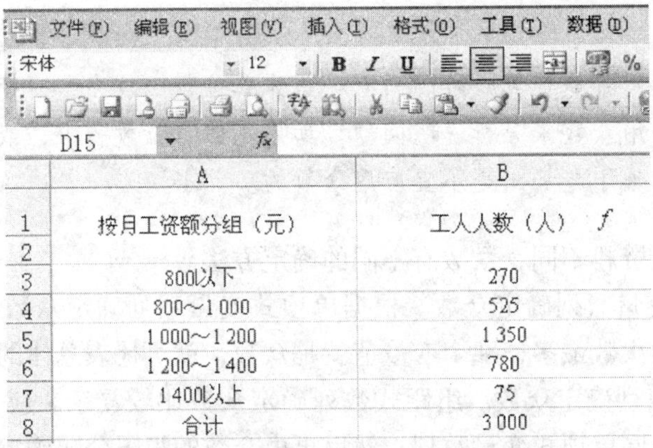

	A	B
1	按月工资额分组（元）	工人人数（人）
2		
3	800以下	270
4	800～1 000	525
5	1 000～1 200	1 350
6	1 200～1 400	780
7	1 400以上	75
8	合计	3 000

图 4－5 输入某企业某月工人工资资料

可单击任一空单元格，输入“＝1 000＋（B5－B4）*200/（（B5－B4）＋（B5－B6））”，确定后得出众数 1 118.28 元。在输入的等式中，1 000 为众数所在组的下限，B5－B4 为众数所在组的频数与前一组的频数之差，B5－B6 为众数所在组的频数与后一组的频数之差，200 为众数所在组的组距。

三、算术平均数、中位数和众数的关系

算术平均数、中位数和众数按不同方法确定，并且含义不同，但都是作为反映总体一般水平的平均指标，因此，彼此之间有一定的关系，而这种关系决定于总体内的次数分配状况。

在次数分布完全对称（即正态分布）时，次数分配是以算术平均数为对称轴，两边的次数相等，同时，它的次数开始由小到大逐渐增加，达到次数最多时为最高峰，而后由大变小逐渐减少，形成两边对称。因而，算术平均数与中位数、众数合而为一，即：$\bar{x} = m_e = m_0$，如图 4－6 所示。

在次数分配非对称的情况下，算术平均数、中位数和众数之间存在着一定的差别，这种差别取决于非对称的程度。非对称的程度越大，它们之间的差别越大；非对称的程度越小，它们之间的差别越小。如果存在非正常的极端标志值，那么，次数分配就产生偏斜。这些极

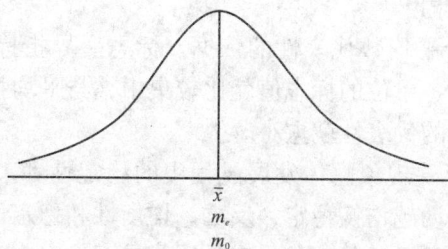

图 4 - 6　正态分布

端标志值对这三种平均指标的影响是不同的。众数不受极端值的影响，中位数只受极端值的位置影响，不受其数值影响，而算术平均数则受所有标志值的影响，极端值对它的影响最大。当次数分配右偏时，意味着算术平均数受大的极端值影响，就有 $\bar{x} > m_e > m_0$；当次数分配左偏时，意味着算术平均数受小的极端值影响，就有 $\bar{x} < m_e < m_0$。同时，无论是右偏或左偏，中位数总是介于算术平均数与众数之间。

算术平均数、中位数和众数的这种关系，通常用统计图形表示见图 4 - 7 和图 4 - 8。

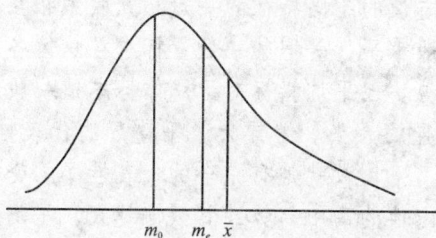

图 4 - 7　右偏分布

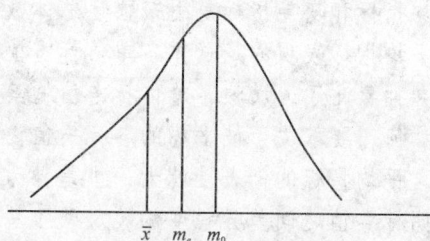

图 4 - 8　左偏分布

第三节　离中趋势的描述

一、标志变异指标的意义

（一）标志变异指标的含义

标志变异指标是反映总体中各单位标志值差异程度的指标，又称标志变动度。在统计研究中，经常把平均指标和标志变异指标结合起来应用。因为，平均指标可以综合反映总体某一数量标志值的一般水平，却把总体各单位之间的这一数量差异抽象化了，且平均指标本身也无法说明其代表性的大小，而标志变异指标却正好弥补了这一点，所以，两者紧密联系，分别从不同角度分析现象的特征。

平均指标和标志变异指标的主要区别是：①前者是抽象变量值之间差异而成的结果，后者则是反映变量之间差异而成的结果；②前者反映了总体分布的集中趋势，后者则反映了总体分布的离中趋势。

（二）标志变异指标的作用

1. 标志变异指标是评价平均数代表性的依据。标志变异指标愈小，说明总体各单位标志值的差异程度愈小，总体各单位的标志值就比较集中，与平均指标比较接近，平均指标代表性就大；反之，平均指标的代表性就愈小。

2. 标志变异指标可以反映现象总体发展过程中的稳定性和节奏性。一般来说，标志变异指标值越小，说明现象变动越均衡稳定，反之，均衡性和稳定性则较差。例如，要反映计划执行情况是否均衡，有无前松后紧现象；产品质量是否稳定在允许范围之内；农作物品种在不同地块上试种，单位产量是否稳定，有无大起大落情况等，都可以借助于标志变异指标来反映。

3. 标志变异指标是统计分析的重要指标。在统计分析中，进行相关与回归分析、抽样推断和统计预测等，都需要利用标志变异指标。

4. 反映总体各单位标志值分布的离中趋势。

提示

平均指标和变异指标是用来描述总体数量标志值的不同特征的一对相互联系相互对应的指标。平均指标表现的是总体各单位标志值的一般水平，是把某一数量标志在总体各单位之间的差异抽象化了，反映了总体标志值的集中趋势。但平均指标对于总体标志值一般水平的代表性如何，要取决于被平均的各标志值之间差异的大小。差异大，平均数的代表性就小；差异小，平均指标的代表性就大；当差异为零时，平均数就是有完全的代表性了。变异指标就是说明标志值之间差异程度的，反映了总体标志值的离中趋势，其数值越大，平均数的代表性就越小，反之，平均数的代表性就越大。

二、标志变异指标的种类及计算方法

标志变异指标一般有全距、平均差、标准差、变异系数（包括全距系数、平均差系数、标准差系数），其中，最常用的是标准差和标准差系数，下面主要对标准差和标准差系数加以介绍。

相关链接

全距是测定标志变异程度的最简单的指标，它是标志的最大值和最小值之差，反映总体标志值的变动范围。用公式表示为：

全距 ＝ 最大标志值 － 最小标志值

全距仅取决于两个极端数值，不能全面反映总体各单位标志值变异的程度。

平均差是各单位标志值对其算术平均数的离差绝对值的算术平均数，反映的是各标志值对其平均数的平均差异程度。其计算方法有简单和加权两种形式。计算公式分别为：

$$A \cdot D = \frac{\sum |x - \bar{x}|}{n} \text{ 和 } A \cdot D = \frac{\sum |x - \bar{x}| f}{\sum f}。$$

（一）标准差

标准差又叫均方差，是总体各单位标志值与其算术平均数离差平方的算术平均数的平方根。它是测定标志变异程度最常用、最主要的指标，在实际工作中应用极为广泛。

计算标准差的步骤为：（1）求总体某一数量标志值的算术平均数；（2）求总体各标志值与其算术平均数的离差；（3）求离差的平方；（4）求各项离差平方的算术平均数；（5）对离差平方的算术平均数开平方。

标准差的计量单位与平均指标相同，当两个平均指标相等时，可用来比较其代表性大小。由于掌握资料的不同，标准差的计算方法也分简单平均式和加权平均式两种情况。

1. 简单平均式。在资料未分组的条件下，可采用简单平均式计算标准差，其计算公式为：

$$\sigma = \sqrt{\frac{\sum (x - \bar{x})^2}{n}} \tag{4-28}$$

式（4-28）中，σ 代表标准差；x 代表标志值；$\bar{x}$ 代表平均数；n 代表标志值的个数。

【例4-30】有甲、乙两个班组各有5名工人，其日产量资料如表4-8所示，说明标准差的计算分析方法。

表4-8　　　　　　　　　　　标准差计算表（简单式）

甲组（$\bar{x}$ = 50件）			乙组（$\bar{x}$ = 50件）		
日产量（件）	离差	离差平方	日产量（件）	离差	离差平方
x	$x - \bar{x}$	$(x - \bar{x})^2$	x	$x - \bar{x}$	$(x - \bar{x})^2$
5	−45	2 025	48	−2	4
20	−30	900	49	−1	1
45	−5	25	50	0	0
85	35	1 225	51	1	1
95	45	2 025	52	2	4
合　计	—	6 200	合　计	—	10

$$甲组：\sigma_甲 = \sqrt{\frac{\sum (x - \bar{x})^2}{n}} = \sqrt{\frac{6200}{5}} = 35.21（件）$$

$$乙组：\sigma_乙 = \sqrt{\frac{\sum (x - \bar{x})^2}{n}} = \sqrt{\frac{10}{5}} = 1.41（件）$$

计算结果表明，甲、乙两个班组工人平均日产量相等的条件下，甲组的标准差比乙组的标准差大，因而甲组平均日产量的代表性比乙组小。

2. 加权平均式。在分组的条件下，可采用加权平均法计算标准差。其计算公式为：

$$\sigma = \sqrt{\frac{\sum (x - \bar{x})^2 f}{\sum f}} \tag{4-29}$$

式（4-29）中，f 为各变量值出现的次数。

【例4-31】现有某企业200名工人的日产量资料如表4-9所示，计算其标准差。

表 4-9 　　　　　　　　　　　　标准差计算表（加权式）

日产量（公斤）	工人人数（人）	组中值（公斤）	总产量（公斤）	离差	离差平方×权数
—	f	x	xf	$x-\bar{x}$	$(x-\bar{x})^2 f$
20~30	10	25	250	-17	2 890
30~40	70	35	2 450	-7	3 430
40~50	90	45	4 050	3	810
50~60	30	55	1 650	13	5 070
合　计	200	—	8 400	—	12 200

$$\bar{x}=\frac{\sum xf}{\sum f}=\frac{8\ 400}{200}=42\ (公斤)$$

$$\sigma=\sqrt{\frac{\sum(x-\bar{x})^2 f}{\sum f}}=\sqrt{\frac{12\ 200}{200}}=7.81\ (公斤)$$

在 Excel 中，对未分组的资料，可直接用统计函数 STDEVP 计算标准差。以例 4-31 的资料为例操作方法如下：

将原始数据输入 Excel，如图 4-9 所示。

点击"fx"插入函数，在"统计"类别中选择"STDEVP"函数，如图 4-10 所示，确定后出现"函数参数"设置对话框，在 Numberl 中输入数据所在区域 A3:A7，确定后即可求得甲组工人日产量的标准差为 35.21 件（见图 4-11）。同样方法，在 Numberl 中输入数据所在区域 B3:B7，确定后即可求得乙组工人日产量的标准差为 1.41 件（见图 4-12）。

图 4-9　甲、乙两个班组个人日产量资料

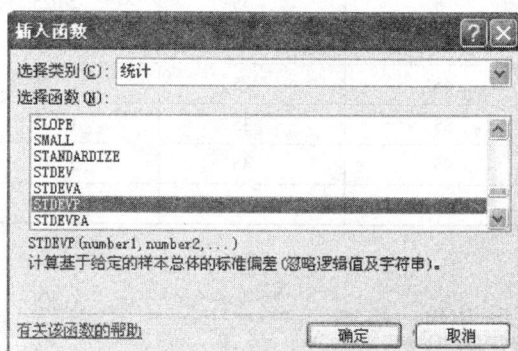

图 4-10　插入函数对话框

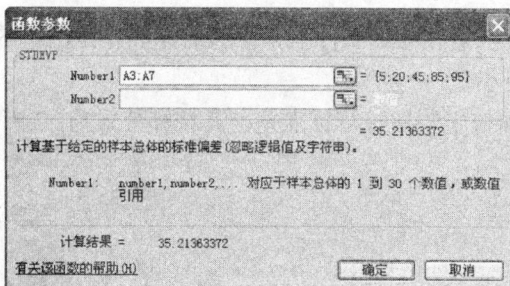

图 4-11　函数参数设置对话框

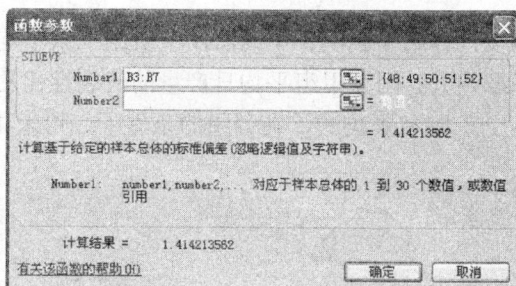

图 4-12　函数参数设置对话框

未分组资料计算标准差，还可以在输入原始数据后单击任一空单元格，输入" = STDEVP（A1：A7）"，确定后直接得到甲组工人日产量的标准差；输入" = STDEVP（B1：B7）"，确定后可直接得到乙组工人日产量的标准差。这种方法比打开对话框更快捷。

对于已分组的资料，由于各组权数不同，计算时必须加权计算。下面以例4-31资料为例，说明标准差的计算方法（见图4-13）。

> **小思考** 在甲、乙两变量数列中，标准差分别为7.07和7.41，平均水平均为60，则两变量数列哪个平均数代表性大？

	A	B	C	D	E	F
1	日产量（公斤）	工人人数（人）f	组中值（公斤）x	总产量（公斤）xf	$x-\bar{x}$	$(x-\bar{x})^2 f$
2	20～30	10	25	250	-17	2890
3	30～40	70	35	2450	-7	3430
4	40～50	90	45	4050	3	810
5	50～60	30	55	1650	13	5070
6	合计	200	—	8400	—	12200

图4-13 标准差加权计算

将资料输入A、B、C三列后，首先计算算术平均数。单击D2，输入" = C2 * B2"，得出结果250公斤，并用填充柄功能，计算出D3～D5，然后单击D6，点"$\sum$"或输入" = SUM（D2：D5）"计算出总产量8 400公斤，再单击任一空单元格，输入" = D6／B6"得出算术平均数为42公斤。接着计算离差及离差平方和，单击E2单元格，输入" = C2 - 42"，确定后并利用填充柄功能计算E列数值；单击F2单元格，输入" = E2 * E2 * B2"，计算离差平方，并利用填充柄功能计算F3～F5数值，单击F6单元格，点"$\sum$"或输入" = SUM（F2：F5）"，计算出离差平方和；最后，单击任一空单元格，输入" = SGRT（F6／B6）"即得日产量的标准差为7.81公斤。

> **小思考** 一群牛的平均体重是190公斤，标准差是20公斤；一群羊的平均体重是18公斤，标准差是4公斤，能不能说羊的平均体重的代表性大些？为什么？
>
> 注意：当两个平均指标相等时，用标准差比较其代表性大小，不相等时，用标准差系数比较其代表性大小。

（二）标准差系数

全距、平均差和标准差是用绝对数或平均数来说明标志变动度的，是有计量单位的，其数值大小受标志值和平均数大小的影响，因而只适宜于衡量相同水平总体的平均数的代表性。因此，在比较两个不同水平总体平均数代表性时，就不能采用标准差，而必须消除平均水平高低影响，用标准差除以平均数得到的相对数来进行比较，这个相对数就是标准差系数，其计算公式为：

$$V_{\sigma} = \frac{\sigma}{\bar{x}} \times 100\% \tag{4-30}$$

式（4-30）中，V_{σ} 代表标准差系数；σ 代表标准差；$\bar{x}$ 代表平均数。

【例4-32】 甲、乙两班学生数学考试成绩，甲班平均成绩为81分，标准差为10分；乙班平均成绩为75分，标准差为8.5分，试比较甲、乙两班平均成绩哪个代表性大？

因为两班学生的平均成绩不相等，所以应采用标准差系数进行比较。

$$V_{\sigma甲} = \frac{10}{81} \times 100\% = 12.35\% \qquad V_{\sigma乙} = \frac{8.5}{75} \times 100\% = 11.33\%$$

计算结果表明，$V_{\sigma甲} > V_{\sigma乙}$，说明乙班平均成绩更具代表性。

【本章知识架构图】

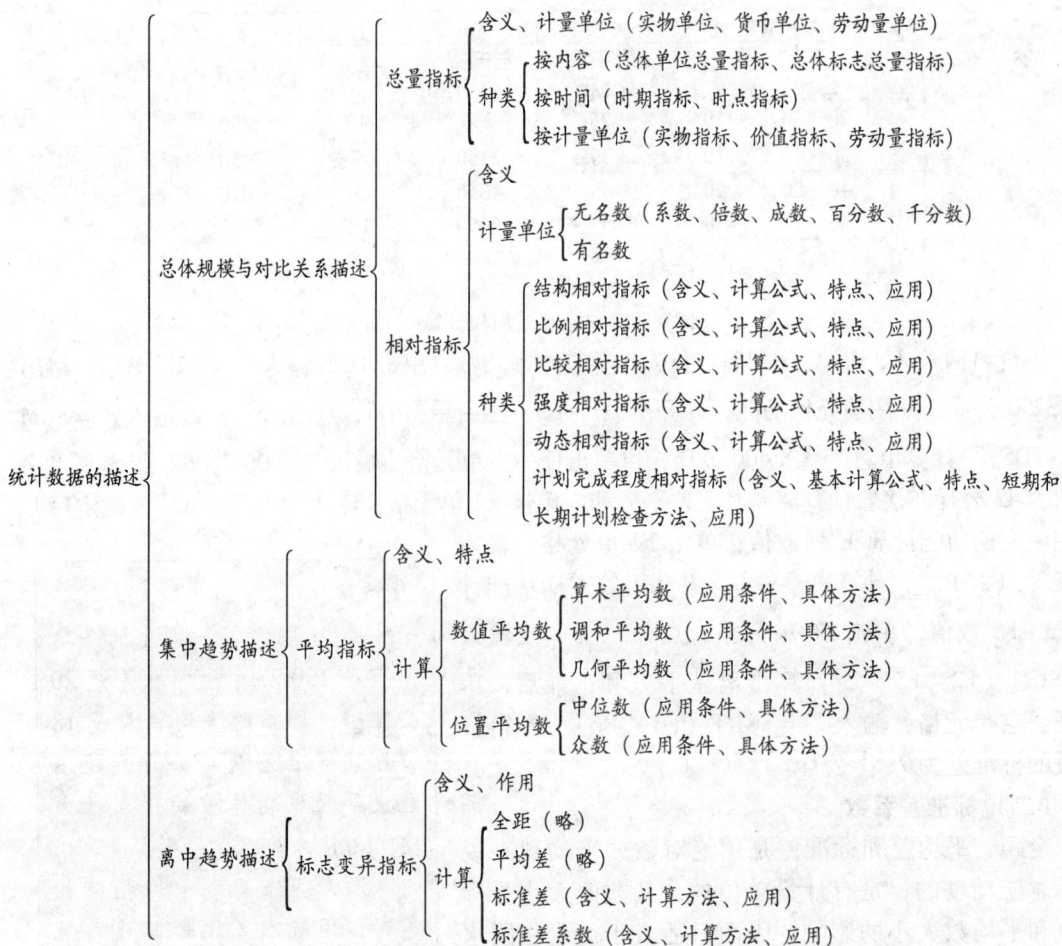

统计数据的描述

总体规模与对比关系描述
- 总量指标
  - 含义、计量单位（实物单位、货币单位、劳动量单位）
  - 种类
    - 按内容（总体单位总量指标、总体标志总量指标）
    - 按时间（时期指标、时点指标）
    - 按计量单位（实物指标、价值指标、劳动量指标）
- 相对指标
  - 含义
  - 计量单位
    - 无名数（系数、倍数、成数、百分数、千分数）
    - 有名数
  - 种类
    - 结构相对指标（含义、计算公式、特点、应用）
    - 比例相对指标（含义、计算公式、特点、应用）
    - 比较相对指标（含义、计算公式、特点、应用）
    - 强度相对指标（含义、计算公式、特点、应用）
    - 动态相对指标（含义、计算公式、特点、应用）
    - 计划完成程度相对指标（含义、基本计算公式、特点、短期和长期计划检查方法、应用）

集中趋势描述
- 平均指标
  - 含义、特点
  - 计算
    - 数值平均数
      - 算术平均数（应用条件、具体方法）
      - 调和平均数（应用条件、具体方法）
      - 几何平均数（应用条件、具体方法）
    - 位置平均数
      - 中位数（应用条件、具体方法）
      - 众数（应用条件、具体方法）

离中趋势描述
- 标志变异指标
  - 含义、作用
  - 计算
    - 全距（略）
    - 平均差（略）
    - 标准差（含义、计算方法、应用）
    - 标准差系数（含义、计算方法、应用）

【综合自测题】

一、知识题

(一) 判断题

1. "企业职工人数"肯定是一个总体单位总量。　　　　　　　　　　　　　(　　)

2. 总体单位总量有可能转化为总体标志总量。　　　　　　　　　　　　　(　　)

3. 某企业 8 月末实有生产设备 2 850 台，是时期指标。　　　　　　　　　(　　)

4. 国民收入中积累额与消费额的比例 1 : 3 是一个比较相对指标；积累额占国民收入的 25% 是一个结构相对指标。　　　　　　　　　　　　　　　　　　　　(　　)

5. 计划完成程度相对指标大于 100%，则肯定完成计划任务了。　　　　　(　　)

6. 算术平均数的大小，只受总体各单位标志值大小的影响。　　　　　　　(　　)

7. 当变量值的连乘积等于总比率或总速度时，适合用几何平均数计算平均数。(　　)

8. 在未分组的偶数项资料中，中位数是无法确定的。　　　　　　　　　　(　　)

9. 众数就是总体中出现最多的次数。　　　　　　　　　　　　　　　　　(　　)

10. 如果两个变量数列的标准差相等，则它们的平均数的代表性也一定相同。(　　)

(二) 单选题

1. 总量指标按反映总体的内容不同，可分为 (　　)

　　A. 数量指标和质量指标　　　　　　　　B. 总体单位总量和总体标志总量

　　C. 时期指标和时点指标　　　　　　　　D. 实物指标和价值指标

2. 在医院总体中，医院所数(A)、医院职工人数(B)和病床张数(C)三个指标 (　　)

　　A. 都是总体单位总量

　　B. A 是总体单位总量，B、C 是总体标志总量

　　C. 都是总体标志总量

　　D. B 是总体单位总量，A、C 是总体标志总量

3. 商品销售额是 (　　)

　　A. 时期指标　　　　B. 时点指标　　　　C. 实物指标　　　　D. 相对指标

4. 本年出生婴儿中，男性占 52.1%，女性占 47.9%，这是 (　　)

　　A. 结构相对指标　　　　　　　　　　　B. 比例相对指标

　　C. 比较相对指标　　　　　　　　　　　D. 强度相对指标

5. 某企业 2006 年销售额计划比上年增长 10%，实际增长 14%，其超出计划完成程度为 (　　)

　　A. 103.64%　　　　B. 50%　　　　　　C. 150%　　　　　　D. 3.64%

6. 标志值较大的一组，其权数较大时，则算术平均数 (　　)

　　A. 接近标志值较小的一组　　　　　　　B. 接近标志值较大的一组

　　C. 不受权数影响　　　　　　　　　　　D. 仅受标志值影响

7. 如果所有标志值的频数都扩大为原来的 3 倍，而标志值仍然不变，则算术平均数 (　　)

  A. 不变   B. 扩大到 3 倍

  C. 减少为原来的 1/3   D. 不能预测其变化

8. 下列各项中，应采用加权算术平均法计算的有（　　　）

  A. 已知各企业劳动生产率和各企业产值，求平均劳动生产率

  B. 已知计划完成百分比和计划产值，求平均计划完成百分比

  C. 已知计划完成百分比和实际产值，求平均计划完成百分比

  D. 已知生产同产品各企业的产品单位成本和总成本，求平均单位成本

9. 为了用标准差比较分析两个同类总体平均指标的代表性，前提条件是（　　　）

  A. 两个总体的标准差应相等   B. 两个总体的平均数应相等

  C. 两个总体的离差之和应相等   D. 两个总体的单位数应相等

10. 若两数列的标准差相等而平均数不等，则（　　　）

  A. 平均数小代表性大   B. 平均数大代表性大

  C. 代表性也相等   D. 无法判断

（三）多选题

1. 下列属于总量指标的是（　　　）

  A. 国内生产总值   B. 产品产值   C. 产品销售额

  D. 企业利税总额   E. 销售利润率

2. 下列属于时期指标的有（　　　）

  A. 职工人数

  B. 出生人数

  C. 死亡人数

  D. 高等学校招生人数

  E. 高等学校毕业人数

3. 下列统计指标中，属于时点指标的有（　　　）

  A. 商品库存额   B. 商品库存量   C. 商品销售额

  D. 商品销售量   E. 商品销售价格

4. 下列指标中属于强度相对指标的有（　　　）

  A. 人均国民收入   B. 人均钢铁产量   C. 人均粮食产量

  D. 人均生活费支出   E. 职工月平均工资

5. 下列超额完成计划的有（　　　）

  A. 单位成本计划完成百分数 105.5%

  B. 利润计划完成百分数 107%

  C. 劳动生产率计划完成百分数 108%

  D. 单位成本计划完成百分数 98%

  E. 利润计划完成百分数 95%

6. 属于不同总体数值对比的相对指标有（　　　）

  A. 计划完成相对指标   B. 结构相对数

  C. 比例相对数   D. 比较相对数

  E. 强度相对数   F. 动态相对指标

7. 几何平均数适合（　　）

    A. 等差数列

    B. 等比数列

    C. 标志总量等于各标志值之积

    D. 具有极大极小值的数列

    E. 标志总量等于各标志值之和

8. 众数是（　　）

    A. 总体中出现次数最多的变量值

    B. 位置平均数

    C. 不受极端值的影响

    D. 处于数列中点位置的那个标志值

    E. 适用于总体次数多，有明显集中趋势的情况

9. 在各种平均指标中，不受极端值影响的平均指标值是（　　）

    A. 算术平均数　　　　B. 调和平均数

    C. 几何平均数　　　　D. 中位数　　　　　E. 众数

10. 标志变异指标中的标准差是（　　）

    A. 也称均方差

    B. 也称方差

    C. 是各变量值对其算术平均数离差平方的算术平均数的平方根

    D. 各变量值对其算术平均数离差的平均数

    E. 各变量值对其算术平均数离差平方的平均数

（四）简答题

1. 时期指标与时点指标有何区别？

2. 怎样区分算术平均数和强度相对指标？

二、技能题

1. 某企业计划规定，单位产品成本今年比去年降低5%，实践结果，比去年降低6%，试求单位产品成本计划完成程度？

2. 某公司下属20个企业第一季度总产值计划完成情况如表1所示。

表1　　　　　　　某公司下属20个企业第一季度总产值计划完成情况资料

计划完成	企业数（个）	实际产值（万元）
90%~100%	3	80
100%~110%	12	400
110%~120%	5	120
合　计	20	600

要求：计算该公司20个企业第一季度总产值平均计划完成程度。

3. 某企业工人的日产量及人数资料如表 2 所示。

表2　　　　　　　　某企业工人的日产量及人数资料

日产量（件）	10	12	14	16	18	20
工人人数（人）	16	30	80	60	44	16

要求：用中位数和众数计算工人平均日产量。

4. 已知甲组工人平均日产量28件，标准差4件；乙组资料如表3所示。

表3　　　　　　　　乙组工人按日产量分组资料

日产量	工人数（人）
20 件以下	4
20～30 件	8
30～40 件	10
40～50 件	12
50 件以上	6

试说明甲、乙两组的平均日产量哪个更具有代表性。

5. 某地科学试验站计划推广 A、B 两种小麦新品种，推广前分别在四块不同耕地上进行试验，其产量如表4：

表4　　　　　　　A、B 两种小麦新品种播种面积和亩产量资料

A 品种			B 品种		
序号	播种面积（亩）	亩产量（斤）	序号	播种面积（亩）	亩产量（斤）
1	20	800	1	15	820
2	25	850	2	22	870
3	35	900	3	26	960
4	38	1 020	4	30	1 000

根据上述资料分析判断哪种小麦更值得推广。

第 五 章

时间序列分析法

学习目标

时间序列分析法是统计分析的基本方法之一，其依据是时间序列。通过本章内容的学习，要求明确时间序列的概念、作用、种类和编制原则；掌握时间序列的各种水平指标和速度指标的含义、计算方法及有关指标之间的相互关系；能够使用数学模型预测现象发展的长期趋势（尤其是最小平方法测定直线趋势）；学会按月（季）计算季节比率的方法，并能够利用季节比率分析现象发展变化的规律。

能力目标

1. 会计算水平分析指标和速度分析指标。

2. 能用最小平方方法进行直线趋势预测。

3. 能计算并利用季节比率分析现象发展变化规律。

思考导学

1. 什么是时间序列？其基本构成要素包括哪些？

2. 序时平均数与一般平均数有何关系？计算序时平均数应注意哪些问题？

3. 我们经常说的发展速度和增长速度是如何计算出来的？它们之间有何关系？

4. 测定长期趋势的意义何在？常用的方法有哪些？

5. 为什么要进行季节变动分析？进行季节变动分析的条件是什么？

一切事物都是处在不断地发展变化之中的，其发展是有规律的，这种规律可以通过人们的实践活动来认识并加以运用，以便掌握工作的主动权。时间序列分析就是研究客观事物在不同时间的发展状况，探索其随时间推移的演变趋势和规律，揭示其数量变化和时间的关系，预测客观事物在未来时间上可能达到的数量和规模。

第一节　时间序列概述

一、时间序列的含义

时间序列是将说明现象在不同时期或时点上某种数量特征的指标数值，按一定的时间先后顺序排列起来而形成的一种统计数列，又称时间数列或动态数列。表 5 - 1 就是一个时间序列。

表 5 - 1　　　　　　　　　我国历年国内生产总值（GDP）　　　　　　　单位：亿元

年　　份	2003	2004	2005	2006	2007	2008
国内生产总值	116 694	136 515	182 321	209 407	246 619	300 670

通过这一时间序列，可以看出我国国内生产总值的发展变化过程及其趋势。

不难看出，时间序列由两个要素构成：一是现象发展所属的时间，可以是时期，也可以是时点，如表 5 - 1 中的 2003 ~ 2008 年；二是现象发展水平也即统计指标数值，如表 5 - 1 中各年的国内生产总值。

时间序列在统计分析中，具有十分重要的作用。

第一，可以反映现象发展变化的历史进程，描述现象发展变化的状态和结果。

第二，可以揭示现象发展变化的规律，预测其未来的发展趋势和进度。

第三，可以对比分析不同国家、地区、单位的发展水平，揭示其现象在发展过程中的差距。

第四，可以作为整理和积累历史资料的方法和手段。

二、时间序列的种类

时间序列按其数列中所排列的指标性质的不同，可以分为绝对数时间序列、相对数时间序列和平均数时间序列三种。其中，绝对数时间序列是基本数列，其余两种则是根据绝对数时间序列计算而派生的数列。

（一）绝对数时间序列

绝对数时间序列是由一系列同类总量指标（绝对数），按时间先后顺序排列而成的序列。反映现象在各期达到的规模、水平及其发展变化情况。由于总量指标所反映现象的性质不同，绝对数时间序列又可分为时期序列和时点序列。

1. 时期序列。时期序列是由时期指标形成的，序列中的每一个指标值都是反映现象在一段时间内发展过程的总量，表5-1就是一个时期序列。

时期序列有以下特点：

（1）时期序列中每个指标都是表示现象在一段时期内发展过程的总量，因此，各个指标值可以相加，相加后的合计数表示现象在更长时期内的总量；

（2）时期序列中各指标数值的大小与时期的长短有直接关系，时期长则数值大，反之则小；

（3）时期序列中各指标数值通常是通过连续不断地统计所得到的。

2. 时点序列。时点序列是由时点指标形成的，序列中的每个指标值都是反映现象在某一时刻上的总量，如表5-2所示。

表5-2　　　　　　　　　　　我国人口发展情况　　　　　　　　　　单位：万人

年　份	2003	2004	2005	2006	2007	2008
年末人口数	129 227	129 988	130 756	131 448	132 129	132 802

时点序列有以下特点：

（1）时点序列每个指标值不能相加，因为相加的结果并不能说明是哪个时点的总量，没有实际意义，不能说明什么问题；

（2）时点序列中各指标数值的大小与间隔时间的长短没有直接联系，间隔时间长，不一定数值就大；反之，也不一定小；

（3）时点序列中各指标值只需在某个时点进行登记即可，不需连续统计。

（二）相对数时间序列

相对数时间序列是指由不同时间的相对指标按时间先后顺序排列而成的时间序列。它用来反映现象对比关系的发展过程及其规律，如表5-3所示。

表5-3　　　　　　　　　　　我国人口出生率情况　　　　　　　　　单位：‰

年　份	2003	2004	2005	2006	2007	2008
人口出生率	12.41	12.29	12.40	12.09	12.10	12.14

相对数时间序列中的各个指标是由两个指标对比而成的，因其计算基础不同，不能直接相加。

（三）平均数时序数列

平均数时间序列是指由不同时间的同一平均指标，按时间先后顺序排列而成的时间序列。它用来反映现象一般水平的发展趋势，如表5-4所示。

表5-4　　　　　　　　　某地区职工年平均工资水平变动情况　　　　　单位：元

年　份	2003	2004	2005	2006	2007	2008
年平均工资	12 256	14 086	16 534	18 587	20 432	23 587

平均数时间序列中的各项指数值也不能相加，相加无实际意义。

三、时间序列常用分析方法

时间序列分析常用的分析方法有两种：一是指标分析法；二是构成因素分析法。

（一）时间序列指标分析法

所谓指标分析法，就是通过计算一系列时间序列分析指标，包括水平分析指标（发展水平、平均发展水平、增长量、平均增长量）和速度分析指标（发展速度、平均发展速度、增长速度、平均增长速度及增长1%绝对值）来揭示现象的发展状况和发展变化程度的分析方法。

（二）时间序列构成因素分析法

这种方法是将时间序列看成是由长期趋势、季节变动、循环变动和不规则变动几种因素变动影响所形成的，通过对这些因素的测定分析，揭示现象随时间变化而演变的规律，并在揭示这些规律的基础上，假定事物今后的发展趋势遵循这些规律，从而对事物的未来发展作出预测或决策。

提示

时间序列与分配数列的不同点是：（1）分配数列是静态分布数列，反映现象总体单位在各组分配状况；而时间序列是按时序分布的数列，揭示现象总体发展变化的特征和趋势。（2）对数值进行排列的依据不同。分配数列是依据总体的属性特征或数量特征对数值进行排列；而时间序列则是按时间对数值进行排列。（3）基本构成要素有所不同。分配数列由各组的名称（或各组的变量值）和各组的单位数构成；而时间序列则由现象所属的时间和与之相对应的指标数值构成。（4）对数列进行分析的方法不同。分配数列一般采用计算平均指标、成数及方差、相关与回归、抽样推断等进行分析；而时间序列则要采用水平指标、速度指标、指数分析法等进行分析。

第二节　时间序列的指标分析法

一、发展水平

发展水平是指时间序列中的各个不同时间上的指标数值，用来反映现象在各个时期或时点上所达到的规模或水平。它一般是总量指标，也可以是相对指标或平均指标，它是时间序列分析指标的基础。

在时间序列中，首项指标数值称为最初水平，用 a_1 表示；中间各项数值称为中间水平，用 a_2，a_3，$\cdots$，a_{n-1} 表示；末项指标数值称最末水平，用 a_n 表示。在计算时间序列指标时所研究的那个时期的发展水平称为报告期水平（或称为计算期水平），用来对比的基础时期的发展水平称为基期水平。

报告期水平和基期水平不是固定不变的，而是随着研究目的的改变而发生变化。

发展水平在用文字表达其变动时，常用"增加到"或"增加为"、"降低到"或"降低为"表示。

二、平均发展水平

平均发展水平是指时间序列中各项指标值（发展水平）加以平均而得到的平均数，用来反映现象在较长时间内发展所达到的一般水平，又称为序时平均数或叫做动态平均数。序时平均数与前面讲的一般平均数（静态平均数）既有共同点，又有区别之处。共同点是两者都是将研究现象的个别数量差异抽象化，概括地说明现象的一般水平。区别是序时平均数平均的是现象在不同时间上的数量差异，从动态上说明现象在某一段时间内发展的一般水平，是根据时间序列计算的；一般平均数是将总体各单位某一数量标志的标志值在同一时间上数量差异抽象化，从静态上说明现象在具体历史条件下的一般水平，是根据变量数列计算的。

平均发展水平可以根据绝对数时间数列计算，也可以根据相对数时间序列或平均数时间序列计算。从计算方法上讲，根据绝对数时间数列计算平均发展水平（即序时平均数）是最基本的方法。现分别介绍如下：

（一）由绝对数时间序列计算序时平均数

绝对数时间序列分为时期序列和时点序列，由于它们的性质不同，计算序时平均数时方法也不一样。

1. 由时期序列计算序时平均数。由时期序列计算序时平均数采用简单算术平均法。即以序列中时期项数除以各时期的指标数值之和即得序时平均数。其计算公式为：

$$\bar{a} = \frac{a_1 + a_2 + a_3 + \cdots + a_n}{n} = \frac{\sum a}{n} \tag{5-1}$$

式（5-1）中，$\bar{a}$ 代表平均发展水平（序时平均数）；a_i 代表各期发展水平（$i = 1$，2，3，$\cdots$，n）；n 代表数列中时期项数。

【例 5-1】某商场 2009 年下半年销售资料如表 5-5 所示。

表 5-5　　　　　　　　　　　　某商场 2009 年下半年销售资料　　　　　　　　　　单位：万元

月　　份	7	8	9	10	11	12
销售额	83	80	86	90	98	103

该商场 2009 年下半年月平均销售额为：

$$\bar{a} = \frac{\sum a}{n} = \frac{83 + 80 + 86 + 90 + 98 + 103}{6} = \frac{540}{6} = 90（万元）$$

此例应用 Excel 处理操作如下：

将原始资料输入 Excel 后，如图 5-1 所示。

计算时期数列的序时平均数，一般采用简单算术平均法，因此可用 Excel 的 AVERAGE 函数计算。单击任一空单元格，输入"= AVERAGE（B2：G2）"，确定后即得出结果 90（万元）。

或者在 Excel 中插入函数，选择 AVERAGE 函数，如图 5-2 所示：

	A	B	C	D	E	F	G
1	月 份	7	8	9	10	11	12
2	销售额（万元）	83	80	86	90	98	103

图 5-1　某商场 2009 年下半年销售资料

然后，输入计算范围"B2：G2"即可得出计算结果，如图 5-3 所示：

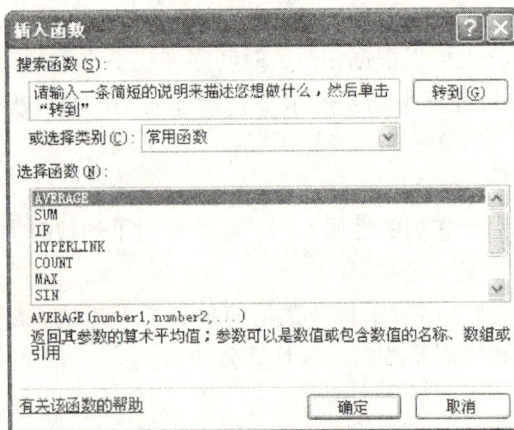

图 5-2　插入函数对话框

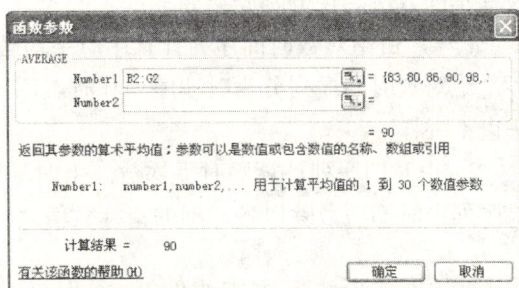

图 5-3　时期数列序时平均数计算结果

2. 由时点数列计算序时平均数。时点数列有连续时点序列和间断时点序列两种，其具体方法不尽相同。

（1）由连续时点序列计算序时平均数。连续时点序列是指能够直接或间接掌握每天的时点指标资料的数列，有间隔相等和间隔不等两种情况：

① 间隔相等的连续时点序列的序时平均数，直接采用简单算术平均法计算。即以各时点值之和除以时点数值的个数，计算公式为：

$$\bar{a} = \frac{a_1 + a_2 + a_3 + \cdots + a_n}{n} = \frac{\sum a}{n} \qquad (5-2)$$

式（5-2）中，$\sum a$ 为各时点指标数值之和。

【例 5-2】某企业某月上旬职工人数资料如表 5-6 所示：

表 5-6　　　　　　　　　某企业某月上旬职工人数资料　　　　　　　　　　单位：人

日 期	1	2	3	4	5	6	7	8	9	10
人数	3 002	3 000	3 003	3 005	3 005	3 008	3 010	3 012	3 012	3 012

该企业某月上旬平均职工人数：

$$\bar{a} = \frac{\sum a}{n} = \frac{3\ 002 + 3\ 000 + 3\ 003 + 3\ 005 + 3\ 005 + 3\ 008 + 3\ 010 + 3\ 012 + 3\ 012 + 3\ 012}{10}$$

$$= \frac{27\ 064}{10} \approx 2\ 706 (人)$$

此例应用 Excel 处理操作方法同上例。

② 间隔不相等的连续时点序列的序时平均数,采用加权算术平均法计算。即以每次变动持续的时间间隔长度 (f) 为权数对各时点数值 (a) 进行加权算术平均。计算公式为:

$$\bar{a} = \frac{a_1 f_1 + a_2 f_2 + a_3 f_3 + \cdots + a_n f_n}{f_1 + f_2 + f_3 + \cdots + f_n} = \frac{\sum af}{\sum f} \tag{5-3}$$

【例 5-3】某企业某年 1 月份职工人数变动情况记录如表 5-7 所示。

表 5-7　　　　　　　　　　某企业某年 1 月份职工人数变动记录　　　　　　　　　　单位:人

日　期	1	9	15	31
职工人数	220	218	215	221

该企业 1 月份平均职工人数为:

$$\bar{a} = \frac{\sum af}{\sum f} = \frac{220 \times 8 + 218 \times 6 + 215 \times 16 + 221 \times 1}{31} = \frac{6\ 729}{31} \approx 217 (人)$$

(2) 由间断时点序列计算平均发展水平。间断时点序列是间隔一段时间对现象在某一时点上所表现的状况进行一次性登记,并将登记数据按照时间的先后顺序排列所形成的时间序列。通常掌握的只是期初或期末时点指标数值。

由于间断时点序列只有期初或期末的数据,其他时点没有数据,所以,计算间断时点序列序时平均数一般有两个假设条件:一个是假设上期末水平等于本期初水平(上期末和本期初是两个连续的时点,这里假设两个时点的水平没有变化);另一个条件是假设现象在间隔期内的数量变化是均匀的。根据上述假设条件,对间断时点序列计算序时平均数的一般步骤是:

第一步,计算各间隔期的平均数。

第二步,以间隔期的长度为权数,对各间隔期的平均水平再进行加权平均计算,得到时间序列的序时平均数。

间断时点序列也有间隔相等和间隔不等两种情况:

① 由间隔相等的间断时点序列计算序时平均数。由于这种时点序列的间隔期是相等的,所以权数的作用就没有了,因而可将各间隔期的平均水平进行简单算术平均计算即可(将相邻两个时点数值相加除以 2,求得表明两个时点之间的简单平均数,然后根据这些平均数,再用简单算术平均法计算整个所研究的时间内的现象的平均发展水平)。其公式为:

$$\bar{a} = \frac{\frac{a_1 + a_2}{2} + \frac{a_2 + a_3}{2} + \frac{a_3 + a_4}{2} + \cdots + \frac{a_{n-1} + a_n}{2}}{n-1}$$

$$= \frac{\frac{a_1}{2} + a_2 + a_3 + a_4 + \cdots + a_{n-1} + \frac{a_n}{2}}{n-1} \tag{5-4}$$

公式（5－4）通常称为“简单序时平均法”或称“首末折半法”。

【例 5－4】某商业企业 2009 年第二季度某种商品的库存量资料如表 5－8 所示，试求该商品第二季度月平均库存量。

表 5－8　　某商业企业 2009 年第二季度某商品库存量

时　间	3 月 31 日	4 月 30 日	5 月 31 日	6 月 30 日
库存量（百件）	66	72	64	68

根据上表资料计算第二季度该商品月平均库存量如下：

$$\bar{a}=\frac{\frac{a_1}{2}+a_2+a_3+a_4+\cdots+a_{n-1}+\frac{a_n}{2}}{n-1}=\frac{\frac{66}{2}+72+64+\frac{68}{2}}{4-1}=\frac{203}{3}=67.67(\text{百件})$$

此例应用 Excel 处理操作如下：

将原始资料输入 Excel 后，如图 5－4 所示。

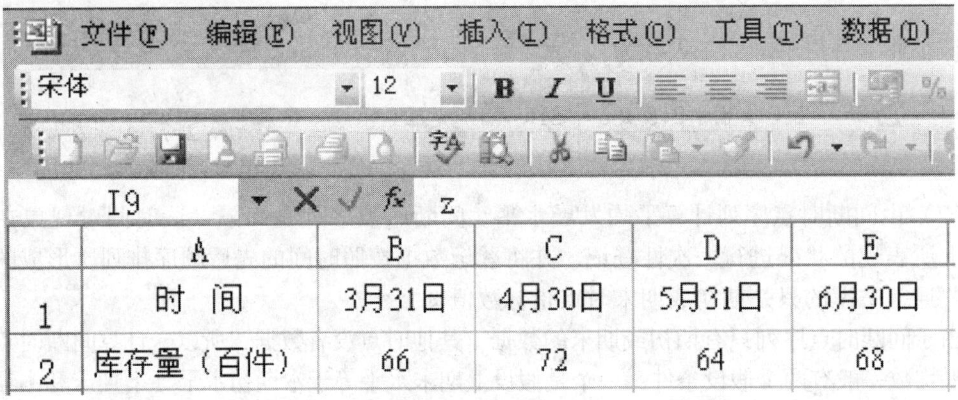

	A	B	C	D	E
1	时　间	3月31日	4月30日	5月31日	6月30日
2	库存量（百件）	66	72	64	68

图 5－4　某商业企业 2009 年第二季度某商品库存量

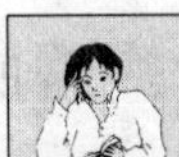

小思考　某仓库 1 月 1 日某产品库存为 1 800 吨，2 月 1 日为 2 000 吨，3 月 1 日为 2 100 吨，4 月 1 日为 1 940 吨。问该产品第一季度平均库存量是多少？

要计算库存量的序时平均数，可在 Excel 窗口中单击任一单元格，输入“＝SUM（B2/2，C2，D2，E2/2）/（4－1）”，确定得出结果 67.67（百件）。

② 由间隔不等的间断时点序列计算序时平均数。如果掌握了间隔不等的间断时点资料，则可用各时点间隔期长度（f）为权数，对各相应时点间隔期的平均水平加权，应用算术平均法计算平均发展水平。这种方法叫做“加权序时平均法”。其计算公式如下：

$$\bar{a}=\frac{\frac{a_1+a_2}{2}f_1+\frac{a_2+a_3}{2}f_2+\frac{a_3+a_4}{2}f_3+\cdots+\frac{a_{n-1}+a_n}{2}f_{n-1}}{f_1+f_2+f_3+\cdots+f_{n-1}} \tag{5-5}$$

【例 5－5】某企业 2009 年产品库存资料如表 5－9 所示。计算月平均库存量。

表 5 - 9 　　　　　　　　　　某企业 2009 年产品库存资料　　　　　　　　　　单位：台

时　　间	1 月 1 日	4 月 1 日	9 月 1 日	12 月 31 日
产品库存量	40	42	24	12

我们假定间隔的各时点之间指标数值是均匀变化的，则可利用加权序时平均法计算该企业 2009 年月平均库存量为：

$$\bar{a} = \frac{\dfrac{a_1+a_2}{2}f_1 + \dfrac{a_2+a_3}{2}f_2 + \dfrac{a_3+a_4}{2}f_3 + \cdots + \dfrac{a_{n-1}+a_n}{2}f_{n-1}}{f_1+f_2+f_3+\cdots+f_{n-1}}$$

$$= \frac{\dfrac{40+42}{2}\times 3 + \dfrac{42+24}{2}\times 5 + \dfrac{24+12}{2}\times 4}{12} = 30(台)$$

这里需要注意，由于两个假设条件与实际情况有差异，所以，根据间断时点数列计算的各间隔期平均数只是个近似值，它与实际平均数之间是有差异的，而且，间隔期越长，权数就越大，其平均数对时间数列的总平均水平的影响就越大，因此，为了计算结果尽量反映实际情况，间断时点数列的间隔期不宜过长。

此例应用 Excel 处理操作如下：

将原始资料输入 Excel 后，如图 5 - 5 所示。

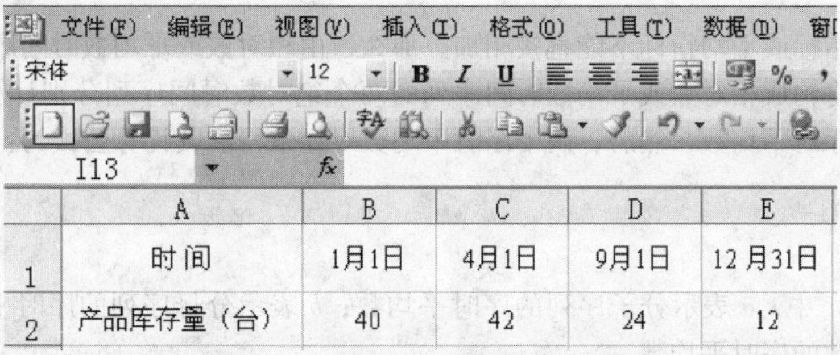

图 5 - 5 　某企业 2009 年产品库存资料

单击任一单元格，输入" = SUM((B2 + C2)/2 * 3，(C2 + D2)/2 * 5，(D2 + E2)/2 * 4)/(3 + 5 + 4))"，确定得出结果 30（台）。

案　例

某市 2008 年末人口数为 182 万人，2009 年国民生产总值为 392 062.5 万元，2009 年人口变动情况如表 5 - 10 所示：

表 5 - 10 　　　　　　　　　　　2009 年人口变动情况　　　　　　　　　　单位：万人

月　　份	1	4	7	10	12
月末人数	185	190	192	184	184

试求 2009 年该市平均人数及人均国民生产总值。

分析如下：

月末人数数列属于间隔不等的间断时点序列，2008 年末人口数 182 万人即为 2009 年 1 月初人口数（a_1），1 月末人口数 185 万人（a_2）。计算 f 时注意：时点不同，解析来求算 1 月初至 1 月末，$f_1 = 1$；时点相同，直接相减求算 f，1 月末至 4 月末，$f_2 = 4 - 1 = 3$⋯

所以，2009 年该市平均人口：

$$\bar{a} = \frac{\dfrac{a_1 + a_2}{2}f_1 + \dfrac{a_2 + a_3}{2}f_2 + \dfrac{a_3 + a_4}{2}f_3 + \cdots + \dfrac{a_{n-1} + a_n}{2}f_{n-1}}{\sum f}$$

$$= \frac{\dfrac{182 + 185}{2} \times 1 + \dfrac{185 + 190}{2} \times 3 + \dfrac{190 + 192}{2} \times 3 + \dfrac{192 + 184}{2} \times 3 + \dfrac{184 + 184}{2} \times 2}{12}$$

$$= 187.6（万人）$$

该市 2009 年人均国民生产总值为：$\dfrac{392\,062.5}{187.6} = 208.99$（元/人）

（二）由相对数时间序列或平均数时间序列计算序时平均数

由于相对数或平均数一般是由两个有联系的指标对比求得，用符号表示即 $c = \dfrac{a}{b}$，所以，各个相对指标或平均指标不能直接相加。那么，由相对数或平均数时间序列计算序时平均数，必须先将构成相对数或平均数时间序列的两个绝对数时间序列分别计算序时平均数，即分子分母的序时平均数，然后，两个序时平均数对比求得。其计算公式为：

$$\bar{c} = \frac{\bar{a}}{\bar{b}} \tag{5-6}$$

式（5-6）中，$\bar{a}$ 表示分子序列的序时平均数；$\bar{b}$ 表示分母序列的序时平均数；$\bar{c}$ 表示相对数或平均数的序时平均数。

应注意的是，在计算分子序列和分母序列的序时平均数时，首先必须分清分子、分母序列是属于时期序列，还是属于时点序列，然后分别计算各自的序时平均数。

【例 5-6】根据表 5-11 的资料，计算某商业企业某年销售额第四季度的月平均计划完成程度。

表 5-11　　　　　　　　　　某商业企业某年第四季度销售额计划完成情况

月　份	10	11	12
实际销售额（万元）（a）	560	620	660
计划销售额（万元）（b）	540	580	630
计划完成程度（%）（c）	103.7	106.9	104.8

在表 5-11 的资料中，计划销售额和实际销售额都是时期指标，要计算平均计划完成程度，首先必须求出其分子、分母的平均数，然后进行对比，而不能将各月的计划完成程度简单平均来计算，即：

$$\bar{c} \neq \frac{c_1 + c_2 + c_3}{3} = \frac{103.7 + 106.9 + 104.8}{3} = \frac{315.4}{3} = 105.13\%$$

第四季度月平均计划完成程度应为:

$$\bar{c} = \frac{\bar{a}}{\bar{b}} = \frac{\dfrac{\sum a}{n}}{\dfrac{\sum b}{n}} = \frac{\dfrac{560 + 620 + 660}{3}}{\dfrac{540 + 580 + 630}{3}} = \frac{613.33}{583.33} = 105.14\%$$

此例应用 Excel 处理操作如下:

将原始资料输入 Excel 后,如图 5-6 所示。

	A	B	C	D
1		10月	11月	12月
2	实际销售额（万元）（a）	560	620	660
3	计划销售额（万元）（b）	540	580	630
4	计划完成程度（%）（c）	103.7	106.9	104.8

图 5-6 某商业企业某年第四季度销售额计划完成情况

单击任一单元格,输入"=SUM（B2:D2）/SUM（B3:D3）",确定得出结果 105.14%。

【例 5-7】某超级市场 2009 年第四季度各月的商品流转次数等资料如表 5-12 所示,要求计算该商店月平均商品流转次数(商品流转次数等于商品流转额与月平均商品库存额之比)。

表 5-12 某商店商品流转次数资料

月 份	9	10	11	12
商品流转额（万元）（a）	—	1 500	1 800	2 000
月末商品库存额（万元）（b）	150	300	280	320
商品流转次数（次）（c）	—	6.667	6.207	6.667

在表 5-12 的资料中,计算平均商品流转次数时,必须求出其分子商品流转额(时期指标)、分母月末商品库存额(时点指标)的平均数,然后进行对比,即:

第四季度该商店月平均商品流转次数应为:

$$\bar{c} = \frac{\bar{a}}{\bar{b}} = \frac{\dfrac{\sum a}{n}}{\dfrac{\dfrac{b_1}{2} + b_2 + b_3 + \cdots + \dfrac{b_n}{2}}{n-1}} = \frac{\dfrac{1\ 500 + 1\ 800 + 2\ 000}{3}}{\dfrac{\dfrac{150}{2} + 300 + 280 + \dfrac{320}{2}}{4-1}} \approx 6.5(次)$$

此例应用 Excel 处理操作如下：

将原始资料输入 Excel 后，如图 5 - 7 所示。

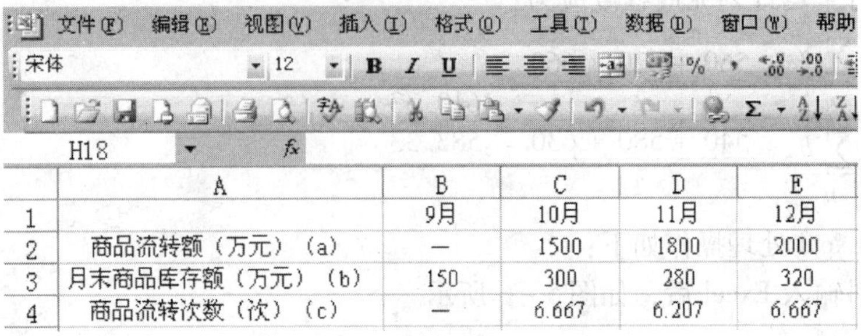

图 5 - 7　某商店商品流转次数资料

单击任一单元格，输入"＝SUM（C2∶E2）/SUM（B3/2，C3，D3，E3/2）"，确定得出结果 6.5 次。

💡 提示

计算相对数或平均数的序时平均数时，要先写出符合相对指标或平均指标含义的有关分子、分母指标，然后分别计算其序时平均数，再将分子和分母的序时平均数进行对比求得。如：

相对指标：利润率（c）＝利润额（a）/销售额（c）

平均利润率（$\bar{c}$）＝利润额序时平均数（$\bar{a}$）/销售额序时平均数（$\bar{b}$）

平均指标：劳动生产率（c）＝产品实物量（a）/工人数

平均劳动生产率（$\bar{c}$）＝产品实物量序时平均数（$\bar{a}$）/工人数序时平均数（$\bar{b}$）

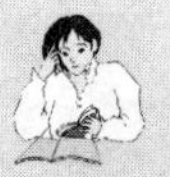

小思考　某公司 2009 年四个季度的工业增加值分别为：538 万元、592 万元、624 万元、636 万元；季末职工人数资料分别为：2 536 人、2 640 人、2 740 人、2 740 人（2006 年初职工人数为 2 520 人），该公司全年平均劳动生产率怎样计算？

三、增长量

增长量又称作增减量，用来说明现象在一定时期内增长或减少的绝对数量。增长量是一个绝对数，计算结果可正可负可为零，正数表示增加量，负数表示减少量，零表示现象维持原状。有些现象的变化以正值增长量为好，如产值、利润等；有些现象则以负增长量为好，如成本、费用等。其计算公式表示为：

增长量＝报告期水平 - 基期水平　　　　　　　　　　　　　　　　　　　（5 - 7）

由于比较基期的不同，增长量可分为逐期增长量和累计增长量两种。

（一）逐期增长量

逐期增长量是以报告期水平减去报告期前一期水平所计算的增长量。用来说明现象本期比上期增减的绝对数量。

逐期增长量＝报告期水平－前期水平 (5－8)

用符号表示为：$a_1-a_0, a_2-a_1, a_3-a_2, \cdots, a_n-a_{n-1}$

（二）累计增长量

累计增长量是报告期水平与某一固定基期水平（通常为最初水平）之差，用来反映现象在较长时期内的增减总量。用公式表示如下：

累计增长量＝报告期水平－固定期水平 (5－9)

用符号表示为：$a_1-a_0, a_2-a_0, a_3-a_0, \cdots, a_n-a_0$

（三）逐期增长量和累计增长量的关系

逐期增长量与累计增长量之间虽有区别，但也具有一定的数量关系，具体表现为：

1. 累计增长量等于各相应时期的逐期增长量之和。用公式表示为：

$$a_n-a_0=(a_1-a_0)+(a_2-a_1)+(a_3-a_2)+\cdots+(a_n-a_{n-1}) \quad (5-10)$$

2. 两相邻时期累计增长量之差等于相应时期的逐期增长量。用公式表示为：

$$(a_i-a_0)-(a_{i-1}-a_0)=a_i-a_{i-1}(i=1,2,3,\cdots,n) \quad (5-11)$$

【例5－8】以我国“十五”期间粮食产量的资料为例加以说明（见表5－13）

表5－13 **我国“十五”期间粮食产量增长情况** 单位：万吨

年 份	2000	2001	2002	2003	2004	2005
粮食产量	46 251	45 262	45 711	43 067	46 947	48 401
增长量：逐期	—	－989	449	－2 644	3 880	1 454
累计	—	－989	－540	－3 184	696	2 150

此例应用Excel处理操作如下：

将原始资料输入Excel后，如图5－8所示。

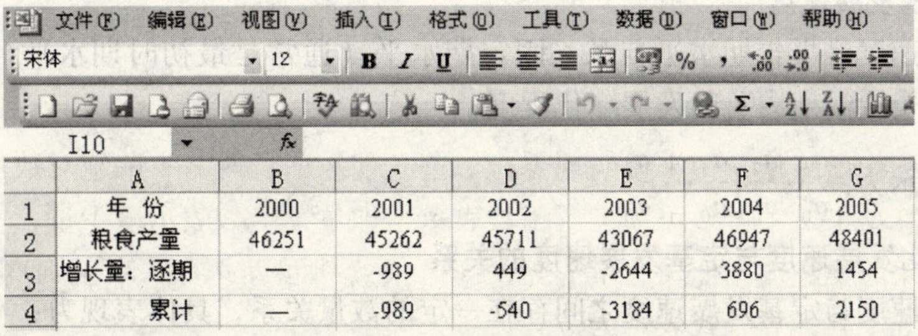

	A	B	C	D	E	F	G
1	年 份	2000	2001	2002	2003	2004	2005
2	粮食产量	46251	45262	45711	43067	46947	48401
3	增长量：逐期	—	-989	449	-2644	3880	1454
4	累计	—	-989	-540	-3184	696	2150

图5－8 我国“十五”期间粮食产量增长情况（单位：万吨）

首先计算逐期增长量。单击C3单元格，输入“＝C2－B2”，确定后计算出2001年逐期增长量－989万吨，然后，利用填充柄功能，分别计算出2002～2005年的逐期增长量。

再计算累计增长量。单击C4单元格，输入“＝C2－46251”，确定后计算出2001年累计增长量－989万吨，然后，利用填充柄功能，分别计算出2002～2005年的累计增长量。

四、平均增长量

平均增长量是指逐期增长量的平均数，用来反映现象在一定时期内平均每期比上期增减的数量。其计算公式为：

$$平均增长量 = \frac{各逐期增长量之和}{逐期增长量的个数} \tag{5-12}$$

$$或：平均增长量 = \frac{累计增长量}{时间数列项数 - 1} \tag{5-13}$$

根据表 5-13 资料，计算我国"十五"期间粮食产量的平均增长量为：

$$平均增长量 = \frac{各逐期增长量之和}{逐期增长量的个数} = \frac{-989 + 449 - 2\,644 + 3\,880 + 1\,454}{5} = 430（万吨）$$

$$或：平均增长量 = \frac{累计增长量}{时间数列项数 - 1} = \frac{2\,150}{6 - 1} = 430（万吨）$$

五、发展速度

发展速度是指某现象报告期水平与基期水平之比，表明现象发展变化的程度。发展速度属于动态相对数，可用倍数或百分数表示，其计算公式为：

$$发展速度 = \frac{报告期水平}{基期水平} \times 100\% \tag{5-14}$$

由于计算时采用的基期不同，发展速度分为环比发展速度和定基发展速度两种。

（一）环比发展速度

环比发展速度是报告期水平与前期水平之比。表明现象逐期的发展变动程度。

$$用符号表示为：\frac{a_1}{a_0}; \frac{a_2}{a_1}; \frac{a_3}{a_2} \cdots \frac{a_n}{a_{n-1}} \tag{5-15}$$

（二）定基发展速度

定基发展速度是报告期水平与某一固定期水平（通常是最初时期水平）的比值，用以说明现象在整个观察期内总的发展变化程度。

$$用符号表示为：\frac{a_1}{a_0}; \frac{a_2}{a_0}; \frac{a_3}{a_0} \cdots \frac{a_n}{a_0} \tag{5-16}$$

（三）环比发展速度与定基发展速度的关系

环比发展速度与定基发展速度之间存在一定的数量关系，具体表现为：

1. 定基发展速度等于相应时期的各环比发展速度的连乘积。用符号表示为：

$$\frac{a_n}{a_0} = \frac{a_1}{a_0} \times \frac{a_2}{a_1} \times \frac{a_3}{a_2} \times \cdots \times \frac{a_n}{a_{n-1}} \tag{5-17}$$

2. 两个相邻的定基发展速度之比等于相应的环比发展速度。用符号表示：

$$\frac{a_n}{a_0} \div \frac{a_{n-1}}{a_0} = \frac{a_n}{a_{n-1}} \tag{5-18}$$

了解这一数量关系，有利于我们进行发展速度的推算。

六、增长速度

增长速度是指增长量与基期水平之比，表明现象报告期水平比基期水平增长或降低的程度，又称为增长率，一般用百分数表示，其计算公式为：

$$增长速度 = \frac{增长量}{基期水平} \times 100\% = \frac{报告期水平 - 基期水平}{基期水平} \times 100\%$$

$$= 发展速度 - 100\%（或1） \qquad (5-19)$$

由此可见，增长速度与发展速度之间只差一个基数（即100%）。当发展速度大于1时，增长速度为正值，表明现象的增长程度；当发展速度小于1时，增长速度为负值，表明现象的降低程度。

同发展速度一样，由于计算时选择不同的基期，增长速度也分为环比增长速度和定基增长速度两种。

（一）环比增长速度

环比增长速度是逐期增长量与前期水平之比，说明现象逐期增减的程度。其计算公式为：

$$环比增长速度 = \frac{逐期增长量}{前期水平} \times 100\% = \frac{报告期水平 - 前期水平}{前期水平} \times 100\%$$

$$= 环比发展速度 - 100\%（或1） \qquad (5-20)$$

（二）定基增长速度

定基增长速度是累计增长量与固定基期水平之比，说明现象在整个观察期内总的增减变化程度。其计算公式为：

$$定基增长速度 = \frac{累计增长量}{固定期水平} \times 100\% = \frac{报告期水平 - 固定期水平}{固定期水平} \times 100\%$$

$$= 定基发展速度 - 100\%（或1） \qquad (5-21)$$

七、平均发展速度和平均增长速度

（一）平均发展速度

平均发展速度是指被研究现象在一段时间内各环比发展速度的平均数，说明某种现象在一个较长时期中逐期平均发展变化的程度。

平均发展速度通常采用两种方法计算，即几何平均法和方程式法，两种计算方法应用条件各不相同，在此，主要介绍几何平均法。

1. 几何平均法（又称水平法）。按这种方法计算平均发展速度的数理依据是：从最初水平出发，按平均发展速度逐期发展，经过 n 期后即可达到末期的发展水平。由于各环比发展

> **小思考** 某地区农业产值2009年比2008年增长50%、2008年比2007年增长30%、2007年比2006年增长15%，那么2009年比2006年增长百分之几？

速度的连乘积等于第 n 期的定基发展速度（又称总速度），故其平均速度只能用几何平均法计算：

设 $\bar{x}$ 代表平均发展速度，x 代表各环比发展速度，n 代表各环比发展速度的项数，$\prod$ 代表连乘符号，其计算公式为：

$$平均发展速度\ \bar{x} = \sqrt[n]{x_1 \cdot x_2 \cdot x_3 \cdot \cdots \cdot x_n} = \sqrt[n]{\prod x} \qquad (5-22)$$

$$\bar{x} = \sqrt[n]{\frac{a_1}{a_0} \cdot \frac{a_2}{a_1} \cdot \frac{a_3}{a_2} \cdot \cdots \cdot \frac{a_n}{a_{n-1}}} = \sqrt[n]{\frac{a_n}{a_0}} \qquad (5-23)$$

$$\bar{x} = \sqrt[n]{R} \qquad (5-24)$$

式（5-22）、式（5-23）和式（5-24）虽然计算形式有所不同，但实质一样，可以根据所掌握的资料的不同，选择应用。如果所掌握的资料是各年的环比发展速度，用式（5-22）；如果掌握的资料是最初水平和最末水平或各期发展水平，用式（5-23）；如果已知末期的定基发展速度（总速度），则用式（5-24）。现举例说明如下：

【例 5-9】已知某地区社会消费品零售总额 2005~2009 年各年的环比发展速度分别为 113.7%，117.7%、128.4%、130.5%、126.8%，其年平均发展速度为：

$$\bar{x} = \sqrt[n]{\prod x}$$
$$= \sqrt[5]{113.7\% \times 117.7\% \times 128.4\% \times 130.5\% \times 126.8\%}$$
$$= \sqrt[5]{2.843}$$
$$= 123.24\%$$

此例应用 Excel 处理操作如下：

将原始资料输入 Excel 后，如图 5-9 所示。

单击任一单元格，插入函数，选择函数 GEOMEAN，如图 5-10 所示：

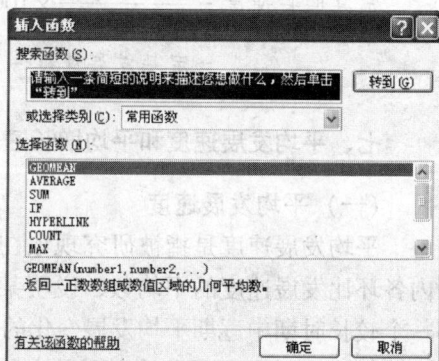

图 5-9 某地区社会消费品零售总额发展速度资料

图 5-10 插入函数对话框

确定后进入 GEOMEAN 函数参数设置对话框，如图 5-11 所示：

在 Number1 栏内输入环比发展速度所在区域（B2:F2），确定后即求得平均发展速度 123.24%。

【例 5-10】接前例，已知该地区社会消费品零售总额 2000 年为 7 250.3 亿元，2005 年

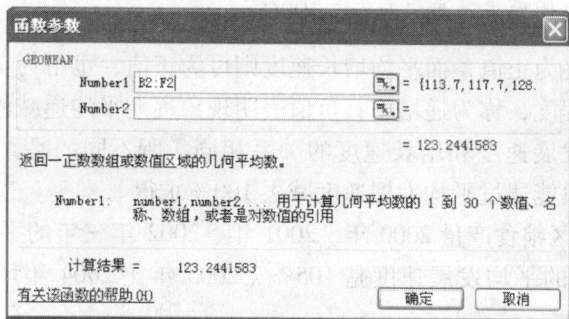

图 5 – 11　参数设置对话框

为 20 620.0 亿元，其年平均发展速度为：

$$\bar{x} = \sqrt[5]{\frac{a_n}{a_0}} = \sqrt[5]{\frac{20\ 620.0}{7\ 250.3}} = \sqrt[5]{2.844} = 123.2\%$$

此例应用 Excel 处理可用对数函数 LOG 计算。计算出平均发展速度的对数后，查反对数表或用"附件"中的科学型计算器求得对数的真数即平均发展速度。

【例 5 – 11】接前例，已知我国社会消费品零售总额 2000～2005 年的总发展速度（即 2005 年的定基发展速度）为 284.4%，其年平均发展速度为：

$$\bar{x} = \sqrt[5]{R} = \sqrt[5]{284.4\%} = 123.2\%$$

计算结果表明，用式（5 – 22）、式（5 – 23）和式（5 – 24）对同一现象计算平均发展速度，其计算结果相同（有时出现小数不一致的情况，属计算过程中四舍五入的因素造成）。

用水平法计算平均发展速度，侧重于考察中长期计划的末期发展水平，适宜于计算诸如钢铁、粮食、煤炭产量以及国民生产总值等水平指标的平均发展速度。

2. 方程式法（又称累计法）。有时，我们对现象发展变化情况的观察，侧重于考察现象在整个观察期内发展水平的总和，即 $\sum a$。它是在最初水平的基础上，按照各期的环比发展速度来发展变化，经过逐期累计，到观察期末累计得到整个观察期发展水平的总和 $\sum a$。这时，计算平均发展速度就需要采用方程式法，其公式如下：

> **小思考**　已知 2000 年某地国民收入为 572 亿元，若以平均每年增长 5% 的速度发展，到 2010 年国民收入将达到什么水平？

$$\bar{x} + \bar{x}^2 + \bar{x}^3 + \cdots + \bar{x}^n = \sum_{i=1}^{n} a_i / a_0$$

（二）平均增长速度

平均增长速度是指各环比增长速度的平均数，它说明某种现象在一个较长时期内逐期平均增减变化的程度，又称递增率或递减率。

平均增长速度与平均发展速度之间存在以下关系：

平均增长速度 = 平均发展速度 - 1（或 100%）　　　　　　　　　　　　（5-25）

平均发展速度始终为正值，而平均增长速度则可为正值，也可为负值。正值表明现象在一段时期内平均递增程度，称为递增率；负值表明现象逐期平均递减程度，称为递减率。

这与前面讲过的发展速度和增长速度的关系相同，所不同的是，增长速度可以直接计算，而平均增长速度只能通过平均发展速度减去 100% 求得。

【例 5-12】某地区粮食产量 2000 年、2001 年、2002 年三年的平均发展速度是 103%，2003 年、2004 年两年的平均发展速度是 105%，2005 年比 2004 年增长 6%，试求 1999～2005 年的平均增长速度。

∵ 平均发展速度 $\bar{x} = \sqrt[\Sigma f]{\pi x^f} = \sqrt[6]{(1.03)^3 \times (1.05)^2 \times 1.06} = 104.2\%$

∴ 平均增长速度 = 平均发展速度 - 1（或 100%）= 104.2% - 1 = 4.2%

八、增长 1% 绝对值

小思考　假定有甲、乙两个企业，其生产条件基本相同，两个企业的利润额 2008 年分别为 500 万元、60 万元，2009 年分别为 600 万元、84 万元；两个企业利润额的增长率 2009 年与 2008 年对比分别为 20% 和 40%，两个企业哪一个生产经营业绩好？

进行动态分析时，不仅要看现象增长的百分点，还要看每个百分点所包含的绝对值。增长 1% 的绝对值就是将相对数与绝对数结合起来进行分析的指标。增长 1% 的绝对值，可用逐期增长量除以相应环比增长速度百分点计算，也可直接用前一期水平除以 100 来计算，表明按前一期水平，报告期每增长 1% 所增加的绝对数。

$$增长 1\% 绝对值 = \frac{逐期增长量}{环比增长速度 \times 100}$$

$$= \frac{报告期前期水平}{100}$$　　　　（5-26）

一般来说，基期水平越高，发展速度提高 1% 所包含的绝对量就越多，反之，则发展速度提高 1% 所包含的绝对量就越低。

第三节　时间序列的构成因素分析法

一、影响时间序列的主要因素

时间序列中各项发展水平是由许多复杂因素共同作用的结果，其影响因素按性质不同大致可归纳为四大类：

（一）长期趋势因素

长期趋势因素是指在较长时间内比较稳定的、经常起作用的根本性因素。长期趋势是指现象在一段较长的时间内，由于普遍的、持续的、决定性的基本因素的作用，使发展水平沿着一个方向，逐渐向上或向下变动的趋势。认识和掌握事物的长期趋势，可以把握事物发展变化的基本特点。

（二）季节因素

季节因素是引起现象在较短时间（一年、一季度、一月、一周、一天）内出现周期性变动的因素。其变动特点是在一年或更短的时间内随着时序的变更，使现象呈周期重复的变化。季节因素在短时间内对现象的影响是显著的，但最多在连续一年的时间内。

（三）循环因素

循环因素是指使现象发生周期较长的、涨落起伏交替变动的因素。它与季节因素的影响有明显的不同，也不同于使现象朝着单一方向持续发展的长期趋势因素。它使得现象变动的周期通常在一年以上，各期始末亦难确定，上下波动的程度也不尽相同。例如，由于生产关系改革滞后所引起的周期经济危机就是循环变动，生产关系就是一种循环因素。

（四）偶然因素

偶然因素是指在目前科学技术条件下还不能预测或控制的因素。它具有局部性、临时性、非决定性和影响方向不确定性的特点。偶然因素影响是不以人的意志为转移的，是无法预知和控制的。

一般来说，现象的发展变化是上述四种因素共同作用或部分作用的结果，时间序列分析的任务就是采用科学的方法，将各个因素影响的变动分别测定出来，以掌握其发展变化的规律，为科学预测和决策提供依据。本教材只介绍长期趋势因素和季节因素的测定。

二、长期趋势的测定与分析

现象发展长期趋势分析的任务，就是排除外在因素的影响，研究由内在因素所决定的现象发展变动的总趋势，以反映现象发展变化的趋向，掌握现象变化的规律，为经营决策和制定长远规划提供依据。

测定长期趋势的分析方法很多，这里主要介绍时距扩大法、移动平均法和数学模型法三种。

（一）时距扩大法

当时间序列的各个指标之间存在着某些上下波动的情况，而使长期趋势表现得不甚明显时，可通过扩大序列中的各个指标所属时期的方法，对原时间序列加以整理，使新形成的序列能明显地反映现象的发展趋势。它包括以下两种方法：

1. 时距扩大总数法。首先把扩大后的各时距内包含的原序列的指标值分别汇总，再把扩大后的时距和汇总后的结果重新编制动态数列的方法。它适用于时期序列。

【例 5 - 13】现以某企业 2009 年的某产品产量资料如表 5 - 14 所示为例予以说明。

表 5 - 14　　　　　　　　　　某企业 2009 年的某产品产量　　　　　　　　　　单位：万吨

月　份	1	2	3	4	5	6	7	8	9	10	11	12
产量	422	416	428	433	426	420	429	444	447	466	460	446

从表 5 - 14 可以看出，由于多种因素的影响，各月产量波动较大，不能清楚地反映出生产增长趋势。若将上表资料的时距扩大为季度，就可以消除因时距过短而受偶然因素的影响所出现的波动，呈现出该产品产量逐期增长的总趋势，如表 5 - 15 所示。

表 5 – 15   某企业 2009 年各季度某产品产量   单位：万吨

时　间	第一季度	第二季度	第三季度	第四季度
总产量	1 266	1 279	1 320	1 372

2. 时距扩大平均数法。首先把扩大后的各时距内包含的原序列的指标值分别平均，再把扩大后的时距和所得的平均值重新编制动态序列。它适用于时期序列和时点序列，也适用于相对数时间序列和平均数时间序列。

【例 5 – 14】仍以表 5 – 14 资料为例编制时距扩大平均数的时间序列，见表 5 – 16。

表 5 – 16   某企业 2009 年各季度某产品的平均产量   单位：万吨

时　间	第一季度	第二季度	第三季度	第四季度
平均产量	422.00	426.33	440.00	457.33

上述两例中，新序列比较明显地反映出该产品产量是逐季增加的。

运用时距扩大法时要注意两点：一是扩大的时距要相等，这样才便于对比分析；二是时距扩大的长短要适宜。时距太短，不能消除外在偶然因素的影响；时距过长，又会掩盖现象在不同时期发展变化的差异，看不出现象发展趋势中的具体变化。

（二）移动平均法

移动平均法实质上是时距扩大法的改良。首先把原有序列的时距扩大，然后采用逐项递移的办法，计算出一系列移动的序时平均数，得出的序时平均数构成一个新的时间序列。这种方法可消除偶然因素的影响，使现象的发展趋势清晰地显现出来。

【例 5 – 15】现以某商场 2000～2009 年商品销售额资料为例，按移动平均法编制新的时间序列，如表 5 – 17 所示。

将某企业 2000～2009 年商品销售额资料分别作三项（年）和四项（年）移动平均。

表 5 – 17   某商场 2000～2009 年商品销售额资料   单位：亿元

年　份	序　号	商品销售额	三项移动平均	四项移动平均	四项移动正位平均
甲	乙	(1)	(2)	(3)	(4)
2000	1	9.60	—	—	—
2001	2	10.66	11.26	—	—
2002	3	13.52	12.98	12.14	12.57
2003	4	14.76	13.79	13.00	13.42
2004	5	13.08	13.95	13.84	14.03
2005	6	14.00	14.04	14.22	14.66
2006	7	15.04	15.77	15.10	15.71
2007	8	18.28	17.09	16.32	16.91
2008	9	17.96	18.31	17.50	—
2009	10	18.70	—	—	—

1. 三项（年）移动平均。

第一个平均数 $= \dfrac{9.6 + 10.66 + 13.52}{3} = 11.26$ 对正第二项的原值（即对应于 2001 年）；

第二个平均数 $= \dfrac{10.66 + 13.52 + 14.76}{3} = 12.98$ 对正第三项的原值（即对应于 2002 年）；

依次类推，边移动、边平均，求得三项移动平均新数列共 8 项。

2. 四项（年）移动平均。

第一个平均数 $= \dfrac{9.6 + 10.66 + 13.52 + 14.76}{4} = 12.14$ 对着第二项与第三项的中间；

第二个平均数 $= \dfrac{10.66 + 13.52 + 14.76 + 13.08}{4} = 13.00$ 对着第三项和第四项的中间；

依次类推，边移动、边平均，求得四项移动平均新序列共 7 项。由于每个指标数值和原动态数列错半期，无法直接进行对比，还必须进行一次正位平均。即再进行一次两项移动平均，这样新序时平均数序列的各期数值才能和原动态数列对准。形成新的 4 项正位平均序列共 6 项。

从表 5 - 17 的计算结果可以看出，移动平均可以使时间序列中短期的偶然因素弱化，整个数列被修匀得更加平滑，波动趋于平稳。

值得注意的是，用移动平均法修匀后得到的新序列趋势值的项数比原序列的实际项数减少了。因此，用移动平均法分析长期趋势时移动周期不要确定得太长，否则资料缺项较多，以致影响分析的效果。

在 Excel 中，可以使用 AVERAGE 函数结合使用填充柄功能计算移动平均趋势值，也可以使用数据分析工具中的"移动平均"工具。下面以【例 5 - 15】资料为例，说明移动平均工具的操作方法。

首先，将年份和产量输入表中 A、B 两列，然后，在【工具】菜单中单击【数据分析】选项，从其对话框的【分析工具】列表中选择【移动平均】如图 5 - 12 所示，按【确定】进入【移动平均】对话框，如图 5 - 13 所示。

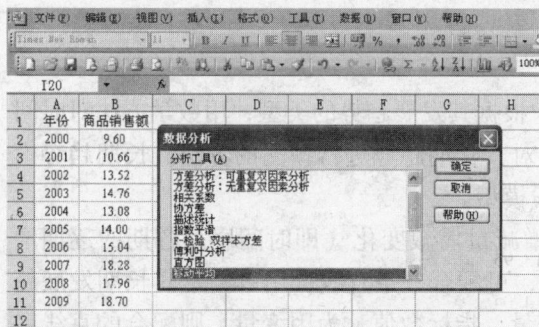

图 5 - 12　数据输入及"移动平均"工具选择

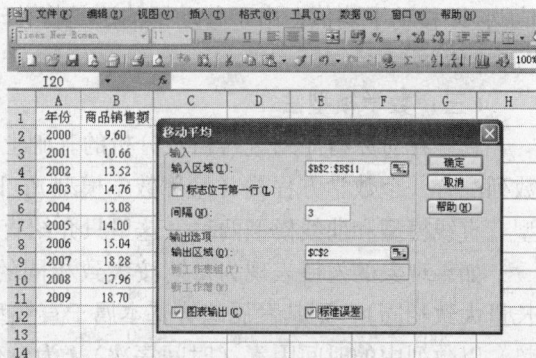

图 5 - 13　移动平均对话框

在【移动平均】对话框中进行以下操作：

（1）在【输入区域】框中键入数据所在的单元格区域，本例为 B2：B11。

（2）在【间隔】框中键入移动平均的时间长度，此题以 3 为例，可键入 3。系统默认为

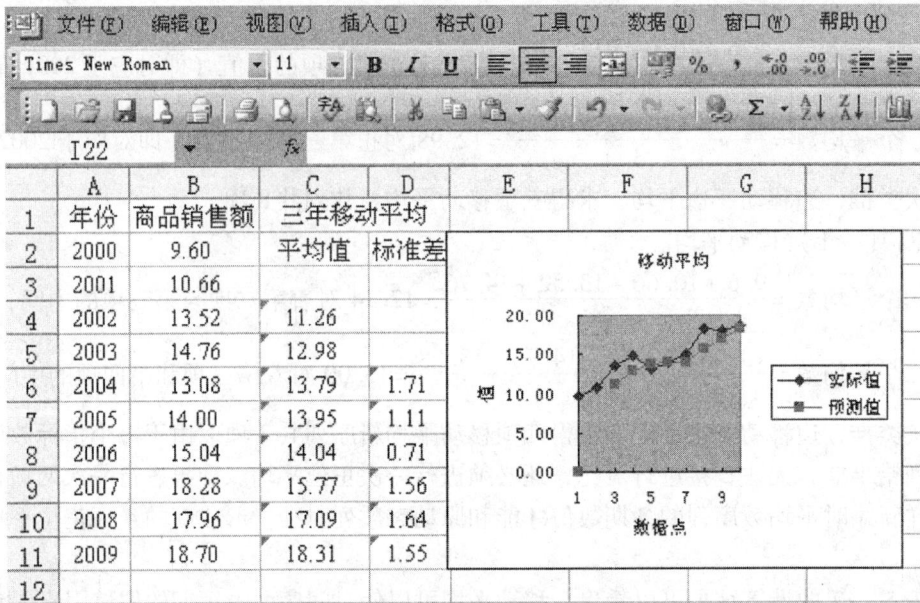

图 5 – 14 利用移动平均工具计算的结果

3，如要进行 3 年移动平均，也可省略。

（3）在【输出区域】框内，键入放置计算结果区域左上角的单元格行列号，本例键入 C2。如果需要在给出移动平均值的同时给出原始数据的标准差，可选定【标准误差】复选框；若还要给出移动平均统计图，可选定【图标输出】复选框。

完成以上操作后回车确认，即在指定的区域输出计算结果，如图 5 – 14 所示。

关于 Excel 中的【移动平均】的计算，需要说明两点：一是移动平均值的位置不是在被平均的 N 项数值的中间位置，而是直接排放在这 N 个时期的最后一期，这一点与通常意义上移动平均值应排放在 N 时期的中间时期有所不同。二是图 5 – 14 图例说明中的"趋势值"，即移动平均值，由于移动平均法是将移动平均值作为趋势估计值的。所以也将其称为"趋势值"。

（三）数学模型法

它是在对原有序列进行初步分析的基础上，根据其发展趋势的类型，用数学方法对时间数列配合一个数学方程式（又称数学模型），以对其长期趋势进行预测的方法。长期趋势模型有直线模型和曲线模型两种，这里只介绍直线模型。

如果现象的发展表现为每期按大致相同的增减量增减变化（即时间序列各期的逐期增长量大致相同），则其发展趋势基本属于直线型，可配合一条直线，用以测定其长期发展趋势。以数列中的时间因素（时间序次）t 为自变量，指标数值 y 为因变量，则配合的直线趋势方程为：

$$y_c = a + bt$$

式中，y_c 表示趋势值或理论值；a、b 表示这条直线方程的两个参数。

计算参数 a、b，常用的方法是最小平方法。最小平方法又称最小二乘法，是配合趋势直线最理想的一种方法。

最小平方法的基本原理是：要求配合的长期趋势直线的理论值与原数列的实际值之间的离差平方和为最小。即：

$$\sum (y - y_c)^2 = 最小值$$

将直线方程 $y_c = a + bt$ 代入式（5-27）得

$$\sum (y - a - bt)^2 = 最小值$$

令：$Q = \sum (y - a - bt)^2$

将 $Q = \sum (y - a - bt)^2$ 看成是两个变量 a 和 b 的函数。为使 $Q = \sum (y - a - bt)^2$ 具有最小值，则其对 a 和 b 的偏导数应等于 0，即：

$$\frac{\partial Q}{\partial a} = -2 \sum (y - a - bt) = 0$$

$$\frac{\partial Q}{\partial b} = 2 \sum (y - a - bt)(-t) = 0$$

整理之，即得：

$$\sum y - a - b \sum t = 0$$

$$\sum ty - a \sum t - b \sum t^2 = 0$$

于是，得出求解两个参数 a、b 的标准方程组：

$$\begin{cases} \sum y = a + b \sum t \\ \sum ty = a \sum t + b \sum t^2 \end{cases}$$

解之得：
$$\begin{cases} b = \dfrac{n \sum ty - \sum t \sum y}{n \sum t^2 - \left(\sum t\right)^2} \\ a = \dfrac{\sum y - b \sum t}{n} = \bar{y} - b\bar{t} \end{cases} \tag{5-27}$$

式（5-27）中，n 表示时间序列的项数。

【例 5-16】某企业 2003~2009 年的产品销售额资料如表 5-18 所示，试用最小平方法建立直线趋势预测方程，并预测 2010 年的产品销售额。

表 5-18　　　　　　　　　　　某企业 2003~2009 年产品销售额　　　　　　　　　　　单位：万元

年　份	2003	2004	2005	2006	2007	2008	2009
产品销售额	451	494	517	526	542	596	628

根据上述资料计算有关数据见表 5-19。

表 5-19   最小平方法计算表

年　份	销售额（y）	年份序号(t)	t^2	ty
2003	451	1	1	451
2004	494	2	4	988
2005	517	3	9	1 551
2006	526	4	16	2 104
2007	542	5	25	2 710
2008	596	6	36	3 576
2009	628	7	49	4 396
合　计	3 754	28	140	15 776

运用最小平方法求解参数 a、b 的值得：

$$b = \frac{n\sum ty - \sum t \sum y}{n\sum t^2 - (\sum t)^2} = \frac{7 \times 15\,776 - 28 \times 3\,754}{7 \times 140 - 28^2} = \frac{5\,320}{196} = 27.143$$

$$a = \frac{\sum y - b\sum t}{n} = \bar{y} - b\bar{t} = 536.286 - 27.143 \times 4 = 427.714$$

将 a、b 之值代入直线趋势方程即得：$y_c = 427.714 + 27.143t$

将 2010 年的时间序号 $t = 8$ 代入直线趋势预测方程，即得 2010 年产品销售额的预测值：

$$y_{2010} = 427.714 + 27.143 \times 8 = 644.858(亿元)$$

应用 Excel 配合直线方程可采用三种方法，以【例 5-16】资料为例，分别介绍如下：

1. 使用公式计算。设置参数计算表，使用 Excel 的输入公式和填充柄功能，计算出参数，从而形成趋势直线方程。操作方法如下：

将原始资料输入 Excel，输入年序号后，计算 D 列和 E 列。单击 D2，输入"= C2*C2"，并用填充柄功能计算 D3~D8；再计算 E 列，单击 E2，输入"= B2*C2"，并用填充柄功能计算 E3~E8；最后计算 B、C、D、E 列的合计数，单击 B9，输入"= SUM（B2：B8）"得 3754，再次利用填充柄功能计算 C、D、E 各列的合计数。

下面计算参数 a、b：先计算 b，单击任一单元格，输入"=（7*E9—C9*B9）/（7*D9—C9*C9）"，确定后即得 b 的值为 27.14。再计算 a，单击任一单元格，输入"= B9/7 - 27.14*C9/7"得 a 的值 427.73。于是建立直线趋势方程：$y_c = 427.73 + 27.14t$。Excel 计算如图 5-15 所示。

2. 使用函数配合趋势直线。在 Excel 中，使用 INTERCEPT 函数求截距，SLOPE 函数求斜率，从而形成趋势方程。具体操作如下：

（1）将数据输入表格，如图 5-16 所示。

图 5-15　最小平方法计算数据

图 5-16　录入某企业 2003~2009 年产品销售额数据

（2）点击 "f_x" 打开【插入函数】对话框，选择【统计】类中的 "INTERCEPT" 函数，回车打开其对话框，如图 5-17 所示。

（3）在 "INTERCEPT" 对话框的 "Known-y's" 框中输入 "B2:B8"，在 "Known-x's" 框中输入 "C2:C8"，对话框即显示截距的计算结果为 427.7142857，如图 5-18 所示。

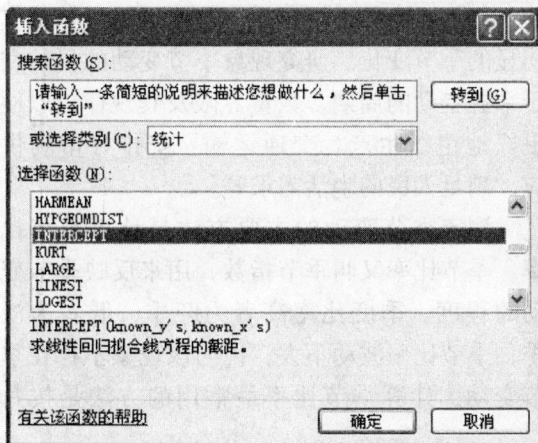

图 5-17　插入 "INTERCEPT" 函数对话框

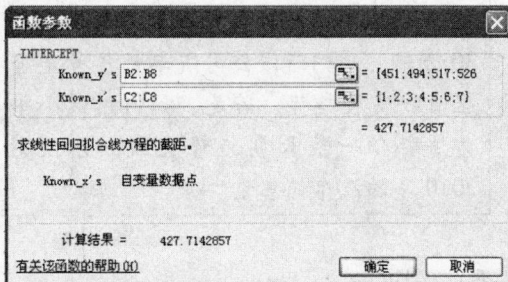

图 5-18　计算截距（参数 a）设置对话框

（4）再用同样的步骤打开 "SLOPE" 对话框，照此操作，得到斜率为 27.14285714，如图 5-19 和图 5-20 所示。

可见，使用函数比输入公式计算参数简便快捷的多。

3. 使用数据分析工具进行直线趋势分析。使用数据分析工具，可以一次性给出参数、标准误差、各年趋势值，同时给出趋势线图。这种方法比用函数更简便、给出的信息更多。操作方法与一元线性回归分析的方法相同，只是自变量要改为时间顺序，具体可参照第六章直线回归分析中介绍的方法。

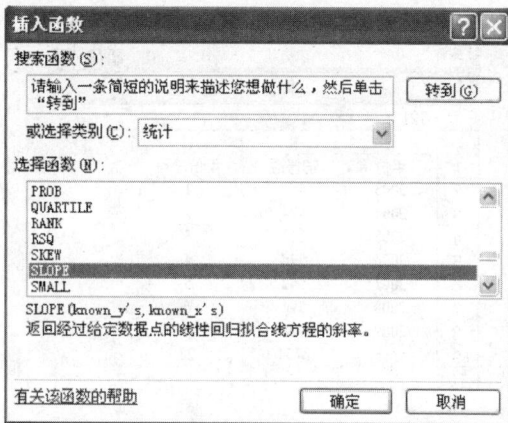

图 5－19 插入"SLOPE"函数对话框

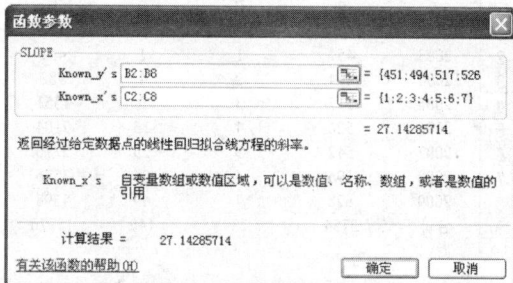

图 5－20 计算斜率（参数 b）设置对话框

三、季节变动的测定与分析

季节变动是指某些现象在一年内，由于受季节更替的影响而产生的一种有规则性的变化。例如，商品的销售量、交通运输量等都有明显的季节变化。研究现象季节变动的目的在于掌握变动的周期、数量界限及其规律，以便更好地组织生产、交通运输、安排好市场供应、满足人民的生活需求等。

小思考 某汽车制造公司 2004～2009 年汽车销售量分别为：20 万辆、22 万辆、24 万辆、26 万辆、28 万辆、30 万辆，试判断该公司汽车销售量是否呈直线发展趋势，若是，如何用最小平方法配合一条长期趋势直线，并预测 2010 年的汽车销售量。

测定季节变动的主要方法是计算季节比率。季节比率又叫季节指数，用来反映季节变动的程度。季度比率高者为旺季，低者为淡季，季节比率波动不大，说明该现象不存在季节变动，计算季节比率最常用的方法是按月（季）平均法。

利用按月（季）平均法测定季节变动，需要根据若干年的分月（季）资料，计算出同月（季）平均数和所有月（季）的总平均数，然后，分别用各月（季）平均数与所有月（季）的总平均数相对比，求得各月（季）的季节比率。其计算公式为：

$$季节比率（\%）= \frac{同月（季）平均数}{月（季）总平均水平} \qquad (5-28)$$

各月（季）的季节比率总和应该为 1 200%（400%）。若不等于 1 200%（400%），则需要进一步计算调整系数，并用调整系数与各月份（季度）季节比率相乘进行调整。调整系数可按以下公式计算：

$$调整系数 = \frac{1\,200\%（400\%）}{调整前的季节比率之和} \qquad (5-29)$$

【例 5－17】某商店某种商品近年来各季度销售额资料如表 5－20。

表 5-20　　　　某商品销售额季节指数计算表　　　　单位：万元

年　份	1 季度	2 季度	3 季度	4 季度	合计
2005	3	5	13	17	38
2006	4	6	14	14	39
2007	7	8	16	20	51
2008	8	10	19	25	62
2009	10	12	22	28	72
合　计	32	41	84	105	262
季平均	6.40	8.20	16.80	21	13.10
季节指数（%）	48.85	62.60	128.24	160.31	400

计算结果说明：该商店这种商品的销售额，第一季度最低为 48.84%，第二季度略升，第三、第四季度大幅度上升，其中第四季度最高为 160.31%。这一信息明显地反映了季节的变动对商品零售额的影响，掌握这一规律，对商业企业合理组织货源，有效地使用资金，提高企业的经济效益具有十分重要的意义。

此例应用 Excel 处理可采用输入公式结合填充柄功能，将季节指数计算出来。具体操作如下：

（1）将原始资料输入 Excel A、B、C、D、E 五列后，首先计算五年的同季合计数和同季平均数。单击 B7，输入“ = SUM（B2:B6）”得 32，并用填充柄功能计算第二、三、四季度的同季合计数；再单击 B8，输入“ = B7/5”得 6.40，用填充柄功能计算第二、三、四季度的同季平均数。

（2）计算五年总的季平均数。单击 F2，输入“ = SUM（B2:E2）”得 38，用填充柄功能分别计算 2006 ~ 2009 年各年的合计数及五年总的合计数。单击 F8，输入“ = F7/20”得五年总的季平均数 13.10。

（3）计算季节指数。单 B9，输入“ = B8/13.10 * 100”得 48.85%，用填充柄功能分别计算第二、三、四季度的季节指数。Excel 计算如图 5-21 所示：

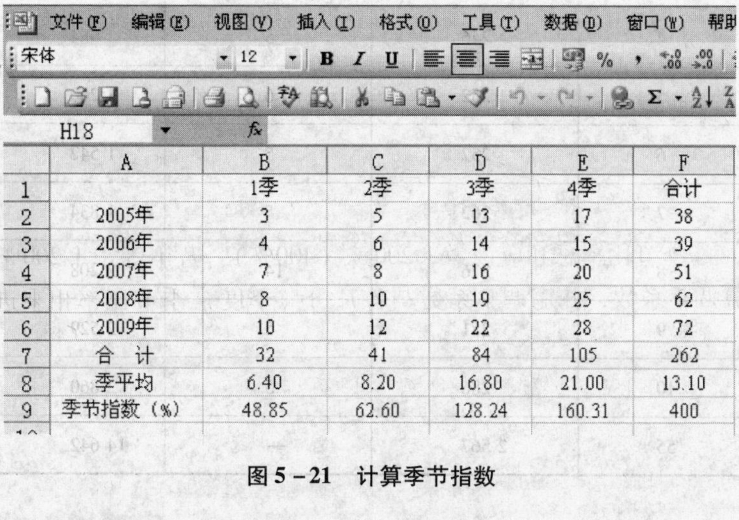

	A	B	C	D	E	F
1		1季	2季	3季	4季	合计
2	2005年	3	5	13	17	38
3	2006年	4	6	14	15	39
4	2007年	7	8	16	20	51
5	2008年	8	10	19	25	62
6	2009年	10	12	22	28	72
7	合　计	32	41	84	105	262
8	季平均	6.40	8.20	16.80	21.00	13.10
9	季节指数（%）	48.85	62.60	128.24	160.31	400

图 5-21　计算季节指数

案 例

某日用化工厂历年洗衣粉总产量资料如表5-21所示，请检查该厂洗衣粉产量发展趋势是否接近直线型？假如是，请用最小平方法配合直线方程，并预测该厂2010年和2011年的洗衣粉产量。

表5-21　　　　　　　　　　某日用化工厂历年洗衣粉总产量资料

年　份	产　量	年　份	产　量
2000	230	2005	257
2001	236	2006	262
2002	241	2007	276
2003	246	2008	281
2004	252	2009	286

分析如下：

根据表5-21的资料，计算有关数据如表5-22：

表5-22　　　　　　　　　　最小平方法计算表

年　份	t	产量(万千克) y	逐期增长量(万千克) $y_i - y_{i-1}$	ty_2	t_2
2000	1	230	—	230	1
2001	2	236	6	472	4
2002	3	241	5	723	9
2003	4	246	5	984	16
2004	5	252	6	1 260	25
2005	6	257	5	1 542	36
2006	7	262	5	1 834	49
2007	8	276	14	2 208	64
2008	9	281	5	2 529	81
2009	10	286	5	2 860	100
合计	55	2 567	—	14 642	385

从表 5 - 22 可知各年的逐期增长量基本相同，因此，该厂洗衣粉产量发展趋势接近直线型。根据最小平方法，利用上表资料，计算 a、b 数值：

$$b = \frac{n\sum ty - \sum t \sum y}{n\sum t^2 - (\sum t)^2} = \frac{10 \times 14\,642 - 55 \times 2\,567}{10 \times 385 - 55^2} = \frac{5\,235}{825} = 6.35$$

$$a = \frac{\sum y - b\sum t}{n} = \bar{y} - b\bar{t} = 256.7 - 6.35 \times 5.5 = 221.78$$

所以，配合的直线方程为：$y_c = 221.78 + 6.35t$

分别将 $t = 11$、$t = 12$ 代入上式预测 2010 年和 2011 年的洗衣粉产量。

$y_{2010} = 221.78 + 6.35 \times 11 = 291.63$（公斤）

$y_{2011} = 221.78 + 6.35 \times 12 = 297.98$（公斤）

【本章知识架构图】

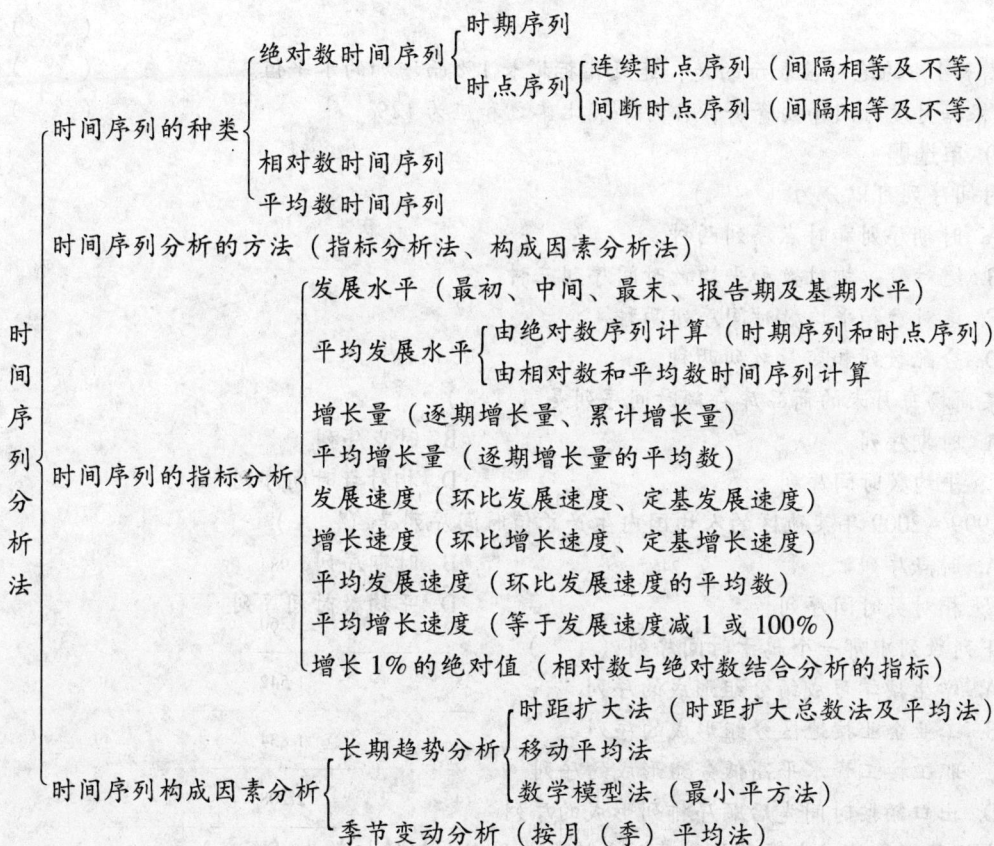

时间序列分析法
- 时间序列的种类
  - 绝对数时间序列
    - 时期序列
    - 时点序列
      - 连续时点序列（间隔相等及不等）
      - 间断时点序列（间隔相等及不等）
  - 相对数时间序列
  - 平均数时间序列
- 时间序列分析的方法（指标分析法、构成因素分析法）
- 时间序列的指标分析
  - 发展水平（最初、中间、最末、报告期及基期水平）
  - 平均发展水平
    - 由绝对数序列计算（时期序列和时点序列）
    - 由相对数和平均数时间序列计算
  - 增长量（逐期增长量、累计增长量）
  - 平均增长量（逐期增长量的平均数）
  - 发展速度（环比发展速度、定基发展速度）
  - 增长速度（环比增长速度、定基增长速度）
  - 平均发展速度（环比发展速度的平均数）
  - 平均增长速度（等于发展速度减 1 或 100%）
  - 增长 1% 的绝对值（相对数与绝对数结合分析的指标）
- 时间序列构成因素分析
  - 长期趋势分析
    - 时距扩大法（时距扩大总数法及平均法）
    - 移动平均法
    - 数学模型法（最小平方法）
  - 季节变动分析（按月（季）平均法）

【综合自测题】

一、知识题

（一）判断题

1. 发展水平可以是总量指标，也可以是相对指标或平均指标。　　　　　（　　）
2. 逐期增长量等于两个相邻的累计增长量之差。　　　　　　　　　　（　　）
3. 逐期增长量之和等于累计增长量，因此累计增长量必大于各期的逐期增长量。（　　）
4. 动态数列中各期发展水平的算术和就是该现象在该时期内发展水平的总量。（　　）
5. 环比发展速度和定基发展速度是按对比的基期不同来划分的。　　　（　　）
6. 某期的环比发展速度等于该期的定基发展速度除以前一期的定基发展速度。（　　）
7. 定基增长速度等于各期环比增长速度的连乘积。　　　　　　　　　（　　）
8. 若某现象的时间数列共有 n 项，用水平法计算该时期平均发展速度时应开 $n-1$ 次方。　　　　　　　　　　　　　　　　　　　　　　　　　　　（　　）
9. 增长 1% 的绝对值表示的是：速度指标增长 1% 而增加的水平值。　（　　）
10. 根据月度时间序列资料，各月季节比率之和应为 12%。　　　　　（　　）

（二）单选题

1. 时间序列可以分为（　　）
   A. 时期序列和时点序列两种
   B. 绝对数、相对数和平均数时间序列三种
   C. 绝对数和平均数时间序列两种
   D. 分配数列和变量数列两种

2. 某商场每月末的商品库存额时间序列是（　　）
   A. 时期序列　　　　　　　　　　　　B. 时点序列
   C. 平均数时间序列　　　　　　　　　D. 相对数时间序列

3. 1999～2009 年某地区的人均国内生产总值时间序列是（　　）
   A. 时点序列　　　　　　　　　　　　B. 时期序列
   C. 相对数时间序列　　　　　　　　　D. 平均数时间序列

4. 下列数列中哪一个属于时间序列（　　）
   A. 学生按学习成绩分组形成的序列
   B. 工业企业按地区分组形成的序列
   C. 职工按工资水平高低分组形成的序列
   D. 出口额按时间先后顺序排列形成的序列

5. 由间隔不等的时点序列计算序时平均数，用以加权的权数为（　　）
   A. 时期长度　　　B. 时点长度　　　C. 时点间隔长度　　　D. 指标值项数

6. 由间隔相等的间断时点序列计算序时平均数的公式是（　　）

   A. $\bar{a} = \dfrac{\sum a}{n}$　　　　B. $\bar{a} = \dfrac{\dfrac{a_1}{2} + a_2 + a_3 + \cdots + \dfrac{a_n}{2}}{n-1}$

C. $\bar{a} = \dfrac{\sum af}{\sum f}$ D. $\bar{a} = \dfrac{\dfrac{a_1 + a_2}{2}f_1 + \dfrac{a_2 + a_3}{2}f_2 + \cdots + \dfrac{a_{n-1} + a_n}{2}f_{n-1}}{\sum f}$

7. 由相对数或平均数时间序列计算序时平均数的基本公式是（   ）

A. $\bar{c} = \dfrac{\sum a}{\sum b}$ B. $\bar{c} = \dfrac{\bar{a}}{\bar{b}}$ C. $\bar{c} = \dfrac{\sum c}{n}$ D. $\bar{c} = \dfrac{\sum bc}{\sum b}$

8. 增长1%的绝对值是（   ）

A. 逐期增长量与环比增长速度之比乘以1%

B. 逐期增长量与定基增长速度之比

C. 增长量与平均增长速度之比

D. 前期水平除以100%

9. 已知近年的环比增长速度为7.5%、9.5%、6.2%、4.9%，则定基增长速度为（   ）

A. 7.5% ×9.5% ×6.2% ×4.9%

B. （7.5% ×9.5% ×6.2% ×4.9%） −100%

C. （107.5% ×109.5% ×106.2% ×104.9%） −100%

D. 107.5% ×109.5% ×106.2% ×104.9%

10. 某地区连续五年的经济增长率分别为9%、7.8%、8.6%、9.4%和8.5%，则该地区经济的年平均增长率为（   ）

A. $\sqrt[5]{1.09 \times 1.078 \times 1.086 \times 1.094 \times 1.085} - 1$

B. $\sqrt[5]{0.09 \times 0.078 \times 0.086 \times 0.094 \times 0.085}$

C. $\sqrt[5]{1.09 \times 1.078 \times 1.086 \times 1.094 \times 1.085}$

D. （9% +7.8% +8.6% +9.4% +8.5%） ÷5

（三）多选题

1. 构成时间序列的基本要素是（   ）

A. 现象所属的时间   B. 标志   C. 次数

D. 指标名称   E. 反映客观现象的统计指标数值

2. 各项指标值不能直接相加的时间序列有（   ）

A. 时期序列   B. 时点序列   C. 相对序列

D. 平均序列   E. 变量序列

3. 下列属于时期序列的有（   ）

A. 逐年的人口自然增长率   B. 逐年的人口死亡率

C. 逐年的人口出生率   D. 逐年的人口出生数

E. 逐年的人口死亡数

4. 历年国民生产总值序列是（   ）

A. 时间序列   B. 绝对数时间序列   C. 相对数时间序列

D. 时期序列   E. 平均序列

5. 发展水平指标（   ）

A. 是现象在各个时间上达到的规模或水平

B. 泛指时间数列中的各项指标数值

C. 可以是绝对数，也可以是相对数或平均数

D. 只能是总量指标

E. 一般用"发展到"、"增长到"、"降低到"等字眼表示

6. 由绝对数时间序列计算序时平均数的公式有（　　　）

A. $\bar{a} = \dfrac{\sum a}{n}$

B. $\bar{a} = \dfrac{\dfrac{a_1}{2} + a_2 + a_3 + \cdots + \dfrac{a_n}{2}}{n-1}$

C. $\bar{a} = \dfrac{\sum af}{\sum f}$

D. $\bar{a} = \dfrac{\dfrac{a_1 + a_2}{2}f_1 + \dfrac{a_2 + a_3}{2}f_2 + \cdots + \dfrac{a_{n-1} + a_n}{2}f_{n-1}}{\sum f}$

E. $\bar{c} = \dfrac{\sum bc}{\sum b}$

7. 下列等式中，正确的有（　　　）

A. 增长速度 = 发展速度 - 1

B. 环比发展速度 = 环比增长速度 - 1

C. 定基发展速度 = 定基增长速度 + 1

D. 平均发展速度 = 平均增长速度 - 1

E. 平均增长速度 = 平均发展速度 - 1

8. 某企业 1999 年的总产值为 50 万元，2009 年为 100 万元，则 2009 年的总产值比 1999 年（　　　）

A. 增长了 50%　　　B. 增长了 100%　　　C. 增长了 50 万元

D. 翻了一番　　　E. 翻了两番

9. 定基发展速度与环比发展速度的关系是（　　　）

A. 两者都属于速度指标

B. 环比发展速度的连乘积等于定基发展速度

C. 定基发展速度的连乘积等于环比发展速度

D. 相邻两个定基发展速度之商等于相应的环比发展速度

E. 相邻两个环比发展速度之商等于相应的定基发展速度

10. 平均发展速度是（　　　）

A. 环比发展速度的几何平均数　　　B. 定基发展速度的几何平均数

C. 各个环比发展速度的代表值　　　D. 各个定基发展速度的代表值

E. 环比发展速度的算术平均数

（四）简答题

1. 什么是时间序列？其基本构成要素包括哪些？

2. 怎样计算相对数或平均数时间序列的序时平均数？

3. 按月（季）平均法计算季节比率的步骤是什么？

二、技能题

1. 2009 年上半年某公司职工人数资料如表 1 所示。

表 1　　　　　　　　　　　**2009 年上半年某公司职工人数资料**

月　　份	1	2	3	4	5	6	7
月初职工人数	300	280	250	320	350	400	380

试计算该公司一季度、二季度及上半年平均职工人数。

2. 某企业 2009 年钢材库存量如表 2 所示。

表 2　　　　　　　　　　**某企业 2009 年钢材库存量资料**　　　　　　　单位：吨

日/月	1/1	1/3	1/7	1/10	31/12
钢材库存量	22	24	18	16	20

试求 2009 年平均钢材库存量。

3. 某企业 2009 年第一季度各月产量计划完成程度如表 3 所示。

表 3　　　　　　　　　**某企业 2009 年第一季度产量计划完成程度**　　　　单位：台

月　　份	1	2	3
计划完成百分比（%）	80	100	120
实际产量（台）	440	620	720

试计算该企业 2009 年第一季度产量平均计划完成程度。

4. 某商店 2004 年商品销售额为 650 万元，到 2010 年要达到 1 000 万元，问应以怎样的递增速度向前发展，才能达到此目标？如果照此速度向前发展，到 2011 年商品销售额应是多少？

5. 某地区 2003 ~ 2009 年的人均年收入资料如表 4 所示。

表 4　　　　　　　　　　**某地区 2003 ~ 2009 年的人均年收入资料**　　　单位：百万元

年　　份	2003	2004	2005	2006	2007	2008	2009
人均年收入（百元）	64	70	78	85	91	96	100

试用最小平方法配合人均年收入数列的直线趋势方程，并预测该地区 2010 年的人均年收入。

第 六 章

相关与回归分析法

学习目标

相关与回归分析是分析现象之间相互关系的一种统计分析方法。通过本章学习，要求理解现象之间存在的相关关系及其分类，明确相关分析的内容，了解相关图表的含义及类型，掌握相关系数的计算、判定及运用；重点掌握直线回归分析的原理、参数估计的方法和步骤，掌握回归标准误差的计算和应用。

能力目标

1. 利用 Excel 软件在实际工作中快捷计算相关系数、回归参数及回归标准误差。

2. 能够利用最小平方法建立直线回归方程并进行回归分析。

思考导学

1. 相关关系与函数关系有何区别和联系？

2. 相关关系的种类有哪些？

3. 相关表、相关图各有哪些类型？

4. 如何计算相关系数并利用相关系数对相关程度进行判定。

5. 怎样建立直线回归方程？

相关与回归分析是数理统计中的一种分析方法。通过随机抽取或观察得到的原始资料（样本资料）对现象之间变量关系的研究，目的在于探索各变量之间相互关系的密切程度及其变化的规律，作出一种对总体现象较为准确的认识与判断，以便对其进行必要的预测和控制。

第一节 相关关系概述

一、相关关系含义

在现实世界中，不论是自然现象，还是社会经济现象，许多现象之间是相互联系、相互制约的。比如社会经济的发展总是与相应的经济变量之间的数量变化紧密联系的，它不仅与同它有关的现象构成一个普遍联系的整体，而且在其内部也存在着许多彼此关联的因素，在一定的社会环境、地理条件、政府决策影响下，一些因素推动或制约另外一些与之相联系的因素发生变化。这种状况表明，在经济现象的内部和外部联系中存在着一定的相关性，人们往往利用这种相关关系来制定有关的经济政策，用以指导、控制社会经济活动的发展。要认识和掌握客观经济规律就必须探求经济现象间经济变量的变化规律。现象之间的关系由它们的变量之间的关系来反映，这种关系可以分为函数关系和相关关系两大类。

（一）函数关系

函数关系亦称确定性关系，反映现象之间存在的一种严格的依存关系，在这种关系中，对于某一变量的每个数值，都有另一个变量的确定值与之对应并且可以用一个数学表达式表达出来。如一个工业企业销售汽车 1 万辆，每辆汽车的售价都是 1 万元，则该企业销售该批汽车所取得的总收入为 10 000 万元。如果把取得的总收入记为 y，销售的汽车数量记为 x，则 $y = 10\,000x$，那么 y 与 x 之间的关系值由单位汽车的售价 1 万元完全的决定。由此可见，y 与 x 两个变量之间表现为一种确定性关系，即为函数关系。类似的，还有很多例子，比如工业企业的原材料消耗总额和单位产品消耗量之间的关系，等等。这样，我们可以定义函数关系为：现象之间客观存在的，在数量变化上按一定法则严格确定的相互依存关系。

（二）相关关系

现实世界中还有不少情况是两事物之间有着密切的联系，但是它们的密切程度还没有达到一个变量就能够决定另一个变量的程度。比如说某种饮料的销售量和城市居民收入之间的关系，又比如棉花产量和施肥量的关系，再比如国债的销售量和城市居民收入之间的关系等，它们虽然说有密切联系，但这是一种非确定性的关系。因为，由于存在测量误差，试验误差以及其他因素的影响使得这些变量之间

> **小思考** 试举出现实生活中你认识的现象间存在的函数关系和相关关系。

是不存在一种确定性关系的。相关关系就是指变量之间存在的一种不严格的依存关系。在这种关系中，某一变量的变化受另一个变量或一组变量的影响，却不由这一个变量或一组变量完全确定，亦称非确定性关系。

二、相关关系类型

由于现象之间联系的复杂性，它们的相关关系可以表现为各种不同的形式和类型。我们要把握和研究相关关系，有必要对其进行分类。

（一）按变量之间的相关程度分

按变量之间的相关程度，可以分为完全相关、不完全相关和不相关。若自变量改变一定量时，因变量的改变量是一个确定的量，则变量之间的这种相关关系，称为完全相关，实际上就是函数关系，这是相关关系的特例；若变量数值的变化各自独立，互不影响，称为不相关；若变量之间的关系介于完全相关与不相关之间，则称为不完全相关，不完全相关才是相关分析的研究对象。

（二）按变量之间相关因素的多少分

按变量之间相关因素的多少，可以分为单相关和复相关。单相关是指仅涉及两个变量的相关关系，即一个自变量 x 和一个因变量 y 的关系。实际当中，比如，身高与体重，降雨量与某地区的水稻单产量，固定资产的使用年限与大修理费用等都是单相关。复相关是指多个自变量与一个因变量之间的相关关系，如某地的日平均气温、降雨量、播种面积、施肥量与粮食总产量的相关关系，再比如资金的周转速度、流通费用、销售量、销售价格与销售利润之间的相关关系等，这些都是复相关。社会经济现象中，许多现象都是相互依存、彼此关联的，更多的是复相关，但单相关是复相关的基础。

（三）按变量之间相关关系的方向分

按变量之间相关关系的方向，可以分为正相关和负相关。正相关是指相关的两个变量的变动方向是一致的，也就是说自变量 x 增加，因变量 y 也在增加；或自变量 x 减少，因变量 y 也在相应地减少。比如说身高增加了，体重相应地也增；国民收入增加了，相关的零售商品的销售额也在增加。而负相关是指相关的两个变量的变动方向相反，也就是说自变量 x 增加，因变量 y 反而减少；或自变量 x 减少，因变量 y 反而增加。比如说商品的销售价格上涨了，它的销售量就会减少；当期库存商品增加了，相应的这批库存商品的单位成本就降低了。

（四）按变量之间相关关系的表现形式分

按变量之间相关关系的表现形式，可以分为直线相关和曲线相关。如果自变量数值发生变动，因变量数值也随之发生大致均等的变动，从散点图上看这种关系近似地表现为一条直线形式，这种形式的相关关系称为直线相关。如果自变量数值发生变动，因变量数值也随之发生变动，但其变动不均等，从图形上看这种关系近似地表现为各种不同的曲线形式，如抛物线、指数曲线、U 形曲线等。这种形式的相关关系称为曲线相关。

三、相关关系分析的内容

对现象之间相关关系的研究，统计是从两个方面进行的。一是相关分析，二是回归分析。

（一）相关分析

1. 判别现象间有无相关关系。现象间有无相关关系，这是相关分析的出发点，只有现象间确实存在相关关系，才能进一步进行分析。进行相关分析时，首先要通过定性分析来判别现象间是否确实存在相关关系，否则就会产生认识上的偏差，得出错误的分析结论。

2. 判定相关关系的表现形态和密切程度。相关关系是一种数量上不严格的相互依存关系。只有当变量间确实存在密切的相关关系时，才可能进行回归分析，对现象进行预测、推断和决策。因此，判定现象间存在相关关系后，需要进一步确定相关关系的表现形态和密切程度。统计上，一般是通过编制相关表、绘制相关图和计算相关系数来作出判断。根据相关图表可对相关关系的表现形态和密切程度作出一般性的判断，依据相关系数来作出数量上的具体分析。

（二）回归分析

1. 建立回归方程。当变量之间的相关关系比较密切时，就可以根据其相关关系的类型，确定相应的数学表达式用以反映或预测相关变量的数量关系及数值。所建立的数学表达式叫做回归方程，这是进行推算和预测的依据。

2. 对因变量估计值的可靠程度进行检验。根据回归方程，可以给出自变量的若干数值，求得因变量的相应的估计值。估计值与实际值之间是存在误差的，确定因变量估计值误差大小的指标叫做回归标准误差。

> **小思考** 为什么回归分析之前要进行相关分析？

回归误差越小，则因变量估计值的可靠程度越高，反之，因变量估计值的可靠程度越低。

直线相关与回归分析是相关关系分析中最基本的方法，同时又是最简单的方法。本章主要介绍这种方法。

第二节 直线相关分析

一、相关表

相关表就是把被研究现象的观察值对应排列所形成的统计表格。相关表中的两列数据叫相关数列，它有别于变量数列。相关表中的数值是变量的观测值，是实际资料，是样本数据，它是判别相关关系的基础。在相关表中，如果观测值的分布呈现一定的规律性，则表明现象间存在相关关系。如随着一个变量数值的增加或减少，另一个变量的值也大致以某一固定的速率和数量增加或减少，这就可以初步判别现象间存在相关关系。如果两个变量的观测值不表现出任何规律性，则可以判定现象间不存在相关关系。相关表可以分为简单相关表和分组相关表。

（一）简单相关表

简单相关表就是将原始资料中一个变量（通常为自变量）的变量值从小到大排列，同时列出其相应的另一变量的数值而形成的表格。如表 6-1 所示。

表 6-1　　　　　　　　某企业历年生产工人数与产品总成本相关表

历年生产工人数（人）	当期产品总成本（万元）
1 373	156
1 375	212
1 400	179

历年生产工人数（人）	当期产品总成本（万元）
1 401	257
1 501	174
1 705	303
2 224	345
2 416	401
2 881	527
2 979	565

【例 6 – 1】假设对 10 户居民家庭的月可支配收入和消费支出进行调查，得到原始资料如表 6 – 2 所示，试编制简单相关表。

表 6 – 2　　　　　　　　　　居民收入和消费的原始资料　　　　　　　　单位：百元

居民家庭编号	1	2	3	4	5	6	7	8	9	10
可支配收入	25	18	60	45	62	88	92	99	75	98
消费支出	20	15	40	30	42	60	65	70	53	78

根据以上原始资料，将可支配收入按从小到大顺序排列，可编制相关表，如表 6 – 3 所示。

表 6 – 3　　　　　　　　　　居民消费和收入的相关表　　　　　　　　单位：百元

可支配收入 x	18	25	45	60	62	75	88	92	98	99
消费支出 y	15	20	30	40	42	53	60	65	78	70

从表 6 – 3 中，可以看出，随着可支配收入的提高，居民的消费支出也有相应提高的趋势，两者之间存在明显的正相关关系。

（二）分组相关表

分组相关表是把简单相关表资料分组之后而编制成的相关表，按分组的情况不同，分组相关表又可以分为单变量分组相关表和双变量分组相关表。

单变量分组相关表是在具有相关关系的两个变量中，只对自变量进行分组的相关表（见表 6 – 4）。

表 6 – 4　　　　　　　　　　商品销售额与流通费用率相关表

商店按商品销售额分组（万元）	商店数（个）	流通费用率（%）
60 以下	16	9.98
60 ~ 100	23	7.92
100 ~ 140	40	7.52

续表

商店按商品销售额分组（万元）	商店数（个）	流通费用率（%）
140 ~ 180	43	7. 10
180 ~ 220	68	6. 80
220 ~ 260	53	6. 78
260 ~ 300	36	6. 64
300 ~ 340	24	6. 62
340 ~ 380	14	6. 59

双变量分组相关表就是对自变量和因变量都进行分组的相关表。如果两个相关变量变动均较为复杂，根据分析的需要，同时对两个变量进行分组，即对总体作复合分组，一个分组设在主体栏，另一个分组设在叙述栏，形成棋盘式的表格，叫双变量分组相关表（见表6-5）。

表6-5　　　　　　　　　　化肥的使用量和棉花的单产量双变量分组相关表

按单产量分组（千克/公顷）	按化肥施用量分组（千克/公顷）							施肥田块合计
	300	450	600	750	900	1 050	1 200	
2 250 ~ 3 000	1							1
3 000 ~ 3 750	1	1	1					3
3 750 ~ 4 500		2	1					3
4 500 ~ 5 250		1	2	1				4
5 250 ~ 6 000			1	2	2			5
6 000 ~ 6 750				3				3
6 750 ~ 7 500					2	2		4
7 500 ~ 8 250					1	3	1	5
8 250 ~ 9 000							2	2
产量田块合计	2	4	5	6	5	5	5	30

将分组相关表与简单相关表对比，不难发现分组相关表更能清晰地反映两变量之间存在的相关关系。

在大多数情况下，通过相关表还不能清晰地表现两个变量之间相关关系的形式，为此还需要利用相关表的资料进一步绘制相关图。

小思考　通过双变量分组相关表如何判断相关的方向？

二、相关图

相关图也叫相关散点图，它是根据相关表中的观测数据在坐标图中所绘制的点状图形。用 x 和 y 分别代表两个变量，把相关表中的对应观测值一一描绘在坐标图中，则形成了反映相关点分布状况的图形，据此就可以观测现象间相关关系的情况。实际工作中，通常利用 Excel 软件绘制相关散点图。

如根据表6－1中数据资料，利用 Excel 软件，绘制散点图相关步骤如下：

1. 将表6－1中数据资料中数据录入 Excel 表，如图6－1所示；

2. 选择 Excel 界面【插入】主菜单中的【图表】子菜单，在弹出的"图表向导"对话框中选择图表类型"XY 散点图"，如图6－2所示；

图6－1   录入历年生产工人数
与当期生产总成本数据

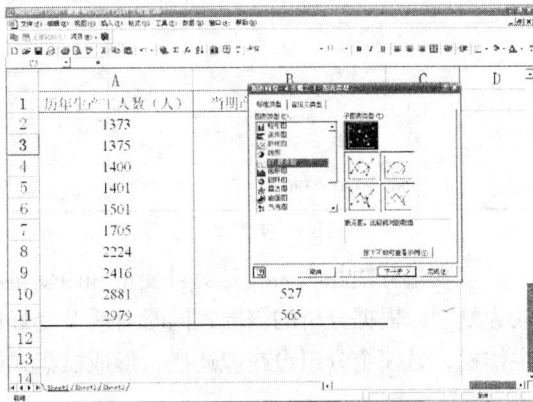

图6－2   在"图表向导"对话框中
选择图表类型"XY 散点图"

3. 依照提示依次点击"下一步"，选择相应的数据区域，定义相关的标题等内容，完成作图，如图6－3至图6－5所示。

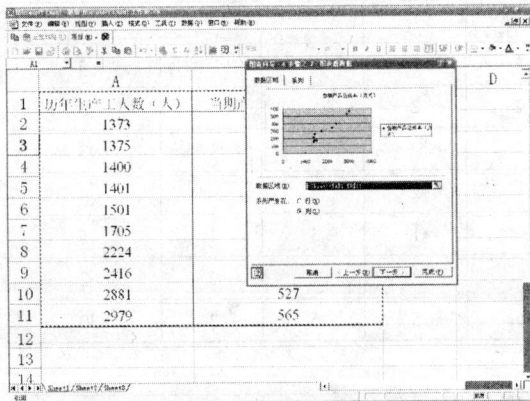

图6－3   选择数据区域

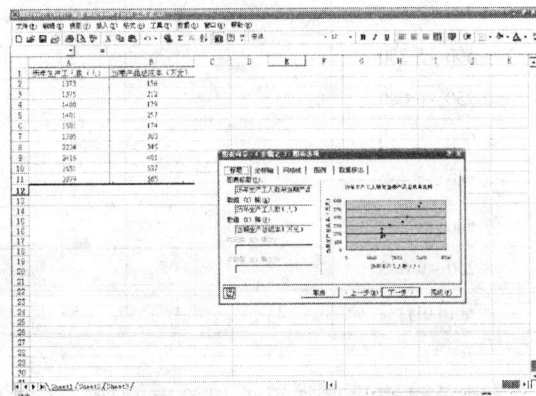

图6－4   定义标题等相关内容

在相关图中，若相关点呈现出一定的规律性，如大致为一条直线，则表明现象之间存在相关关系，且为直线相关。相关点越密集，则表明相关关系越密切。若相关点分布毫无规律，则表明现象之间无相关关系或存在低度的相关关系。

三、相关系数

现象间的相关关系，有直线相关和曲线相关。社会经济现象之间的相关，多半属于直线相关。因此，直线相关分析在实际中最为常用。而直线相关关系的密切程度是通过相关系数来度量的。

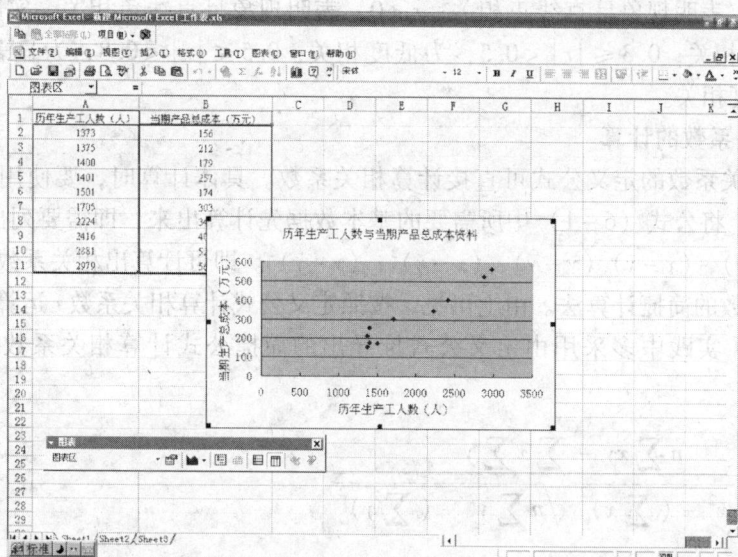

图 6-5　完成相关图

（一）相关系数的含义

相关系数是研究和判断两个现象之间直线相关密切程度的统计分析指标，通常用 r 表示。其最简单的一种计算方法是积差法，它是用两个变量的协方差与其标准差的乘积之比来计算的。其定义公式为：

> **小思考**　根据图 6-5 的显示，判断生产工人数与当期生产总成本相关的方向？

$$r = \frac{\sigma_{xy}^2}{\sigma_x \sigma_y} = \frac{\dfrac{\sum (x - \bar{x})(y - \bar{y})}{n}}{\sqrt{\dfrac{\sum (x - \bar{x})^2}{n}} \sqrt{\dfrac{\sum (y - \bar{y})^2}{n}}}$$

$$= \frac{\sum (x - \bar{x})(y - \bar{y})}{\sqrt{\sum (x - \bar{x})^2 \sum (y - \bar{y})^2}} \tag{6-1}$$

式中：$\sigma_{xy}^2 = \dfrac{\sum (x - \bar{x})(y - \bar{y})}{n}$ 为协方差；$\sigma_x = \sqrt{\dfrac{\sum (x - \bar{x})^2}{n}}$ 为自变量 x 数列的标准差；

$\sigma_y = \sqrt{\dfrac{\sum (y - \bar{y})^2}{n}}$ 为因变量 y 数列的标准差。

依据相关系数的计算公式可以知道相关系数的含义如下：

（1）r 的取值范围为 $[-1, 1]$。因为协方差的绝对值最小为 0，最大为 σ_x 与 σ_y 的乘积。

（2）r 的绝对值越接近于 1，表明相关关系越密切；越接近于 0，表明相关关系越不密切。

（3）$r = 1$ 或 -1，表明两现象完全相关。

（4）$r = 0$，表明两变量无直线线性相关关系。

(5) $r>0$，表明现象呈直线正相关；$r<0$，表明现象呈直线负相关。实际中 $0<|r|<0.3$，视为微弱相关；$0.3\leqslant|r|<0.5$，为低度相关；$0.5\leqslant|r|<0.8$，为显著相关；$0.8\leqslant|r|<1$，为高度相关。

（二）相关系数的计算

1. 根据相关系数的定义公式可直接计算相关系数。具体计算时，要使用相关资料，设计一个计算表，将公式（6－1）中所需要的基本数据先计算出来，即需要列出 5 个计算栏：$(x-\bar{x})$，$(y-\bar{y})$，$(x-\bar{x})(y-\bar{y})$，$(x-\bar{x})^2$，$(y-\bar{y})^2$。即可计算出相关系数。

2. 相关系数的简捷计算法。由上可见，按照定义公式计算相关系数 r 运算量比较大，过程也比较烦琐，实践中多采用由定义公式推导出的简捷公式计算相关系数。简捷计算公式为：

$$r=\frac{n\sum xy-\sum x\sum y}{\sqrt{n\sum x^2-\left(\sum x\right)^2}\sqrt{n\sum y^2-\left(\sum y\right)^2}} \tag{6－2}$$

我们可以根据掌握的有关统计资料，灵活选择合适的公式计算相关系数，这里就不再举例了。

相关链接

线性相关系数有时也称皮尔森积距相关系数，是以卡尔·皮尔森（1857～1936 年）的名字命名的，他最早提出这个度量。

第三节　直线回归分析

一、回归分析的意义

（一）回归分析的含义

"回归"这一词是由英国生物学家高尔顿首先提出的。高尔顿在研究父母身高与子女身高的关系时发现：身材特别高的父母所生的孩子其身材并非特别高，而身材特别矮的父母所生的孩子也并非特别矮，子辈身高有向父辈平均身高逼近的趋向，他把这种现象叫做"身高数值从一极端至另一极端的回归"。以后，高尔顿的学生皮尔森把回归的概念同数学的方法联系起来，把代表现象之间一般数量关系的统计模型叫做回归直线或回归曲线，从此诞生了统计上著名的回归理论。后来，回归这一词被用来泛指变量之间的一般数量关系。

回归分析就是对具有相关关系的两个变量之间数量变化的一般关系进行测定，确定一个与之相应的数学表达式（称为回归方程式），以便进行估计或预测的统计方法。

（二）回归分析与相关分析的区别和联系

1. 回归分析与相关分析的区别。

（1）相关分析的变量是对等关系，两个变量是随机的，哪个是自变量，哪个是因变量不影响相关系数的计算结果；而回归分析的变量并非对等关系，回归分析中，需要确定自变量和因变量，自变量是可控制的变量，因变量是随机的，自变量、因变量不同，得出的分析结果也不同。

（2）回归分析中，如果变量的因果关系不明显，可依据研究目的分别建立 y 对于 x 的回归方程或 x 对于 y 的回归方程。而相关分析中，只能计算出反映两个变量之间相关关系密切程度的一个相关系数。

2. 回归分析与相关分析的联系。

（1）相关分析是回归分析的基础。如果没有对现象进行相关分析，不知道现象间是否有相关关系以及关系的密切程度如何，就不能进行回归分析。否则，没有实际意义。

（2）回归分析是相关分析的深入和继续。仅仅说明现象间具有密切的相关关系是不够的，只有在此基础上拟合回归方程，进行回归预测才有意义。

二、直线回归方程的建立与应用

回归分析的重要内容之一，就是根据变量观测值构建回归直线方程，对现象间存在的一般数量关系进行描述。

（一）直线回归方程的建立

构建直线回归方程应具备的条件有：现象间存在密切（显著及以上）直线相关关系，具备一定数量的变量观测值。

直线回归方程又称一元一次线性回归方程，若以 x 表示自变量的实际值，y_c 表示因变量的估计值，则 y_c 依 x 的直线回归方程的基本形式为：

$$y_c = a + bx$$

式中 a、b 为待定参数。其几何意义是：a 是直线方程的截距，b 是斜率。其经济意义是：a 是当 x 为零时 y 的估计值，b 是当 x 每变动一个单位时，y 平均变动的数量，b 也叫回归系数，回归系数 b 的符号与相关系数 r 的符号一致并且意义相同。当 b 的符号为正时，自变量和因变量同方向变动；当 b 的符号为负时，自变量和因变量反方向变动。回归系数 b 与相关系数 r 的区别是，相关系数 r 的取值范围是确定的，即 -1 至 $+1$ 之间；而回归系数 b 的取值并没有一个确定的范围，其大小是依据 y 的计量单位而确定。

参数 a、b 通常用最小平方法来求，其原理与第五章时间序列中介绍的相同，这里不再赘述。

$$b = \frac{n\sum xy - \sum x \sum y}{n\sum x^2 - \left(\sum x\right)^2} \qquad (6-3)$$

$$a = \bar{y} - b\bar{x} \qquad (6-4)$$

> **小思考**　为什么回归系数与相关系数的符号一致？

（二）直线回归方程的应用

【例 6-2】现有七个地区的国内生产总值与其当年的财政收入资料如表 6-6 所示：

表 6-6　　　　　　　　　　七个地区的国内生产总值与当年的财政收入

序　号	国内生产总值 x（亿元）	财政收入 y（亿元）
1	20	8
2	22	9
3	25	10
4	27	12
5	29	12
6	30	14
7	32	15
合　计	185	80

要求：①计算相关系数；②建立直线回归方程；③当某地区的国内生产总值为 100 亿元时，请估计其财政收入。

解：计算相关系数和建立直线回归方程需要计算三个数值，即自变量与因变量的乘积、自变量的平方和因变量的平方，如表 6-7 所示：

表 6-7　　　　　　七个地区的国内生产总值与当年的财政收入相关分析计算表

序号	国内生产总值 x（亿元）	财政收入 y（亿元）	xy	x^2	y^2
1	20	8	160	400	64
2	22	9	198	484	81
3	25	10	250	625	100
4	27	12	324	729	144
5	29	12	348	841	144
6	30	14	420	900	196
7	32	15	480	1 024	225
合计	185	80	2 180	5 003	954

① 依据表中数据计算相关系数：

$$r = \frac{n\sum xy - \sum x \sum y}{\sqrt{n\sum x^2 - \left(\sum x\right)^2}\sqrt{n\sum y^2 - \left(\sum y\right)^2}}$$

$$= \frac{7 \times 2\,180 - 185 \times 80}{\sqrt{7 \times 5\,003 - 185^2}\sqrt{7 \times 954 - 80^2}} = 0.978$$

计算结果表明，七个地区的国内生产总值与财政收入之间存在高度直线正相关关系。

② 建立直线回归方程：

设直线回归方程为：

$$y_c = a + bx$$

将表中数据代入式（6－3）和式（6－4）计算得：

$$b = \frac{n\sum xy - \sum x \sum y}{n\sum x^2 - (\sum x)^2} = \frac{7 \times 2\ 180 - 185 \times 80}{7 \times 5\ 003 - 185^2} = 0.578$$

$$a = \bar{y} - b\bar{x} = \frac{80}{7} - 0.578 \times \frac{185}{7} = -3.844$$

则七个地区的国内生产总值与财政收入之间的直线回归方程为：

$$y_c = -3.844 + 0.578x$$

③ 当某地区的国内生产总值为 100 亿元时，财政收入为：

$$y_c = -3.844 + 0.578 \times 100 = 53.956（亿元）$$

直线回归方程是在直线密切相关条件下，反映两个变量之间一般数量关系的数学模型。根据回归直线方程，可以由自变量的给定值推算因变量的值（注意不能由因变量的值倒推自变量的值）。但是，推算出的因变量数值并不是一个精确的数值，而是一个估计值和理论值。这就是说，由回归方程进行预测是存在误差的。误差越大，说明拟合的回归直线方程越不精确；误差越小，说明拟合的回归直线方程越精确。因此，回归直线方程求出后，有必要对其拟合精度进行检测。回归标准误差就是进行这种检验的统计分析指标。

三、回归标准误差

回归标准误差是用来说明回归直线方程代表性大小的统计分析指标。其计算公式为：

$$S_{yx} = \sqrt{\frac{\sum (y - y_c)^2}{n - 2}} \tag{6－5}$$

式（6－5）中，S_{yx} 为估计标准误差；y 为因变量实际值；y_c 为因变量估计值。但是，估计标准误差根号内的分母部分不是 n，而是 $n-2$，其表示估计回归线失去两个自由度，即样本数据的个数（样本容量）减去自变量的个数（$m=1$），再减 1。在实际应用中，当 n 很大时，一般是 $n \geq 30$ 时，计算估计标准误差时就用 n 来代替 $n-2$，则计算公式就成为：

$$S_{yx} = \sqrt{\frac{\sum (y - y_c)^2}{n}} \tag{6－6}$$

按照式（6－6）计算回归标准误差十分烦琐，实践中，在已知直线回归方程的情况下，通常用下面的简便公式计算：

$$S_{yx} = \sqrt{\frac{\sum y^2 - a\sum y - b\sum xy}{n - 2}} \tag{6－7}$$

或 $$S_{yx} = \sqrt{\frac{\sum y^2 - a\sum y - b\sum xy}{n}} \tag{6－8}$$

将【例6-3】的回归直线方程按照式（6-7）计算回归误差则有：

$$S_{yx} = \sqrt{\frac{\sum y^2 - a\sum y - b\sum xy}{n-2}} = \sqrt{\frac{954 - (-3.844) \times 80 - 0.578 \times 2\,180}{7-2}} = 0.54(亿元)$$

计算结果表明：实际观察值与理论值的误差平均值为 0.54 亿元。

四、利用 Excel 软件进行直线回归分析

实际工作中，经常利用 Excel 软件进行直线回归分析，求解相关系数、回归参数及回归标准误差，下面以【例6-3】中数据资料为例，介绍 Excel 软件的直线回归分析步骤：

（1）将表6-6资料录入 Excel 表得到图6-6。

（2）选择【工具】主菜单中的【数据分析】子菜单，再选择其中"相关系数"，如图6-7所示。

图6-6 录入表6-6资料于 Excel 表

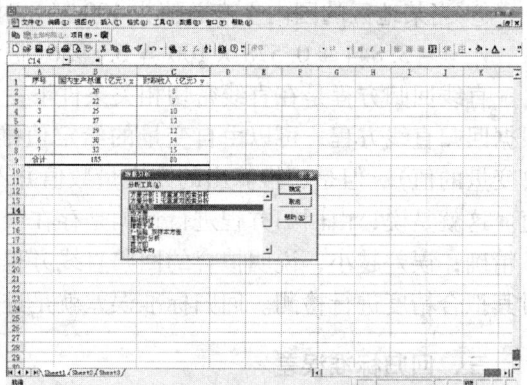

图6-7 在【工具】主菜单中的【数据分析】子菜单上，选择"相关系数"

（3）在弹出的"相关系数"对话框中的"输入区域"用鼠标选择"B2：C8"，"输出选项"选择"新工作表组"（如图6-8所示），然后执行操作，得到结果（如图6-9所示）。

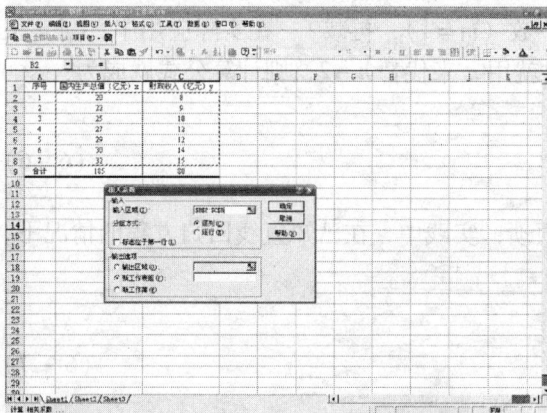

图6-8 在"相关系数"对话框中，定义"输入区域"与"输出选项"

图6-9 "相关系数"计算结果

（4）再切换到图6-6界面，选择【工具】主菜单中的【数据分析】子菜单，再选择其中"回归"，如图6-10所示。

（5）在弹出的"回归"对话框中的"Y值输入区域"用鼠标选择"＄C＄2：＄C＄8"，在"X值输入区域"用鼠标选择"＄B＄2：＄B＄8"，"输出区域"选择"新工作表组"（如图6-11所示），然后执行操作，得到结果（如图6-12所示）。

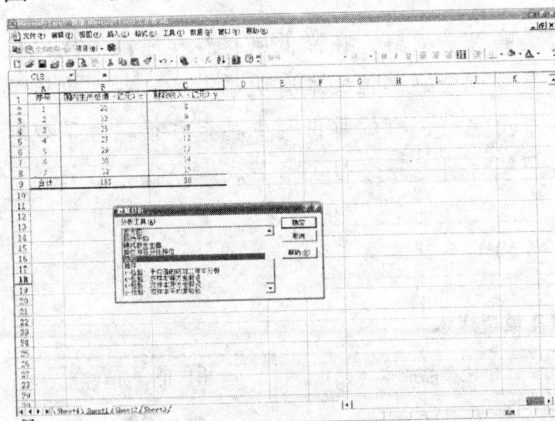

图6-10　在【工具】主菜单中的【数据分析】子菜单上，选择"回归"

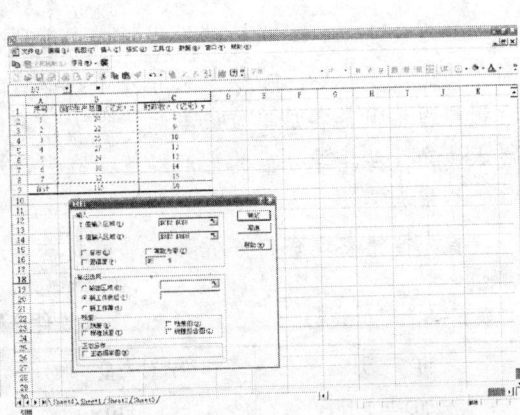

图6-11　在"回归"对话框中，定义"输入区域"及"输出选项"

（6）在图6-12的输出结果中，Intercept表示直线回归方程的截距（此题结果为-3.8442），X Variable表示直线回归方程的回归系数（此题结果为0.57789），方程的回归标准误差则在表中B7单元格中（此题结果为0.58969）。

图6-12　"回归"计算结果

可见，用 Excel 软件进行直线回归分析的相关操作，既快捷，又准确，在实际工作中已经得到了广泛应用。

案 例

利兴铸造厂产品成本分析

最近几年来，利兴铸造厂狠抓成本管理，提高经济效益，在降低原材料和能源消耗、提高劳动生产率，以及增收节支等方面，取得了显著成绩，单位成本有明显下降，基本扭转了亏损局面。但是各月单位成本起伏很大，有的月份盈利，有的月份利少甚至亏损。为了控制成本波动，并指导今后的生产经营，利兴铸造厂统计科专题进行了产品成本分析。

分析如下：

首先搜集整理资料分析研究单位成本与产量的关系（见表 6-8）。

表6-8 铸铁件产量及单位成本

年 月	铸铁件产量（吨）	单位产品成本（元）	出厂价（元/吨）
2009 年 1 月	810	670	750
2 月	547	780	750
3 月	900	620	750
4 月	530	800	750
5 月	540	780	750
6 月	800	675	750
7 月	820	650	730
8 月	850	720	730
9 月	600	735	730
10 月	690	720	730
11 月	700	715	730
12 月	860	610	730
2010 年 1 月	920	580	720
2 月	840	630	720
3 月	1 000	570	720

从表 6-8 可以看出，铸铁件单位成本波动很大，在 15 个月中，最高的 2009 年 4 月单位成本达 800 元，最低的今年 3 月单位成本为 570 元，全距是 230 元，上年 2 月、4 月、5 月、9 月等 4 个月成本高于出厂价，出现亏损，而今年 3 月毛利率达到 20.8% [（720-570）/720]。

成本波动大的原因是什么呢？从表 6-8 可以发现，单位成本的波动与产量有关。上年 4 月成本最高，而产量最低，今年 3 月成本最低，而产量最高，去年亏损的 4 个月，产量普遍偏低。这显然是个规模效益问题。在成本构成中，可以分为变动成本和固定成本两部分，根据利兴铸造厂的实际情况，变动成本主要包括原材料及能源消耗、工人工资、销售费用、税费等，固定成本主要包括折旧费用、管理费用和财务费用。在财务费用中，绝大部分是贷款利息，由于贷款余额大，在短期内无力偿还，所以每个月的贷款利息支出基本上是一项固定开支，不可能随产量的变动而变动，故将贷款利息列入固定成本之中。从目前情况看，在成本构成中，固定成本所占比重较大，每月产量大，分摊在单位产品中的固定成本就小，如果产量小，分摊在单位产品中的固定产量就大，所以每月产量的多少，直接影响单位成本的波动。

为了论证单位成本与产量之间是否存在相关关系，并找出其内在规律，以指导今后的工作，现计算相关系数，并建立回归方程。

列表整理资料见表6－9，为便于比较，15个月的资料按产量排序。

表6－9　　　　　　　　　　铸铁件产量与单位成本的回归计算表

序　号	铸铁件产量 x（吨）	单位产品成本 y（元）	x^2	y^2	xy
1	530	800	280 900	640 000	424 000
2	540	780	291 600	608 400	421 200
3	547	780	299 209	608 400	426 660
4	600	735	360 000	540 225	441 000
5	690	720	476 100	518 400	496 800
6	700	715	490 000	511 225	500 500
7	800	675	640 000	455 625	540 000
8	810	670	656 100	448 900	542 700
9	820	650	672 400	422 500	533 000
10	840	630	705 600	396 900	529 200
11	850	620	722 500	384 400	527 000
12	860	610	739 600	372 400	524 600
13	900	620	810 000	384 400	558 000
14	920	580	846 400	336 400	533 600
15	1 000	570	1 000 000	324 900	570 000
Σ	11 407	10 155	8 990 409	6 952 775	7 568 260

首先计算相关系数。设 r 代表相关系数，则：

$$r = \frac{n\sum xy - \sum x \sum y}{\sqrt{n\sum x^2 - \left(\sum x\right)^2}\sqrt{n\sum y^2 - \left(\sum y\right)^2}}$$

$$= \frac{15 \times 7\,568\,260 - 11\,407 \times 10\,155}{\sqrt{15 \times 8\,990\,409 - (11\,407)^2}\sqrt{15 \times 6\,952\,775 - (10\,115)^2}}$$

$$= \frac{113\,523\,900 - 115\,830\,085}{2\,176.35 \times 1\,080.56} = \frac{-2\,306\,185}{2\,351\,676.76} = -0.98$$

计算结果表明，单位成本与产量之间，存在着高度负相关，相关系数为 -0.98。

设各月铸铁件产量为自变量 x，单位成本为因变量 y，配合直线方程式：

$$y_c = a + bx$$

用最小平方法计算 a、b 两个参数如下：

$$b = \frac{\sum xy - \dfrac{\sum x \sum y}{n}}{\sum x^2 - \dfrac{(\sum x)^2}{n}} = \frac{758\ 260 - \dfrac{11\ 407 \times 10\ 115}{15}}{8\ 990\ 409 - \dfrac{(11\ 407)^2}{15}}$$

$$= \frac{7\ 568\ 260 - 7\ 722\ 539}{8\ 990\ 409 - 8\ 674\ 643} = \frac{-154\ 279}{315\ 766} = -0.49$$

$$a = \frac{\sum y}{n} - b\frac{\sum x}{n} = \frac{10\ 155}{15} - (-0.49) \times \frac{11\ 407}{15} = 677 + 0.49 \times 760 = 1\ 049$$

$$y_c = a + bx = 1\ 049 - 0.49x$$

计算结果表明，铸铁件产量每增加 1 吨，单位成本可以下降 0.49 元，设某月产量 x 为 1 100 吨，则单位产品成本：

$$y_c = 1\ 049 - 0.49 \times 1\ 100 = 510（元）$$

若 $x = 600$ 吨，则：

$$y_c = 1\ 049 - 0.49 \times 600 = 755（元）$$

分析报告

增加产量是降低单位成本的重要途径

最近几年我厂狠抓成本管理，提高经济效益，基本上扭转了亏损局面，但各月单位成本波动很大，有的月份仍出现亏损。自去年 1 月至今年 3 月的 15 个月中，有 4 个月的单位成本超过出厂价，有些月份的单位成本则比较低，可以获得 10%～20% 的利润（见表 6-8）。

各月单位成本产生波动的原因是什么呢？从近 15 个月的资料看，单位成本的高低与产量有关，两者成反比。即产量高，成本低；产量低，成本高。经过相关分析，单位成本与产量之间存在高度负相关，相关系数为 -0.98。

我厂当前单位成本与产量的关系如此密切，主要有两个原因，一个原因是一般的规模效益：在单位成本中包含变动成本和固定成本两个部分，分摊到每个单位产品上的固定成本，是随产量的变化而变化的。产量多，分摊到每个单位产品上的固定成本就少；产量少，分摊到每个单位产品上的固定成本就多。另一个原因是贷款利息支出大，增大了固定成本。在正常情况下，贷款的多少是随产量变化而变化的，贷款利息应该计算在变动成本中，可是现在贷款余额大，短期内又无偿还能力，银行利息成为每个月固定开支的费用，因此，它成为固定成本的重要组成部分。

为了有效地控制成本，不断提高经济效益，除继续采取措施增收节支之外，还必须努力增加产量和销售量，增加产量是降低单位成本的重要途径。

为了掌握在不同产量条件下的单位成本，我们根据实际情况建立了单位成本对产量的回归方程：

$$y_c = 1\ 049 - 0.49x$$

回归方程表明，铸铁件产量每增加1吨，单位成本可以下降0.49元。

设月产量 x 为700吨，则单位成本为：

$$y_c = 1\,049 - 0.49 \times 700 = 706\,(\text{元})$$

即月产量达到700吨以上的规模，按目前的出厂价格，可以保持较好的经济效益。

启示：

1. 规模效益是企业生产经营中的一条规律，人们认识了这条规律，特别是像利兴铸造厂这样，结合本企业的实际情况，具体计算产量与单位成本之间的相关系数和回归方程，将规模效益量化，就能够更自觉地应用规模效益这条规律，指导生产经营，从而促进提高经济效益。

2. 本案例是应用统计资料和统计方法揭示规律，说明规模效益在利兴铸造厂当时条件下的具体表现，用以指导生产经营，促进提高经济效益。这说明相关与回归分析在企业经营管理中具有重要的作用。

资料来源：国家统计局统计教育培训中心：《企业统计分析方法及案例》，2001年6月。

【本章知识架构图】

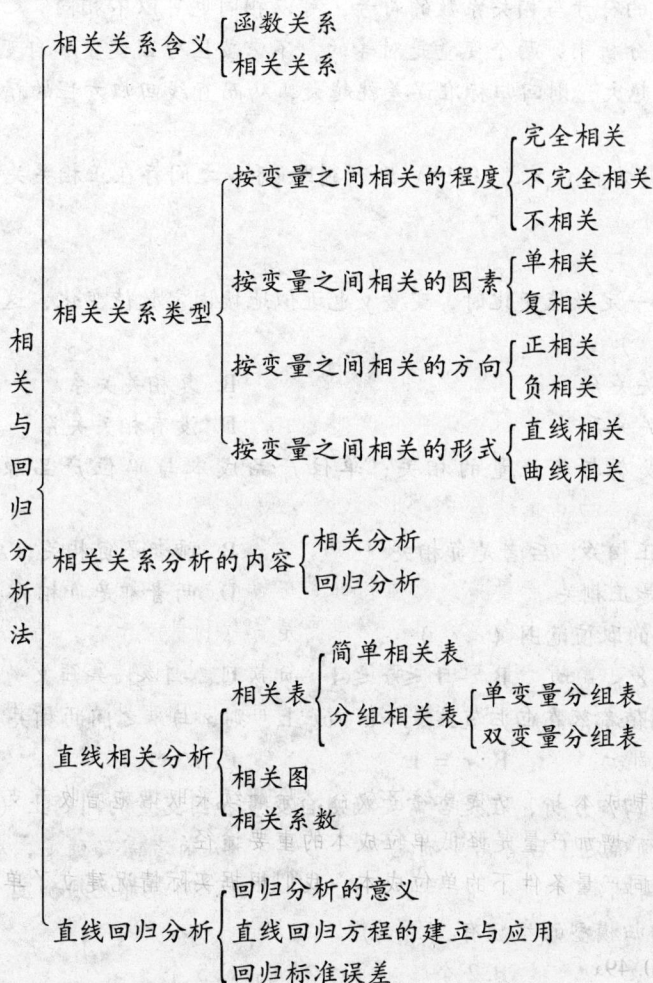

相关与回归分析法
- 相关关系含义
  - 函数关系
  - 相关关系
- 相关关系类型
  - 按变量之间相关的程度
    - 完全相关
    - 不完全相关
    - 不相关
  - 按变量之间相关的因素
    - 单相关
    - 复相关
  - 按变量之间相关的方向
    - 正相关
    - 负相关
  - 按变量之间相关的形式
    - 直线相关
    - 曲线相关
- 相关关系分析的内容
  - 相关分析
  - 回归分析
- 直线相关分析
  - 相关表
    - 简单相关表
    - 分组相关表
      - 单变量分组表
      - 双变量分组表
  - 相关图
  - 相关系数
- 直线回归分析
  - 回归分析的意义
  - 直线回归方程的建立与应用
  - 回归标准误差

【综合自测题】

一、知识题

（一）判断题

1. 相关关系和函数关系都属于完全确定性的依存关系。（   ）

2. 如果两个变量的变动方向一致，同时呈现上升或下降趋势，则两者是正相关关系。（   ）

3. 假定变量 x 与 y 的相关系数是 0.8，变量 m 与 n 的相关系数为 -0.9，则 x 与 y 的相关密切程度高。（   ）

4. 当直线相关系数 $r=0$ 时，说明变量之间不存在任何相关关系。（   ）

5. 相关系数 r 有正负、有大小，因而它反映的是两现象之间具体的数量变动关系。（   ）

6. 在进行相关和回归分析时，必须以定性分析为前提，判定现象之间有无关系。（   ）

7. 回归系数 b 的符号与相关系数的符号，可以相同也可以不相同。（   ）

8. 在直线回归分析中，两个变量是对等的，不需要区分因变量和自变量。（   ）

9. 相关系数 r 越大，则回归标准误差就越大，从而直线回归方程的精确性就越低。（   ）

10. 若直线回归方程 $y_c = 3 + 0.98x$，则可判断 x 和 y 之间存在正相关关系，且为高度正相关关系。（   ）

（二）单选题

1. 当变量 x 按一定数值变化时，变量 y 也近似地按固定数值变化，这表明变量 x 和变量 y 之间存在着（   ）

    A. 完全相关关系　　　　　　　　　　B. 复相关关系

    C. 直线相关关系　　　　　　　　　　D. 没有相关关系

2. 单位产品成本与其产量的相关；单位产品成本与单位产品原材料消耗量的相关（   ）

    A. 前者是正相关，后者是负相关　　　B. 前者是负相关，后者是正相关

    C. 两者都是正相关　　　　　　　　　D. 两者都是负相关

3. 相关系数 r 的取值范围（   ）

    A. $-\infty < r < +\infty$　　B. $-1 \leqslant r \leqslant 1$　　　　C. $-1 < r < 1$　　　　D. $0 \leqslant r \leqslant 1$

4. 当所有观测值都落在回归直线 $y_c = a + bx$ 上，则 x 与 y 之间的相关系数（   ）

    A. $r = 0$　　　　　　B. $r = 1$　　　　　　C. $r = -1$　　　　D. $|r| = 1$

5. 相关分析与回归分析，在是否需要确定自变量和因变量的问题上（   ）

    A. 前者无须确定，后者需要确定　　　B. 前者需要确定，后者无须确定

    C. 两者均需确定　　　　　　　　　　D. 两者都无须确定

6. 一个线性回归模型的参数有（   ）

    A. 1个　　　　　　　B. 2个　　　　　　C. 3个　　　　　　D. 3个以上

7. 直线相关系数的绝对值接近1时，说明两变量相关关系的密切程度是（　　）

　　A. 完全相关　　　　　B. 微弱相关　　　　C. 无线性相关　　　　D. 高度相关

8. 下列关系中，属于正相关关系的有（　　）

　　A. 合理限度内，施肥量和平均亩产量之间的关系

　　B. 产品产量与单位产品成本之间的关系

　　C. 商品的流通费用与销售利润之间的关系

　　D. 流通费用率与商品销售量之间的关系

9. 直线相关分析与直线回归分析的联系表现为（　　）

　　A. 相关分析是回归分析的基础　　　　　B. 回归分析是相关分析的基础

　　C. 相关分析是回归分析的深入　　　　　D. 相关分析与回归分析的互为条件

10. 如果回归标准误差 $S_{yx} = 0$，则表明（　　）

　　A. 全部观测值和回归值都不相等　　　　B. 回归值代表性小

　　C. 全部观测值和回归值的离差之积为零　　D. 全部观测值都落在回归直线上

（三）多选题

1. 下列现象中属于相关关系的有（　　）

　　A. 压力与压强　　　　　　　　　　　B. 现代化水平与劳动生产率

　　C. 圆的半径与圆的面积　　　　　　　D. 身高与体重

　　E. 机械化程度与农业人口

2. 判断现象之间有无相关关系的方法有（　　）

　　A. 对客观现象作定性分析　　　　　　B. 编制相关表

　　C. 绘制相关图　　　　　　　　　　　D. 计算相关系数

　　E. 计算回归系数

3. 在相关关系的现象之间（　　）

　　A. 一定存在严格的依存关系

　　B. 存在一定的相互关系，但关系数值不确定

　　C. 可能存在不明显的因果关系

　　D. 存在不固定的依存关系

　　E. 可能存在明显的因果关系

4. 在一定条件下，销售额与流通费用率存在相关关系，其相关关系属于（　　）

　　A. 正相关　　　　　B. 单相关　　　　　C. 负相关

　　D. 复相关　　　　　E. 完全相关

5. 在直线相关和回归分析中（　　）

　　A. 据同一资料，相关系数只能计算一个

　　B. 据同一资料，相关系数可以计算两个

　　C. 据同一资料，回归方程只能配合一个

　　D. 据同一资料，回归方程随自变量与因变量的确定不同，可能配合两个

　　E. 回归方程和相关系数均与自变量和因变量的确定无关

6. 相关系数 r 的数值（　　）

　　A. 可为正值　　　　　B. 可为负值　　　　　C. 可大于1

D. 可等于 -1   E. 可等于 1

7. 相关系数 $r = 0.9$，这表明现象之间存在着（   ）

   A. 高度相关关系   B. 低度相关关系   C. 低度负相关关系

   D. 高度正相关关系   E. 低度正相关关系

8. 相关系数 $|r|$ 的大小与回归标准误差 S_{yx} 值的大小表现为（   ）

   A. 变化方向一致   B. 各自完全独立变化   C. 变化方向相反

   D. 有时同向变化，有时反向变化   E. 二者都受 σ_y 大小的影响

9. 确定直线回归方程必须满足的条件是（   ）

   A. 现象间确实存在数量上的相互依存关系

   B. 相关系数绝对值必须大于等于 0.5

   C. 相关现象必须均属于随机现象

   D. 现象间存在着较密切的直线相关关系

   E. 相关数列的项数必须足够多

10. 在直线回归分析中，确定直线回归方程的两个变量必须是（   ）

    A. 一个自变量，一个因变量

    B. 均为随机变量

    C. 对等关系

    D. 一个是随机变量，一个是可控制变量

    E. 不对等关系

（四）简答题

1. 相关关系与函数关系有什么区别？

2. 相关分析与回归分析有什么区别和联系？

3. 相关系数与估计标准误差的测算各有什么意义？

二、技能题

1. 某地 2002～2009 年人均收入和耐用消费品销售额资料如表 1 所示。

表1   某地2002～2009年人均收入和耐用消费品销售额资料

年　份	人均收入（万元）	耐用消费品销售额（万元）
2002	3.0	80
2003	3.2	82
2004	3.4	85
2005	3.5	90
2006	3.8	100
2007	4.0	120
2008	4.5	140
2009	5.2	145

要求：根据以上简单相关表的资料，绘制散点图，并判别相关关系的表现形式和方向。

2. 某种产品的产量与单位成本的资料如表2所示。

表2	某种产品的产量与单位成本的资料
产量（千件）	单位成本（元/件）
2	73
3	72
4	71
3	73
4	69
5	68

要求：

（1）计算相关系数，判断其相关方向和程度；

（2）建立直线回归方程。

3. 某地高校学生人数（x）与高校教育经费（y）连续6年的统计资料如表3所示。

表3	某地高校学生人数与高校教育经费资料
在校学生数 x（万人）	教育经费 y（万元）
11	316
16	343
18	373
20	393
22	418
25	455

要求：

（1）建立教育经费依在校学生人数变动的直线回归方程。

（2）估计在校学生数30万人所需教育经费。

（3）说明在校人数每增加1万人，教育经费如何变化？

（4）计算回归标准误差。

第七章

指数分析法

学习目标

指数分析法是统计研究中广泛采用的一种统计分析方法，它主要用来反映那些不能直接相加和对比的现象综合变动情况的。通过本章内容的学习，要求理解统计指数的概念、作用和种类；熟练掌握综合指数的编制和计算方法；能够根据不同的资料计算算术平均数指数和调和平均数指数；能够从相对数和绝对数两方面对现象进行因素分析。

能力目标

1. 计算和分析总指数。
2. 总量指标因素分析。
3. 平均指标因素分析。

思考导学

1. 什么是统计指数？它的主要作用是什么？
2. 什么是个体指数？什么是总指数？编制总指数都有哪些方法？
3. 同度量因素在综合指数中起什么作用？
4. 指数体系是什么？有什么作用？
5. 怎样进行因素分析？

18 世纪后半期，欧洲的一些国家因为资本主义商品生产社会化的发展，使得商品价格的涨落成为影响经济发展和人民生活的一个重要指标，政府、企业、人民群众都关心商品价格的变动。为了反映物价的变动程度，一些经济学家开始着手研究并计算价格指数。对于一种商品，用现行价格与原来价格对比，反映该种商品价格的变动情况，这就是现在所讲的个体价格指数，一般是用相对数表示。随着社会的发展，统计指数应用范围也不断扩大，不仅用于多种商品价格综合变动的测量，而且已成为反映各种经济现象综合变动的统计方法，在对比场合上也由不同时间的对比分析扩大到不同空间的对比分析，统计指数也就得到了前所未有的发展。

第一节　统计指数的一般问题

一、统计指数的含义

统计指数简称指数，其发展到今天，已成为统计工作中最常见的数字之一，比如我们常常听到的零售物价指数、消费价格指数、股票价格指数等都属于统计指数。

对指数的概念有两种不同的解释。

广义指数是泛指现象数量变动的相对数，即用来表明同类现象在不同空间、不同时间、实际与计划对比变动情况的相对数，如前面学过的比较相对数、动态相对数、计划完成程度相对数等。

狭义的指数仅指反映不能直接相加的复杂现象总体在数量上综合变动情况的相对数，例如，要说明一个国家或一个地区商品价格综合变动情况，由于各种商品的经济用途、规格、型号、计量单位等不同，不能直接将各种商品的价格简单相加对比，而要编制狭义的指数综合反映它们的变动情况。

本章主要基于统计指数的狭义概念探讨指数的作用、编制方法及其在统计分析中的运用。

🔖 提示

所谓复杂现象总体，并不是指容量很大、总体单位很多的庞大总体，它指的是总体单位的标志值不能直接相加的总体。例如，要反映一定时期内全部农副产品销售价格的总变动，由于产品类型、计量单位的差异，这样，多种商品的价格、销售量就不能直接相加，全部农副产品也就构成一个复杂总体。

二、统计指数的特点和作用

（一）指数的特点

正确应用指数的统计方法，必须要对指数特点有深刻的了解，概括地讲，指数具有以下特点。

1. 相对性。指数是现象总体某变量在不同场合下对比形成的相对数，它可以度量简单现象单一变量在不同时间或不同空间的相对变化，如一种商品的价格指数、销售量指数，即个体指数，也可以反映复杂现象同一组变量的综合变动，如消费价格指数反映一组指定商品和服务的价格变动水平，这种指数称为综合指数。可见，指数不是比较两个时间，便是比较两个空间一种或多种现象的变动。前者称为动态指数，后者称为静态指数。本章主要介绍动态指数。无论是动态指数，还是静态指数，都必须以一个时期或一个地区作为标准，才可比较另一时期或地区的现象或事物变动的高低，这便是指数的相对性特征。

2. 综合性。实际中计算的指数主要是狭义的指数，运用于对复杂现象的综合比较，没有综合性，指数就不可能发展成为一种独立的理论和方法论体系。

3. 平均性。由于总指数是对多种不同事物同一现象的数量进行综合，它将每个事物具体的数量变化抽象化了，是反映个别事物数量变化的平均状况。例如，多种商品的物价总指数为120%，说明尽管有的商品物价上涨了，有的商品物价下降了，但总的来说，还是上涨了，上涨的幅度是20%。这个20%可以代表任何一种商品的物价变动程度，但又不是某一种物价变动程度的真实数值，可以理解为多种商品的物价平均变动程度。

（二）指数的作用

1. 综合反映现象总变动方向及变动幅度。这是指数的主要作用。在统计实践中，经常要研究多种商品或产品价格的综合变动情况，多种商品的销量或产品产量的总变动，多种产品的成本总变动等这类问题，由于使用价值等不同，所研究的总体中的各个个体不能直接相加。指数法的首要任务，就是把不能直接加总的现象过渡到可以加总进行对比，从而反映复杂现象的总变动方向及变动幅度。指数的数值常用百分数表示，大于或小于100%，表明现象升降的方向，指数值的大小则表示现象升降变动的程度。

2. 分析现象总体变动中受各个因素变动的影响情况。许多现象的数量变化是由构成它们的诸多因素变动综合影响的结果。统计指数不仅能分析复杂现象的变动情况，还能测定各个因素的变动对总体数量变动的影响情况。例如，编制商品销售量指数和商品价格指数，它们可以分别指出商品销售额总变动中受价格和销售量影响变动的相对数和绝对数。这种方法还可以研究总平均指标的变动中受各组平均水平和总体结构变动的影响。如职工平均工资的总变动，既受各类职工平均工资水平的影响，又受各类职工人数结构（比重）变动的影响。因此，利用指数可以测定总平均工资变动中受这两个因素的影响程度。

3. 反映现象的变动趋势。编制一系列反映同类现象变动情况的指数形成指数数列，可以反映被研究现象的变动趋势。

三、统计指数的种类

统计指数从不同的角度可以有很多种分类，其中最主要的有以下两种：

（一）按研究范围分类

按研究范围不同，统计指数可分为个体指数和总指数。

个体指数是反映个别现象（即简单现象总体）数量变动的相对数，如个别商品的价格指数，个别产品的产量指数等。个体指数的计算方法，一般是用报告期指标数值与基期指标数值进行对比，通常记作 K，q 表示数量指标，p 表示质量指标，下标 1 和 0 分别代表报告期和基期。如个体数量指标指数：

$$K_q = \frac{q_1}{q_0} \tag{7-1}$$

个体质量指标指数：

$$K_p = \frac{p_1}{p_0} \tag{7-2}$$

总指数是反映多种现象总体（即复杂现象总体）数量变动的相对数。例如，产品产量总指数、社会商品零售物价指数、职工生活费用价格指数等都是总指数。总指数按其计算方法和计算公式的不同，分为综合指数和平均指数。总指数可记为 $\bar{K}$。

（二）按其所反映的指标性质分类

按其反映的指标（又称指数化指标）性质不同，指数可分为数量指标指数和质量指标指数。

数量指标指数是指反映现象数量变动的相对数，是用来反映总体的数量或规模变动方向和程度的指数，如职工人数指数、产品产量指数、商品销售量指数等。

质量指标指数是指反映现象内在数量即质量变动的相对数，是用以反映总体质量、内涵变动情况的指数。如单位成本指数、物价指数、劳动生产率指数等。

除此之外，指数还可以进行其他分类。例如，根据对比场合不同，分为动态指数和静态指数；根据比较时所采用的基期不同，分为定基指数和环比指数；根据计算时采用权数与否，分为简单指数和加权指数。

第二节 指数分析的方法

要利用指数进行分析，首先要编制计算有关指数，本节主要介绍总指数的编制计算方法。总指数的编制计算方法有两种：一是综合指数，二是平均指数。两种方法有一定的联系，但各有其特点，下面分别予以介绍。

一、总指数分析

（一）综合指数的编制与计算分析

综合指数是总指数的一种基本形式，它是通过同度量因素，把现象总体中不能直接相加对比的因素指标转化为能够相加对比，然后求出两个总量指标，再进行对比而得到的相对数。这里所谓同度量因素，是指将不能直接相加对比的因素指标转化为能够相加对比的那个媒介因素。综合指数对比的总量指标往往包含两个或两个以上的因素，将其中一个或一个以上的因素固定下来，仅观察其中一个因素的综合变动程度。

综合指数的编制一般分两步进行。

第一步，确定同度量因素，解决指数化指标不能加总的问题。

从现象关联分析中找到与指数化指标相联系的因素，将这个因素与指数化指标相乘，变为一个价值指标，然后进行加总。例如，在分析各种商品销售量的总变动中，可以把各种商品销售量乘上商品销售价格来计算商品销售额；在分析各种商品价格的总变动中，可以给商品价格乘上相应的销售量，求得商品销售额。这样就可以从两个时期的商品销售额的对比中进行分析。这里，在分析各种商品销售量的总变动中，加入的"商品价格"；在分析各种商品价格的总变动中，加入的"销售量"就属于同度量因素。由此可见，同度量因素是将不能直接加总的指数化指标过渡到可以相加的指标的媒介因素。同度量因素的作用有两个：一是同度量作用，二是权数作用。

第二步，固定同度量因素，解决指数化指标不能对比的问题。

指数化指标乘上同度量因素还没有解决分析指数化指标的综合变动问题。因为商品销售额中包含了销售量和价格两个因素的变动。只有把同度量因素加以固定，以消除其变化的影响，才能反映出指数化指标的综合变动程度。如上例中，采用同一时期的价格作为同度量因素来计算两个时期商品销售额进行对比，以测定各种商品销售量的变动；采用同一时期的销售量作为同度量因素，来计算两个时期的商品销售额进行对比，以反映各种商品价格的综合变动。

一般地，编制数量指标指数时，应选择基期的质量指标作为同度量因素；而编制质量指标指数时，选择报告期的数量指标作为同度量因素。

1. 数量指标综合指数的计算分析。数量指标指数是反映多种现象数量指标综合变化程度的指数，如产品产量指数、商品销售量指数等。根据综合指数的编制原理，数量指标指数用下列公式计算：

$$\bar{K}_q = \frac{\sum q_1 p_0}{\sum q_0 p_0} \tag{7-3}$$

式（7-3）中，$\bar{K}_q$ 表示数量指标总指数；$\sum q_1 p_0$ 表示报告期数量指标与基期质量指标相乘得到的假定销售额；$\sum q_0 p_0$ 表示基期的价值指标。

式（7-3）的计算结果说明复杂现象总体数量指标综合变动的方向和程度。说明由于数量指标的变动对价值指标影响的绝对额，可通过下式计算。

$$\sum q_1 p_0 - \sum q_0 p_0$$

现举例说明数量指标指数的编制方法。

【例7-1】某公司所属商业企业三种商品价格和销售量资料如表7-1所示。

表7-1　　　　　　　　　某公司所属商业企业三种商品价格和销售量资料

商品名称	单　位	销　售　量		价格（元）	
		基期 q_0	报告期 q_1	基期 p_0	报告期 p_1
甲	斤	2 000	2 400	15.7	17.6
乙	件	1 800	3 000	24.0	18.4
丙	只	4 050	4 200	2.6	1.8

试编制计算销售量总指数并分析三种商品销售量总的变动情况。

通过表 7 - 1 可以看出，三种商品销售量的变化各不相同，要考察三种商品销售量总的变化情况，必须计算总指数。由于三种商品的使用价值、计量单位不同，不能将销售量简单加总计算总指数，而应以价格作为同度量因素，将不能相加的销售量指标过渡到能够相加的销售额指标，即：$\sum$（销售量 × 价格）= $\sum$ 销售额，$\sum q \times p = \sum qp$

根据综合指数的编制原则，要说明销售量变动，应将价格这一同度量因素固定在基期。即销售量总指数为：

$$\bar{K}_q = \frac{\sum q_1 p_0}{\sum q_0 p_0}$$

现用表 7 - 1 的资料计算如下：

$$\bar{K}_q = \frac{\sum q_1 p_0}{\sum q_0 p_0} = \frac{2\ 400 \times 15.7 + 3\ 000 \times 24 + 4\ 200 \times 2.6}{2\ 000 \times 15.7 + 1\ 800 \times 24 + 4\ 050 \times 2.6} = \frac{120\ 600}{85\ 130} = 141.67\%$$

上述计算结果的经济含义有两个方面：一是说明三种商品销售量综合或平均提高了41.67%；二是说明由于商品销售量提高，使商品销售额也提高了41.67%。

上式中的分子减分母得到：$\sum q_1 p_0 - \sum q_0 p_0 = 120\ 600 - 85\ 130 = 35\ 470$（元）

其计算结果的经济含义为：由于销售量的增长，使销售额报告期比基期增加了35 470元。

2. 质量指标综合指数的计算分析。质量指标指数是反映多种现象质量指标综合变化程度的指数，如单位成本指数、价格指数等。质量指标指数由下列公式计算：

$$\bar{K}_p = \frac{\sum q_1 p_1}{\sum q_1 p_0} \tag{7-4}$$

式（7-4）中，$\bar{K}_p$ 表示质量指标总指数；$\sum q_1 p_1$ 表示报告期的价值指标；$\sum q_1 p_0$ 表示报告期数量指标与基期质量指标相乘得到的假定销售额。

式（7-4）的计算结果说明复杂现象总体质量指标综合变动的方向和程度。要说明由于质量指标的变动对价值指标影响的绝对额，可通过下式计算。

$$\sum q_1 p_1 - \sum q_1 p_0$$

【例 7 - 2】根据表 7 - 1 中的资料计算这三种商品的销售价格总指数。

$$\bar{K}_p = \frac{\sum q_1 p_1}{\sum q_1 p_0} = \frac{2\ 400 \times 17.6 + 3\ 000 \times 18.4 + 4\ 200 \times 1.8}{2\ 400 \times 15.7 + 3\ 000 \times 24 + 4\ 200 \times 2.6} = \frac{105\ 000}{120\ 600} \approx 87.06\%$$

$$\sum q_1 p_1 - \sum q_1 p_0 = 105\ 000 - 120\ 600 = -15\ 600 \text{（元）}$$

计算结果表明：

（1）该公司所属商业企业三种商品的价格报告期比基期平均下降12.94%。

（2）由于价格的下降，而使销售额报告期比基期降低了12.94%。

（3）由于价格的下降，使销售额报告期比基期减少了15 600元。

【例 7 - 1】和【例 7 - 2】应用 Excel 处理操作如下：

将原始资料输入 Excel 后计算销售额，如图 7－1 所示。

图 7－1 中首先要计算 G、H、I、J 四列的销售额。对于 G 列，单击 G4 单元格，输入"＝C4＊E4"，确定后得出结果 31 400，并利用填充柄功能计算 G5 和 G6；H、I、J 各列均可仿此计算；之后单击 G7 单元格，点击"Σ"即得 G 列的合计数，并利用填充柄功能计算 H、I、J 列的合计数。

然后，利用图 7－1 中资料，计算销售量总指数。单击任一空单元格，输入"＝I7/G7＊100"，确定后得销售量总指数为 141.67%；单击任一空单元格，输入"＝I7－G7"，确定结果 35 470 元即为由于销售量变动使销售额增加的绝对额。

最后，计算价格总指数。单击任一空单元格，输入"＝H7/I7＊100"，确定后得价格总指数为 87.06%；单击任一空单元格，输入"＝H7－I7"，确定结果 －15 600 元即为由于价格变动使销售额减少的绝对额。

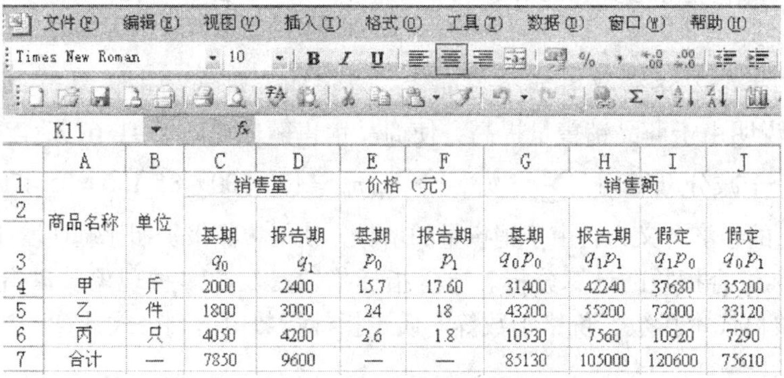

	A	B	C	D	E	F	G	H	I	J
1	商品名称	单位	销售量		价格（元）		销售额			
2										
3			基期 q_0	报告期 q_1	基期 p_0	报告期 p_1	基期 q_0p_0	报告期 q_1p_1	假定 q_1p_0	假定 q_0p_1
4	甲	斤	2000	2400	15.7	17.60	31400	42240	37680	35200
5	乙	件	1800	3000	24	18	43200	55200	72000	33120
6	丙	只	4050	4200	2.6	1.8	10530	7560	10920	7290
7	合计		7850	9600	—	—	85130	105000	120600	75610

图 7－1　某公司所属商业企业三种商品销售额计算

（二）平均指数的编制与计算分析

小思考　已知某企业生产甲、乙两种产品，甲产品产量报告期为5 500部、基期为5 000部，单位成本报告期为21元、基期为20元；乙产品产量报告期为3 600套、基期为3 000套，单位成本报告期为28元、基期为25元。试计算：（1）个体产量指数和个体单位成本指数；（2）产量总指数以及由于产量变动而增加（减少）的总成本；（3）单位成本总指数以及由于单位成本变动而增加（减少）的总成本。

平均指数是总指数的另一种形式，是以某一时期的总量指标为权数对个体指数加权平均计算的总指数，也可称为平均数指数。平均指数和综合指数是总指数的两种形式，它们之间既有区别，又有联系。一方面，平均指数作为一种独立的指数形式具有广泛的应用范围；另一方面，在一定的权数下，两类指数间又存在着某种计算上的变形关系。

平均指数是从个体指数出发来编制总指数的，它是先计算出个体数量指数和个体质量指数，而后进行加权平均，算出平均数，来综合测定现象的综合或平均变动方向和程度。作为权数的总量通常是两个变量的乘积，可以是价值总量，如商品销售额、工业总产值，也可以是其他总量。由于权数的不同，可将其分为综合变形权数平均指数和固定权数平均指数两种。

1. 综合变形权数平均指数。

（1）加权算术平均指数。加权算术平均指数是按照加权算术平均数方法计算的总指数。一般情况下，数量指标综合指数可以改变为加权算术平均形式计算指数，即以个体物量指数为变量值，以数量指标综合指数相应的分母指标（基期的总值）为权数，对个体指数运用加权算术平均数公式计算总指数。其公式可由综合指数公式变形得到。

已知数量指标综合指数为：

$$\bar{K}_q = \frac{\sum q_1 p_0}{\sum q_0 p_0}$$

个体数量指数为：

$$K_q = \frac{q_1}{q_0}$$

将 $q_1 = k_q \cdot q_0$ 代入综合指数公式可得数量指标的加权算术平均指数公式：

$$\bar{K}_q = \frac{\sum q_1 p_0}{\sum q_0 p_0} = \frac{\sum k_q p_0 q_0}{\sum p_0 q_0} \tag{7-5}$$

这个指数计算公式同加权算术平均数计算公式 $\bar{x} = \dfrac{\sum xf}{\sum f}$ 的形式十分类似，式（7-5）中，个体指数 K_q 可以看成是加权算术平均数中的变量值，而 $p_0 q_0$ 是权数，所以将这种计算总指数的方法称为加权算术平均数指数。

下面举例说明加权算术平均数指数的计算与分析。

【例 7-3】已知两种商品的销售资料如表 7-2 所示。要求综合反映这两种商品销售量的变动情况。

表 7-2　　　　　　　　　　　两种商品销售资料

商品名称	单位	销售额（万元）		报告期比基期销售量增长（%）
		基期 $q_0 p_0$	报告期 $q_1 p_1$	
毛衣	件	5 000	8 880	23
皮鞋	双	4 500	4 200	-7
合计	—	9 500	13 080	—

由于受所掌握资料的限制，无法直接运用综合指数的计算公式来计算销售量总指数，而适合采用加权算术平均指数。首先根据资料求出各种商品销售量的个体指数 k_q，然后以基期的实际销售额作为权数计算加权算术平均指数。

个体销售量指数 k_q：毛衣：$k_q = 100\% + 23\% = 123\%$

皮鞋：$k_q = 100\% - 7\% = 93\%$

销售量总指数：$\bar{k}_q = \dfrac{\sum k_q q_0 p_0}{\sum q_0 p_0} = \dfrac{123\% \times 5\,000 + 93\% \times 4\,500}{5\,000 + 4\,500} = \dfrac{10\,335}{9\,500} = 108.79\%$

$\sum k_q q_0 p_0 - \sum q_0 p_0 = 10\,335 - 9\,500 = 835$（万元）

计算结果说明两种商品的销售量报告期比基期平均增长 8.79%，由于销售量的增长而增加的销售额为 835 万元。

此例应用 Excel 处理操作如下：

将原始资料输入 Excel 后计算销售量指数，如图 7 - 2 所示。

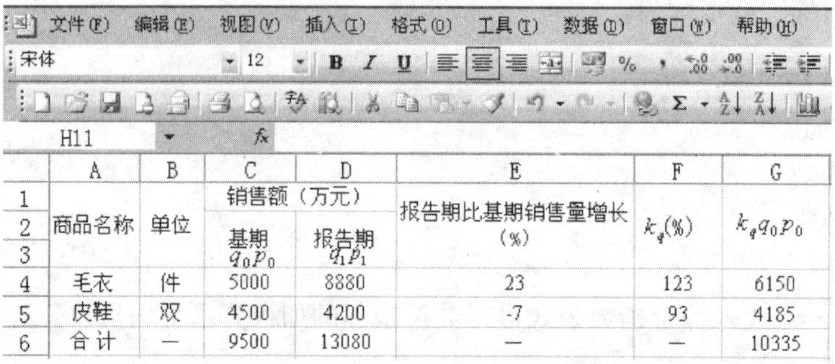

	A	B	C	D	E	F	G
1	商品名称	单位	销售额（万元）		报告期比基期销售量增长（%）	k_q(%)	$k_q q_0 p_0$
2			基期 $q_0 p_0$	报告期 $q_1 p_1$			
3							
4	毛衣	件	5000	8880	23	123	6150
5	皮鞋	双	4500	4200	-7	93	4185
6	合计	—	9500	13080	—	—	10335

图 7 - 2　输入两种商品销售资料

图 7 - 2 中，首先输入 F 列数据；然后，单击 G4 单元格，输入 " = F4 * C4"，确定结果后利用填充柄功能计算出 G5 的数据，再单击 G6 单元格，点击 "Σ" 即得 G 列的合计数；最后，单击任一空单元格，输入 " = G6/C6" 得 1.0879，即两种商品的销售量总指数为 108.79%。

（2）加权调和平均数指数。加权调和平均数指数是按照加权调和平均数方法计算的总指数，一般情况下，质量指标综合指数可以改变为加权调和平均形式计算指数，即以个体质量指数为变量值，以质量指标综合指数相应的分子指标（报告期的总值）为权数，对个体指数运用加权调和平均公式计算总指数。其公式可由综合指数公式变形得到。

已知质量指标综合指数公式为：

$$\bar{K}_p = \frac{\sum q_1 p_1}{\sum q_1 p_0}$$

个体质量指数为：

$$K_p = \frac{p_1}{p_0}$$

由：

$$K_p = \frac{p_1}{p_0}$$

得：

$$p_0 = \frac{p_1}{k_p}$$

将 $p_0 = \dfrac{p_1}{k_p}$ 代入综合指数公式可得质量指标的加权调和平均指数的计算公式为：

$$\bar{k}_p = \frac{\sum q_1 p_1}{\sum q_1 p_0} = \frac{\sum q_1 p_1}{\sum \frac{1}{k_p} q_1 p_1} = \frac{\sum q_1 p_1}{\sum \frac{q_1 p_1}{k_p}} \qquad (7-6)$$

式（7－6）同加权调和平均数 $H=\dfrac{\sum m}{\sum \dfrac{m}{x}}$ 的计算公式的形式十分相似，个体指数 k_p 可以看成是加权调和平均数中的变量值，q_1p_1 是权数，故将这种计算总指数的方法称为加权调和平均数指数。

【例 7－4】 某企业三种不同产品的价格和报告期产值资料如表 7－3 所示。要求计算三种产品价格总指数。

表 7－3　　三种产品价格和产值计算表

产品名称	单　位	价格（元）		报告期产值	价格个体指数
		基期 p_0	报告 p_1	p_1q_1（元）	k_p（%）
甲	米	11.00	10.20	3 2640	92.73
乙	件	1.30	1.30	6 760	100.00
丙	个	0.40	0.32	20 800	80.00
合　计	—	—	—	60 200	—

此例中，无法直接运用综合指数的计算公式来计算销售量总指数，而应采用加权调和平均指数计算价格总指数。

$$\bar{k}_p=\frac{\sum q_1p_1}{\sum \dfrac{q_1p_1}{k_p}}=\frac{32\ 640+6\ 760+20\ 800}{\dfrac{32\ 640}{92.73\%}+\dfrac{6\ 760}{100\%}+\dfrac{20\ 800}{80\%}}=\frac{60\ 200}{67\ 959}=88.58\%$$

价格总指数：

$$\sum q_1p_1-\sum \frac{q_1p_1}{k_p}=60\ 200-67\ 959=-7\ 759\text{（元）}$$

计算结果说明，三种产品的价格报告期比基期平均降低 11.42%，由于价格的下降而减少的产值为 －7 759 元。

此例应用 Excel 处理操作如下：

将原始资料输入 Excel 后计算销售价格指数，如图 7－3 所示。

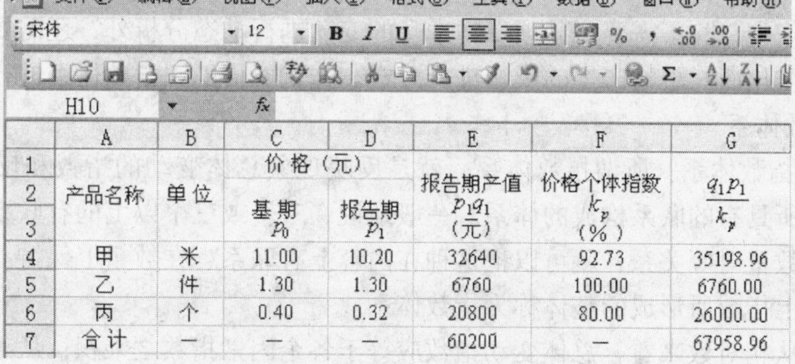

	A	B	C	D	E	F	G
1			价格（元）				
2	产品名称	单位			报告期产值	价格个体指数	$\frac{q_1p_1}{k_p}$
3			基期 p_0	报告期 p_1	p_1q_1（元）	k_p（%）	
4	甲	米	11.00	10.20	32640	92.73	35198.96
5	乙	件	1.30	1.30	6760	100.00	6760.00
6	丙	个	0.40	0.32	20800	80.00	26000.00
7	合计	—	—	—	60200	—	67958.96

图 7－3　输入三种产品价格和产值资料

小思考　某企业生产三种产品，其销售量报告期比基期分别增长 6%、4%、5%，价格报告期比基期分别上涨 10%、6%、8%，三种产品销售额基期分别为 393 万元、472 万元、292 万元，报告期分别为 525 万元、630 万元、390 万元。如何综合反映三种产品销售量和价格的变动？

图 7 - 3 中，首先计算 G 列数据，单击 G4 单元格，输入" = E4 * 100/C4"，确定结果后利用填充柄功能计算出 G5 和 G6 的数据，再单击 G7 单元格，点击" ∑ "即得 G 列的合计数；最后，单击任一空单元格，输入" = E7/G7"得 0.8858，即三种产品的价格总指数为 88.58%。

2. 固定权数平均指数。在统计工作实践中，除上述的综合指数的变形公式外，还广泛采用以固定权数加权计算的固定权数平均指数。在前面所讲的综合变形权数平均指数公式中，将权数 $\sum p_0q_0$ 用 $\sum w$ 代替。$\sum w$ 是将 $\sum p_0q_0$ 抽象为100，用各部分的 w 除 $\sum w$ 所得比重，即为固定权数。之所以称为固定权数，是因为此比重反映一定时期内生产结构或消费结构，而生产结构或消费结构在一定时期内是相对稳定的。当然，在较长时期内要经过微调确定。所以，该公式不再是综合指数的变形了，而是作为一种独立的形式存在。其公式为：

$$\bar{k}_p = \frac{\sum k_p w}{\sum w} \tag{7-7}$$

或：

$$\bar{k}_q = \frac{\sum k_q w}{\sum w} \tag{7-8}$$

式（7 - 7）中，k_p 代表个体质量指数或类指数；式（7 - 8）中，k_q 代表个体数量指数或类指数，均可用代表性规格品的个体指数代替。

在实际中更多使用的是式（7 - 7）。固定权数指数公式在我国常用来计算零售物价指数、居民消费价格指数、工业产品产量指数、农副产品收购价格指数及股票价格指数等。

二、指数体系和因素分析

在实际工作中，除了需要对某项事物本身的变动进行动态分析外，还需要对影响事物变动的因素发生变化而对事物产生的影响进行分析。这就要借助于指数体系进行因素分析。

（一）指数体系

1. 什么是指数体系？所谓指数体系，就是反映现象总体变动的指数和反映各个因素变动的指数之间所具有的联系构成的体系。一般地说，三个或三个以上的有联系的指数之间如能构成一定的数量对等关系，就可以把这种在内容上有联系、在数量上保持一定对等关系的三个或三个以上指数所形成的整体称为指数体系。

指数体系从相对数来看，总体变动指数应等于各个因素指数之乘积；从绝对数来看，总体变动差额应等于各个因素指数的分子与分母差额之和。

例如，商品销售额（qp）=商品销售量（q）×商品销售价格（p），其指数体系表现为：

$$\frac{\sum q_1 p_1}{\sum q_0 p_0} = \frac{\sum q_1 p_0}{\sum q_0 p_0} \times \frac{\sum q_1 p_1}{\sum q_1 p_0}$$

即：

商品销售额指数 = 商品销售量指数 × 商品销售价格指数

$$\sum q_1 p_1 - \sum q_0 p_0 = \left(\sum q_1 p_1 - \sum q_0 p_0 \right) + \left(\sum q_1 p_1 - \sum q_0 p_0 \right)$$

即：

商品销售额变动差额 = 销售量变动影响销售额变动差额 + 价格变动影响销售额变动差额

2. 指数体系的作用。指数体系在经济分析中的作用可以概括为两点：

（1）可以进行因素分析。通过指数体系可以从相对数和绝对数两方面分析计算出现象的总变动中各因素的变动对总变动影响的方向、程度和影响的绝对差额。

（2）可以进行指数之间的相互推算。由于指数体系表现为指数之间的数量对等关系，因此当已知指数体系中的某几个指数时，可以推算出另一个未知指数。

（二）因素分析法

因素分析法就是利用指数体系从数量上分析现象的综合变动中受各因素影响的方向、程度和绝对数量的一种方法。根据所分析指标的表现形式不同，因素分析法可分为总量指标变动的因素分析法和平均指标变动的因素分析法。根据影响因素的多少不同，指数的因素分析法可分为两因素分析法和多因素分析法。因素分析的内容包括相对数分析和绝对数分析，相对数分析是指数体系间乘积关系的分析，指数分析一般就是指这种分析；绝对数分析是指指数体系中分子与分母差额关系的分析。

因素分析的步骤是先计算被分析指标的总变动程度和绝对额；再计算各因素指标变动影响程度和绝对额；最后对影响因素进行综合分析，总变动程度等于各因素变动程度之连乘积，总变动绝对额等于各因素变动影响绝对额之总和。

1. 总量指标变动的因素分析。总量指标的因素分析包括两因素分析和多因素分析。

（1）总量指标变动的两因素分析。一个总量指标，如果受两个因素的影响，则对这个总量指标的因素分析称为总量指标的两因素分析。

总量指标指数体系通常是由价值指数、数量指标指数、质量指标指数所构成的指数体系，其两因素分析的关系式为：

相对数变动分析：

$$\frac{\sum q_1 p_1}{\sum q_0 p_0} = \frac{\sum q_1 p_0}{\sum q_0 p_0} \times \frac{\sum q_1 p_1}{\sum q_1 p_0} \tag{7-9}$$

绝对数变动分析：

$$\sum q_1 p_1 - \sum q_0 p_0 = \left(\sum q_1 p_0 - \sum q_0 p_0 \right) + \left(\sum q_1 p_1 - \sum q_1 p_0 \right) \tag{7-10}$$

【例7-5】某厂生产的三种产品的有关资料如表7-4所示，要求对三种产品的总成本进行因素分析。

表7-4　　　　　　　　　　三种产品产量和单位产品成本资料

产品名称	单位	产量		单位产品成本（元）		基期总成本 q_0p_0（元）	报告期总成本 q_1p_1（元）	假定总成本 q_1p_0（元）
		基期 q_0	报告期 q_1	基期 p_0	报告期 p_1			
甲	件	1 000	1 200	10	8	10 000	9 600	12 000
乙	台	5 000	5 000	4	4.5	20 000	22 500	20 000
丙	个	1 500	2 000	8	7	12 000	14 000	16 000
合计	—	—	—	—	—	42 000	46 100	48 000

解：总成本指数：$\dfrac{\sum q_1p_1}{\sum q_0p_0} = \dfrac{46\ 100}{42\ 000} = 109.76\%$

$\sum q_1p_1 - \sum q_0p_0 = 46\ 100 - 42\ 000 = 4\ 100$（元）

产品产量总指数：$\dfrac{\sum q_1p_0}{\sum q_0p_0} = \dfrac{48\ 000}{42\ 000} = 114.29\%$

由于产量变动而使总成本变动的绝对额：

$\sum q_1p_0 - \sum q_0p_0 = 48\ 000 - 42\ 000 = 6\ 000$（元）

单位产品成本：$\dfrac{\sum q_1p_1}{\sum q_1p_0} = \dfrac{46\ 100}{48\ 000} = 96.04\%$

由于单位产品成本变动使总成本变动的绝对额；

$\sum q_1p_1 - \sum q_1p_0 = 46\ 100 - 48\ 000 = -1\ 900$（元）

指数体系：$114.29\% \times 96.04\% = 109.76\%$

$6\ 000 - 1\ 900 = 4\ 100$（元）

小思考　某超市2005年商品销售额为2 800万元，2006年比2005年增加250万元，商品价格指数为110%，该超市商品销售额的变动中，由于销售价格变动影响的程度和绝对金额是多少？

分析说明：报告期总成本比基期增长了9.76%，增加的绝对额为4 100元。由于各种产品的产量增长使报告期的总成本比基期增长了14.29%，增加了6 000元；由于各种产品的单位产品成本平均降低使报告期的总成本比基期下降了3.96%，节约了1 900元。

（2）总量指标变动的多因素分析。一个总量指标，如果受三个或三个以上因素的影响，则对这个总量指标的因素分析称为总量指标的多因素分析。例如利税总额的影响因素有销售量、销售价格和利税率三个；工业产品原材料费用额可以分解为产量、单位产品原材料消耗量和单位原材料价格三个因素等，它们都需进行多因素分析。

总量指标多因素分析也包括相对数和绝对数变动分析两方面，其指数体系由被研究现象的总变动指数和三个或三个以上因素指数构成。

多因素现象的指数体系，由于所包括的因素较多，指数的编制比较复杂，编制多因素指数体系时要注意以下问题。

① 排列影响因素的先后顺序。要具体分析现象总体的内容，使之符合客观事物的联系或逻辑。各因素顺序的排列一般应遵循数量因素在前，质量因素在后的原则。

② 遵循连环替代法的原则。即在分析受多因素影响的事物的发展变化时，要逐项分析，逐项确定同度量因素。具体方法是：在分析第一个因素的影响时，其他所有因素作为同度量因素固定在基期；在分析第二个因素的变动影响时，则把已经分析过的第一个因素固定在报告期，没有分析过的因素仍固定在基期；在分析第三个因素的变动影响时，就把已经分析过的两个因素固定在报告期，没有分析过的因素仍然固定在基期，依次类推。

如三因素分析指数体系的数量关系表现为：

相对数变动分析：

$$\frac{\sum q_1 m_1 p_1}{\sum q_0 m_0 p_0} = \frac{\sum q_1 m_0 p_0}{\sum q_0 m_0 p_0} \times \frac{\sum q_1 m_1 p_0}{\sum q_1 m_0 p_0} \times \frac{\sum q_1 m_1 p_1}{\sum q_1 m_1 p_0} \qquad (7-11)$$

绝对数变动分析：

$$\sum q_1 m_1 p_1 - \sum q_0 m_0 p_0 = \left(\sum q_1 m_0 p_0 - \sum q_0 m_0 p_0 \right) + \left(\sum q_1 m_1 p_0 - \sum q_1 m_0 p_0 \right)$$
$$+ \left(\sum q_1 m_1 p_1 - \sum q_1 m_1 p_0 \right) \qquad (7-12)$$

【例 7 - 6】假设某企业三种产品产量、单位产品原材料消耗量、单位原材料价格资料如表 7 - 5 所示，要求对三种产品原材料消耗总额进行因素分析。

表 7 - 5　　　　　　　　　某企业三种产品产量、原材料单耗及单价资料

产品	单位	基期			报告期		
		产量 q_0	单位产品原材料消耗量 m_0（公斤）	单位原材料购进价格 p_0（元／公斤）	产量 q_1	单位产品原材料消耗量（公斤）m_1	单位原材料购进价格 p_1（元／公斤）
甲	台	100	50	5	120	45	6
乙	件	60	30	6	50	25	7
丙	箱	80	20	7	80	22	8

由于原材料消耗总额受产量、单位产品原材料消耗量、单位原材料购进价格三个因素影响，应采用多因素分析。它们之间的关系表现为：

原材料消耗总额 = 产量 × 单位产品原材料消耗量 × 单位原材料价格

若用 q 代表产量；m 代表单位产品材料消耗量；p 代表单位原材料价格。即：

$$原材料消耗总额指数 = \frac{\sum q_1 m_1 p_1}{\sum q_0 m_0 p_0} = \frac{120 \times 45 \times 6 + 50 \times 25 \times 7 + 80 \times 22 \times 8}{100 \times 50 \times 5 + 60 \times 30 \times 6 + 80 \times 20 \times 7} = \frac{55\,230}{47\,000}$$

= 117.51% 就绝对额的变动情况进行分析，该企业生产三种产品所消耗原材料总额的变动额为：

$$\sum q_1 m_1 p_1 - \sum q_0 m_0 p_0 = 55\,230 - 47\,000 = 8\,230(元)$$

$$产量指数 = \frac{\sum q_1 m_0 p_0}{\sum q_0 m_0 p_0} = \frac{120 \times 50 \times 5 + 50 \times 30 \times 6 + 80 \times 20 \times 7}{100 \times 50 \times 5 + 60 \times 30 \times 6 + 80 \times 20 \times 7} = \frac{50\ 200}{47\ 000} = 106.81\%$$

产量增加影响的原材料费用的增加额：

$$\sum q_1 m_0 p_0 - \sum q_0 m_0 p_0 = 50\ 200 - 47\ 000 = 3\ 200（元）$$

$$单位产品原材料消耗量指数 = \frac{\sum q_1 m_1 p_0}{\sum q_1 m_0 p_0} = \frac{120 \times 45 \times 5 + 50 \times 25 \times 6 + 80 \times 22 \times 7}{120 \times 50 \times 5 + 60 \times 30 \times 6 + 80 \times 20 \times 7}$$

$$= \frac{46\ 820}{50\ 200} = 93.27\%$$

单位产品原材料消耗量的下降影响原材料费用支出的减少额：

$$\sum q_1 m_1 p_0 - \sum q_1 m_0 p_0 = 46\ 820 - 50\ 200 = -3\ 380（元）$$

$$单位原材料价格指数 = \frac{\sum q_1 m_1 p_1}{\sum q_1 m_1 p_0} = \frac{120 \times 45 \times 6 + 50 \times 25 \times 7 + 80 \times 22 \times 8}{120 \times 45 \times 5 + 50 \times 25 \times 6 + 80 \times 22 \times 7}$$

$$= \frac{55\ 230}{46\ 820} = 117.96\%$$

单位原材料价格提高影响原材料费用支出的增加额：

$$\sum q_1 m_1 p_1 - \sum q_1 m_1 p_0 = 55\ 230 - 46\ 820 = 8\ 410（元）$$

以上三个因素指数对企业支付原材料总额变动影响关系如下：

117.51% = 106.81% × 93.27% × 117.96%

3 200 - 3 380 + 8 410 = 8 230（元）

以上计算结果表明，三种产品原材料消耗总额报告期比基期上升17.51%，增加的绝对额为8 230元。其中：由于产量上升6.81%，使原材料费用上升6.81%，增加3 200元；由于单位原材料消耗下降6.73%，使原材料费用下降6.73%，减少3 380元；由于原材料价格上升17.96%，使原材料费用上升17.96%，增加8 410元。

提示

产量和单位原材料消耗量乘积的经济意义是全部原材料消耗量，而后两项的乘积等于单位产品原材料消耗额。

2. 平均指标变动的因素分析。

（1）平均指标变动因素分析的意义。平均指标是表明现象总体一般水平的指标。总体一般水平决定于两个因素：一个是总体内部各部分（组）的水平，另一个是总体的结构，即各部分（组）在总体中所占的比重。总体平均指标的变动是这两个因素变动的综合结果。例如，总体工人平均工资取决于各组工人工资水平和各组工人人数在工人总数中所占比重这两个因素的变动。对平均指标变动进行因素分析，就是分析平均指标影响因素变动引起平均指标变动的方向、程度及绝对差额。实际中这一类例子很多，因而，借助于编制平均指标指数的方法，对总平均指标的变动进行因素分析，有重要意义。

（2）平均指标变动因素分析的方法。在进行指数因素分析时，为了考察总平均指标变动及其因素影响，就需要将平均指标指数分解，把两个因素分开编制成两个独立的指数，同时又使这三个指数在相对数和绝对量上保持着密切的数量关系，形成一个指数体系。

平均指标指数体系包括平均指标指数（也称可变构成指数）、固定构成指数和结构变动影响指数三个。

① 可变构成指数。在平均指标指数因素分析中，可变构成指数是指在对现象总体进行分组的条件下，报告期平均指标与基期平均指标之比，表明总平均指标对比关系的指数。可变构成指数不但包括了总平均指标的动态对比中各组标志水平的变动，还包括了总体内部结构变动的影响。

可变构成指数的计算公式为：

$$\bar{K}_{\bar{x}} = \frac{\bar{x}_1}{\bar{x}_0} = \frac{\dfrac{\sum x_1 f_1}{\sum f_1}}{\dfrac{\sum x_0 f_0}{\sum f_0}} = \frac{\sum x_1 \times \dfrac{f_1}{\sum f_1}}{\sum x_0 \times \dfrac{f_0}{\sum f_0}} \qquad (7-13)$$

可变构成指数的分子与分母之差，表示报告期总平均指标与基期总平均指标的差额，即：

$$\bar{x}_1 - \bar{x}_0 = \frac{\sum x_1 f_1}{\sum f_1} - \frac{\sum x_0 f_0}{\sum f_0} = \sum x_1 \times \frac{f_1}{\sum f_1} - \sum x_0 \times \frac{f_0}{\sum f_0} \qquad (7-14)$$

② 固定构成指数。固定构成指数就是在平均指标指数的因素分析中，采用报告期的总体结构作为权数，只测定各组标志水平变动对总平均指标影响程度的指数。其计算公式为：

$$\bar{K}_x = \frac{\bar{x}_1}{\bar{x}_n} = \frac{\dfrac{\sum x_1 f_1}{\sum f_1}}{\dfrac{\sum x_0 f_1}{\sum f_1}} = \frac{\sum x_1 \times \dfrac{f_1}{\sum f_1}}{\sum x_0 \times \dfrac{f_1}{\sum f_1}} \qquad (7-15)$$

固定构成指数的分子与分母之差，表示由于各组标志水平变动引起总平均指标变动的差额，即：

$$\bar{x}_1 - \bar{x}_n = \frac{\sum x_1 f_1}{\sum f_1} - \frac{\sum x_0 f_1}{\sum f_1} = \sum x_1 \times \frac{f_1}{\sum f_1} - \sum x_0 \times \frac{f_1}{\sum f_1} \qquad (7-16)$$

③ 结构影响指数。结构影响指数是指将各组标志水平这个因素固定在基期，只测定总体结构变动对总平均指标影响程度的指数。其计算公式为：

$$\bar{K}_f = \frac{\bar{x}_n}{\bar{x}_0} = \frac{\dfrac{\sum x_0 f_1}{\sum f_1}}{\dfrac{\sum x_0 f_0}{\sum f_0}} = \frac{\sum x_0 \times \dfrac{f_1}{\sum f_1}}{\sum x_0 \times \dfrac{f_0}{\sum f_0}} \qquad (7-17)$$

结构影响指数的分子分母差额，表明由于各组结构变动引起总平均指标变动的差额，即：

$$\bar{x}_n - \bar{x}_0 = \frac{\sum x_0 f_1}{\sum f_1} - \frac{\sum x_0 f_0}{\sum f_0} = \sum x_0 \times \frac{f_1}{\sum f_1} - \sum x_0 \times \frac{f_0}{\sum f_0} \qquad (7-18)$$

以上三个指数都是平均指标相比，区分重点在于构成，也可称为结构。第一个指数是变量和构成都发生变动，所以称为可变构成指数；第二个指数是变量变动而构成不变，故称固定构成指数；第三个指数是变量不变而结构变动，反映结构变动对平均指标的影响程度，称结构影响指数。

根据三者之间具有的联系和关系，可组成总平均指标指数体系。依据平均指标指数体系，从相对数与绝对数两个方面进行因素分析。平均指标指数体系的数量关系式表示为：

$$\text{相对数变动分析：} \frac{\dfrac{\sum x_1 f_1}{\sum f_1}}{\dfrac{\sum x_0 f_0}{\sum f_0}} = \frac{\dfrac{\sum x_1 f_1}{\sum f_1}}{\dfrac{\sum x_0 f_1}{\sum f_1}} \times \frac{\dfrac{\sum x_0 f_1}{\sum f_1}}{\dfrac{\sum x_0 f_0}{\sum f_0}} \qquad (7-19)$$

绝对数变动分析：

$$\frac{\sum x_1 f_1}{\sum f_1} - \frac{\sum x_0 f_0}{\sum f_0} = \left(\frac{\sum x_1 f_1}{\sum f_1} - \frac{\sum x_0 f_1}{\sum f_1} \right) + \left(\frac{\sum x_0 f_1}{\sum f_1} - \frac{\sum x_0 f_0}{\sum f_0} \right) \qquad (7-20)$$

【例 7-7】某公司各类职工及月职务工资水平资料如表 7-6 所示，试分析该公司全部职工月平均职务工资变动程度。

表 7-6　　　　　　　　　　某公司各类职工及月工资水平资料

职工类别	月工资水平（元）		职工人数（人）	
	基期（x_0）	报告期（x_1）	基期（f_0）	报告期（f_1）
高级职员	1 120	1 360	150	120
中级职员	840	1 000	220	300
初级职员	700	840	330	480
合　计	—	—	700	900

解：分别计算各期的平均指标：

$$\bar{x}_0 = \frac{\sum x_0 f_0}{\sum f_0} = \frac{1\,120 \times 150 + 840 \times 220 + 700 \times 330}{700} = \frac{583\,800}{700} = 834(\text{元})$$

$$\bar{x}_1 = \frac{\sum x_1 f_1}{\sum f_1} = \frac{1\,360 \times 120 + 1\,000 \times 300 + 840 \times 480}{900} = \frac{866\,400}{900} \approx 963(\text{元})$$

$$\bar{x}_n = \frac{\sum x_0 f_1}{\sum f_1} = \frac{1\,120 \times 120 + 840 \times 300 + 700 \times 480}{120 + 300 + 480} = \frac{722\,400}{900} \approx 803(\text{元})$$

则：可变构成指数为：

$$\bar{K}_{可变} = \frac{\bar{x}_1}{\bar{x}_0} = \frac{963}{834} = 115.47\% \qquad \bar{x}_1 - \bar{x}_0 = 963 - 834 = 129(元)$$

固定构成指数为：

$$\bar{K}_{固定} = \frac{\bar{x}_1}{\bar{x}_n} = \frac{963}{803} = 119.93\% \qquad \bar{x}_1 - \bar{x}_n = 963 - 803 = 160(元)$$

结构影响指数为：

$$\bar{K}_{结构} = \frac{\bar{x}_n}{\bar{x}_0} = \frac{803}{834} = 96.29\% \qquad \bar{x}_n - \bar{x}_0 = 803 - 834 = -31(元)$$

根据上述资料编制平均指标指数体系：

相对数形式：119.93% × 96.29% = 115.47%

绝对数形式：160 - 31 = 129 （元）

计算结果表明：该公司全部职工月平均工资提高了 15.47%，增长了 129 元。其结果是由两个因素影响所致，一个是各类职工月工资水平提高的影响使其提高 19.93%，增长了 160 元；另一个是各类职工人数结构变动的影响使其降低了 3.71%，减少了 31 元。

案　例

零售物价指数是反映城市、农村商品零售价格变动趋势的一种经济指数，可以全面反映市场零售物价总水平变动趋势和程度。编制零售物价指数的目的在于掌握零售商品的平均价格水平，为国家制定经济政策（财政计划、价格计划、制定物价政策、工资政策等）研究城乡市场流通和新国民经济核算体系提供科学依据。我国零售商品物价指数按研究的范围不同，有各省（区、市）地区零售物价指数和全国零售物价指数。为了反映全国各地城乡经济水平的差异，还要分别计算农村零售物价指数和城市零售物价指数。

现以某市零售商品物价指数的编制为例具体说明我国零售商品物价指数的编制方法。

表 7-7　　　　　　　　　　　某市零售商品物价指数

商品类别	代表规格品	计量单位	平均价格（元）		固定权数（w）	指数(%)（$k = \frac{p_1}{p_0}$）	指数 × 权数（kw）
			基期 p_0	报告期 p_1			
总指数							
一、食品类					100		125.55
其中					54	140.00	75.60
1. 粮食							
(1) 细粮					18	145.63	
①大米	等米				95	146.12	
②面粉	标准粉				78	153.49	
(2) 粗粮					22	120.00	
2. 副食		公斤	1.72	2.64	5	136.40	

续表

商品类别	代表规格品	计量单位	平均价格（元）		固定权数（w）	指数(%) $\left(k = \dfrac{p_1}{p_0}\right)$	指数×权数（kw）
			基期 p_0	报告期 p_1			
二、衣着类		公斤	3.17	3.8	25	132.00	
三、日用品类					25	106.60	26.65
四、文化娱乐类					10	105.30	10.53
五、书报杂志类					3	107.20	3.22
六、药及医疗用品					2	107.00	2.14
					2	109.20	2.18
七、建筑装潢材料					1	118.80	1.18
					3	135.00	4.05
八、燃料类							

表 7 - 7 中，该市某年零售物价总指数为：

$$k = \frac{\sum kw}{\sum w} = \frac{75.60 + 26.65 + 10.53 + 3.22 + 2.14 + 2.18 + 1.18 + 4.05}{54 + 25 + 10 + 3 + 2 + 2 + 1 + 3} = \frac{125.55}{100} =$$

125.55%

说明该市某年商品零售价格比基期平均上涨了 25.55%。

商品零售物价指数的具体编制方法说明如下：

① 对零售商品进行分类：将全部零售商品划分为食品、衣着、日用品、文化娱乐用品、书报杂志、药及医疗用品、建筑装潢材料、燃料等八大类后，对各大类再划分为若干中类，中类再分小类（小类还可细分）。

② 选择代表规格品：在分成的小类下面（或细类）下面若干代表规格品，国家按商品划类选样法，选择各类有代表性的商品，各地在代表商品集团中选择与居民生活密切相关、消费量大、生产供应比较稳定，价格变动有代表性趋势的规格品或价格变动趋势频繁的特殊的代表规格品。

③ 采集价格资料：调查人员直接到商店柜台，集市摊位采集登记当天成交价格。采价原则：直接采价、定时定点、同质可比、实际成交。国家规定，对工业消费品每月采价 2 次，对鲜活商品每月 6 次。

④ 计算平均价格：每一商品必须有 3~4 个零售点的价格加以平均。

⑤ 权数的确定及指数的计算：商品权数即是某类（某一个）商品零售额占计算指数的全部（某类）商品零售总额的比重。商品零售价格指数的权数根据批零贸易、餐饮业、综合统计中社会消费品零售构成资料和典型调查资料计算。确定了商品权数、分类权数后，即可根据商品的报告期和基期（对比期）价格计算单个商品价格指数，然后采用加权算术平均公式进行加权平均，逐一计算出类指数和总指数。

【本章知识架构图】

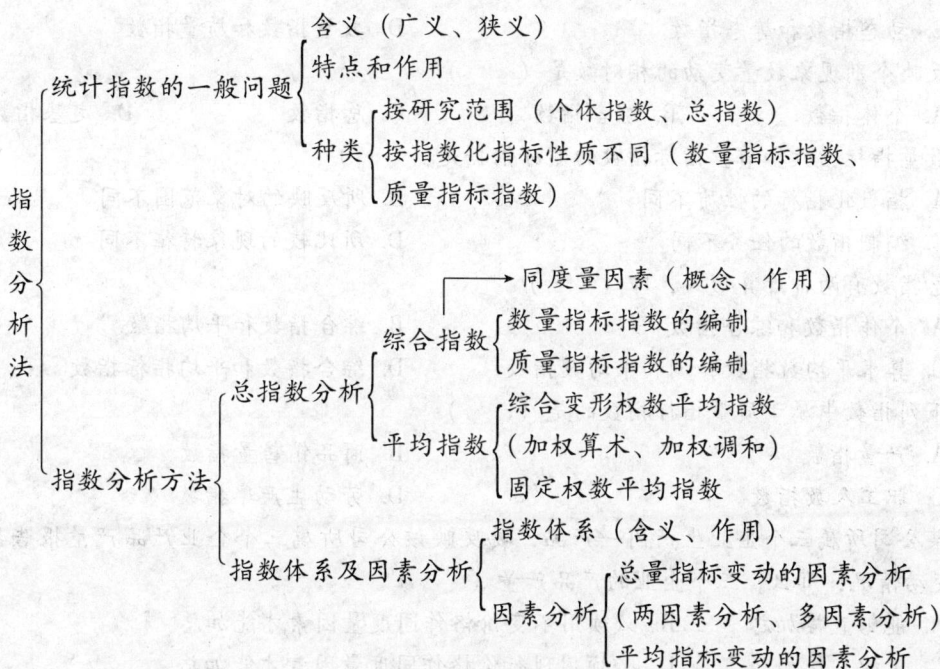

指数分析法
- 统计指数的一般问题
  - 含义（广义、狭义）
  - 特点和作用
  - 种类
    - 按研究范围（个体指数、总指数）
    - 按指数化指标性质不同（数量指标指数、质量指标指数）
- 指数分析方法
  - 总指数分析
    - 综合指数
      - 同度量因素（概念、作用）
      - 数量指标指数的编制
      - 质量指标指数的编制
    - 平均指数
      - 综合变形权数平均指数（加权算术、加权调和）
      - 固定权数平均指数
  - 指数体系及因素分析
    - 指数体系（含义、作用）
    - 因素分析
      - 总量指标变动的因素分析（两因素分析、多因素分析）
      - 平均指标变动的因素分析

【综合自测题】

一、知识题

（一）判断题

1. 总指数的计算形式包括：综合指数、平均指数、平均指标指数。　　　　　（　　）

2. 编制综合指数的关键问题，也就是同度量因素及其时期的选择问题。　　（　　）

3. 在实际应用中，计算价格指数通常以基期数量指标为同度量因素。　　　（　　）

4. 从指数化指标的性质来看，单位产品成本指数是数量指标指数。　　　　（　　）

5. 若指数化指标是数量指标，则应以相联系的数量指标为同度量因素；若指数化指标是质量指标，则应以质量指标为同度量因素。　　　　　　　　　　　（　　）

6. 平均指数是综合指数的一种变形形式。　　　　　　　　　　　　　　　（　　）

7. 在已掌握各种商品的销售量个体指数以及各种商品的基期销售额资料的情况下，计算销售量总指数应采用加权算术平均数公式。　　　　　　　　　　　（　　）

8. 平均数指数和平均指标指数的意义是相同的。　　　　　　　　　　　　（　　）

9. 在由三个指数构成的指数体系中，两个因素指数的同度量因素指标是不同期的。（　　）

10. 如果各种商品的销售量平均上涨5%，销售价格平均下降5%，则销售额不变。
　　　　　　　　　　　　　　　　　　　　　　　　　　　　　　　　（　　）

（二）单选题

1. 指数按其反映对象范围的不同，可以分为（　　　）

  A. 个体指数和总指数
  B. 简单指数与加权指数
  C. 动态指数和静态指数
  D. 数量指数和质量指数

2. 反映个别现象数量变动的相对数是（　　　）

  A. 个体指数　　　　B. 综合指数　　　　C. 总指数　　　　D. 定基指数

3. 数量指标指数和质量指标指数的划分依据是（　　　）

  A. 指数化指标的性质不同
  B. 所反映的对象范围不同
  C. 编制指数的任务不同
  D. 所比较的现象特征不同

4. 总指数有两种计算形式，即（　　　）

  A. 个体指数和综合指数
  B. 综合指数和平均指数
  C. 算术平均数指数和调和平均数指数
  D. 综合指数和平均指标指数

5. 下列指数中属于质量指标指数的是（　　　）

  A. 产量指数
  B. 商品销售量指数
  C. 职工人数指数
  D. 劳动生产率指数

6. 某公司所属三个企业生产同一产品，要反映该公司所属三个企业产品产量报告期比基期的变动情况，那么，三个企业的产品产量（　　　）

  A. 能够直接加总　　B. 必须用不变价格作同度量因素才能加总
  C. 不能直接加总　　D. 必须用现行价格作同度量因素才能加总

7. 如果用 p 表示商品价格，用 q 表示商品销售量，则公式 $\dfrac{\sum q_1 p_0}{\sum q_0 p_0}$（　　　）

  A. 综合反映多种商品销售量的变动程度
  B. 综合反映商品价格和商品销售量的变动
  C. 全面反映商品销售额的变动
  D. 反映由于商品销售量的变动对价格变动的影响程度

8. 已知某工厂生产三种产品，在掌握其基期、报告期生产费用和个体产量指数时，编制三种产品产量总指数应采用（　　　）

  A. 加权调和平均数指数
  B. 加权算术平均数指数
  C. 数量指标综合指数
  D. 固定权数平均数指数

9. 某企业两个车间生产同一种产品，今年一季度同去年一季度相比较，由于两个分厂单位产品成本降低使企业的总平均成本下降 5%，由于产品结构变化使公司总平均成本提高 10%。则该公司总平均成本增减变动百分比为（　　　）

  A. 4.5%　　　　B. -13.6%　　　　C. 15%　　　　D. -4.5%

10. 商品销售额实际增加 400 元，由于销售量增长使销售额增加 120 元，由于价格（　　　）

  A. 增长使销售额增加 20 元
  B. 增长使销售额增长 280 元
  C. 降低使销售额减少 20 元
  D. 降低使销售额减少 280 元

（三）多选题

1. 下列指数中，属于狭义指数的有（　　　）

A. 多种产品的销售量指数　　　　　B. 多种产品销售额指数
C. 多种产品的产量指数　　　　　　D. 多种产品的单位成本指数
E. 多种产品的价格指数

2. 下列哪些属于质量指标指数（　　　）
A. 价格指数　　　　B. 单位成本指数　　　C. 销售量指数
D. 产量指数　　　　E. 劳动生产率指数

3. 下列指数哪些属于数量指标指数（　　　）
A. 产品产量指数　　B. 多种产品产值指数　C. 商品销售量指数
D. 职工人数指数　　E. 工资总额指数

4. 某商店第四季度全部商品的销售量为第三季度的98%，这个相对数是（　　　）
A. 总指数　　　　　B. 季节指数　　　　　C. 数量指标指数
D. 质量指标指数　　E. 动态指数

5. 根据三种产品基期和报告期的生产费用和产品单位成本的个体指数资料编制的三种产品成本指数属于（　　　）
A. 总指数　　　　　B. 综合指数　　　　　C. 平均指数
D. 固定构成指数　　E. 调和平均数指数

6. 对某商店某时期商品销售额的变动情况进行分析，其指数体系包括（　　　）
A. 销售量指数　　　B. 销售价格指数　　　C. 总平均价格指数
D. 销售额指数　　　E. 个体指数

7. 三种商品的价格指数为110%，其绝对影响为500元，则结果表明（　　　）
A. 三种商品价格平均上涨10%
B. 由于价格变动使销售额增长10%
C. 由于价格上涨使居民消费支出多了500元
D. 由于价格上涨使商店多了500元销售收入
E. 报告期价格与基期价格绝对相差500元

8. 平均数指数（　　　）
A. 是个体指数的加权平均数
B. 是计算总指数的一种形式
C. 就计算方法上是先综合后对比
D. 资料选择时，既可用全面资料，也可用非全面资料
E. 可作为综合指数的变形形式来使用

9. 下面哪些是反映平均指标变动的指数（　　　）
A. 可变构成指数　　B. 固定构成指数　　　C. 算术平均数指数
D. 调和平均数指数　E. 结构影响指数

10. 若以 q 表示出口数量，p 表示出口价格，则（　　　）

A. $\dfrac{\sum q_1 p_1}{\sum q_0 p_0}$ 表示出口量的相对变动程度

B. $\dfrac{\sum q_1 p_0}{\sum q_0 p_0}$ 表示出口量的变动而使出口额变动的程度

C. $\dfrac{\sum q_1 p_0}{\sum q_0 p_0}$ 表示出口额的相对变动程度

D. $\sum q_1 p_0 - \sum q_0 p_0$ 表示出口量的绝对变动量

E. $\sum q_1 p_0 - \sum q_0 p_0$ 表示由于出口量的变动而使出口额变动的绝对量

（四）简答题

1. 什么是指数？指数有哪些类型？
2. 简述指数体系的概念和作用。

二、技能题

1. 某企业生产的产品产量和产品价格资料如表1所示。

表1　　　　　　　　某企业生产的产品产量和产品价格资料

产品名称	计量单位	产量		单价（元）	
		基期	报告期	基期	报告期
甲	件	880	1 056	35	40
乙	台	600	660	80	90
丙	吨	400	520	70	84

根据资料计算：（1）个体产量指数；（2）个体价格指数；（3）三种产品产量总指数；（4）由于三种产品产量变动，而使总产值增加或减少的绝对额；（5）三种产品价格总指数；（6）由于三种产品价格的变动，而使总产值增加或减少的绝对额。

2. 已知某商业企业三种商品的价格和销售量资料如表2所示。

表2　　　　　　　　某商业企业三种商品的价格和销售量资料

商品名称	计量单位	价格（元）		销售量	
		2008 年	2009 年	2008 年	2009 年
甲	双	25	28	5 000	5 500
乙	件	140	160	800	1 000
丙	双	0.6	0.6	1 000	600

根据资料计算分析三种商品销售额的变动及原因。

3. 某商品在两个市场出售资料如表3所示。

表3 某商品在两个市场出售资料

商　品	一季度		二季度	
	单价（元/公斤）	销售量（公斤）	单价（元/公斤）	销售量（公斤）
甲	2.90	600	2.85	500
乙	3.20	400	3.15	1 000
合计	—	1 000	—	1 500

要求：试分析该商品总平均价格的变动及原因。

第 八 章

简单统计推断方法

学习目标

统计推断是统计分析的一种重要方法。通过本章学习，要求了解统计推断的概念、特点和作用；熟悉和理解统计推断中的几个基本概念；掌握抽样误差的概念、影响因素和计算方法；并能够运用实际调查得到的样本资料来推断总体指标以及进行假设检验，学会样本容量的确定方法。

能力目标

1. 能够在简单随机抽样方式下利用样本指标对总体指标进行区间估计

2. 能够确定样本容量

思考导学

1. 统计推断中随机原则的含义是什么？

2. 统计推断中有哪几个重要的基本概念？

3. 统计误差、抽样误差、平均误差、极限误差有何内在关系？

4. 简单随机抽样方式下如何对总体指标（平均数、成数）作出推断？

5. 怎样确定样本容量（n）？

6. 假设检验的基本思想是什么？

　　统计认识的对象是现象总体的数量方面，理应对总体中的各个单位进行全面而细致的调查，并由此整理得到总体的指标数值，以获得对总体的本质及其规律性的认识。但在实际工作中，由于受客观条件等因素的制约，往往不可能或不必要进行全面调查，利用抽样调查得到的样本资料来推断总体的指标，既可提高工作效率，亦可节约人力和费用。因而，通过抽样调查这种非全面调查的方式可以起到全面调查的作用。

第一节　统计推断概述

一、统计推断的意义

（一）统计推断的含义和特点

　　在统计调查中，当总体的单位数多而不便于采用全面调查，或者当某些现象总体的数量特征要经过破坏性的测试才能取得的情况下，要得到总体指标，就需要采用抽样调查。例如，某些产品的质量检验是有破坏性的，像日光灯管、电视机显像管的使用寿命，导线的拉力强度，人体白细胞数量的化验等，对其进行全面的质量检验是不可能的，只能进行抽检；有些现象虽然从理论上可以进行全面调查，但实际做起来很困难，办不到，例如，市场商品需求量，城市居民家庭收支情况，城乡居民的电视节目收视率及一些社会问题的民意测验等，要对它们进行大规模的全面调查存在一定的困难，只能采用抽样的方法，通过所取得的样本实际资料来估计和推断总体的数量特征，以达到对现象总体的认识。统计推断就是在抽样调查的基础上，运用数理统计的原理，以样本指标数值，对总体指标作出推断的一种统计分析方法。统计推断是认识现象总体的一种重要方法，在统计调查研究活动中广为应用。它具有以下特点：

　　1. 统计推断建立在随机取样的基础上。随机原则就是要求在抽取样本单位时，必须随机地即非主观地对待总体中的每一个单位，各单位的中选或不中选不受主观因素的影响，以保证每一单位都有中选的可能性，即保证各单位在每次抽取时被抽取的机会均等，又称均等原则。这是抽样调查与其他非全面调查，如典型调查和重点调查的重要区别，同时也从理论上保证了统计推断的科学性与合理性。

　　2. 统计推断是以部分推断整体的一种统计分析方法。统计推断是以抽样调查为前提的。抽样调查以样本作为调查观察的总体，但从总体中随机抽选的这一部分单位包含了总体分布的重要信息，通过适当而又有效地提取与利用这些信息，就能够以部分单位的特征来推断总体相应的特征。这是与重点调查的根本区别所在。

　　3. 统计推断的误差是可以计算，并且加以控制的。统计推断以样本指标去推断总体指标，虽然存在一定的误差，但它与其他统计估算不同，抽样误差的范围可以事先通过有关资料加以计算，并且可以采取必要的组织措施来控制这个误差范围，以保证统计推断的结果达到一定的可靠程度。

（二）统计推断的作用

　　统计推断作为一种科学的统计分析方法具有多方面的作用，其主要表现在以下几个方面：

1. 可以解决无法进行全面调查或很难进行全面调查的问题，如对无限总体的调查，产品质量的破坏性检验，民意测验、职工家庭生活状况调查等。

2. 与全面调查相比，抽样更为节省人力、费用和时间，且比较灵活。抽样调查比全面调查的调查单位要少得多，因而既能节约人力、费用和时间，又能快速地得到调查的结果，从而增强了统计数据的时效性，这对许多工作都是有利的。例如，农产量全面调查的统计数字要等农产品收割完毕之后一段时间才能取得，而抽样调查的统计数字在收获的同时就可以得到，一般提前两个月左右。这样，有利于安排农产品的收购、储存、运输等工作。

3. 在某些情况下，抽样调查的结果可能比全面调查得更为准确。全面调查只有登记误差而没有代表性误差，而抽样调查则两种误差全有。因此，人们往往认为抽样调查不如全面调查准确。这种看法忽略了两种误差的大小。全面调查的调查单位多，涉及面广，参加调查汇总的人员也多，水平不齐，因而发生登记误差的可能性就大。抽样调查的调查单位少，参加调查汇总的人员也少，可以进行严格的培训，因而发生登记误差的可能性就少。在这种情况下，抽样调查的结果会比全面调查的结果更为准确。

4. 用抽样调查的资料修正和补充全面调查资料。我国每十年进行一次人口普查，中间进行一次人口抽样调查（抽样比例约1%）。抽样调查从内容上补充全面调查。如我国第五次人口普查时使用长表和短表两种调查表，短表调查项目少，人人都要登记，长表在短表基础上增加了很多项目，只供全国一小部分人口登记。这实际上就是在普查的同时进行抽样调查。这样不仅保证了基本资料全面、准确，而且利用有限时间和经费使调查内容更深入更详尽。另外，对人口普查资料，利用抽样调查进行复查，以便对其进行修正。

二、统计推断的基本原理

统计推断是建立在概率论的大数定律和中心极限定理基础上的科学推断方法。

大数定律是阐述大量随机现象内在规律性的理论，常用的有契比雪夫定理和贝努利定理。契比雪夫定理指出了 n 个随机变量的算术平均数，当 n 无限增加时，几乎变成一个常数；贝努利定理以严格的数学形式表达了 n 次独立试验中事件 A 发生的频率的稳定性，即当 n 很大时，事件 A 发生的频率与概率有较大偏差的可能性很小。大数定律揭示了样本容量同推断结果之间的内在联系，将大数定律应用于统计推断，就会有如下结论：随着样本容量 n 的扩大，样本平均数将有接近总体平均数的趋势，样本成数也将有接近总体成数的趋势。这就为统计推断提供了理论基础。

中心极限定理是阐述随机变量的分布规律的理论，常用的有辛钦中心极限定理和德莫佛—拉普拉斯中心极限定理。辛钦中心极限定理指出了相互独立的 n 个具有相同分布的随机变量，且存在有限的数学期望 $\overline{X}$ 和方差 σ^2，则随机变量 $\bar{x} = \dfrac{\sum x_i}{n}$，在 n 无限增大时，服从参数为 $\overline{X}$ 和 $\dfrac{\sigma^2}{n}$ 的正态分布。德莫佛—拉普拉斯中心极限定理指出了 n_1 是 n 次独立试验中事件 A 发生的次数，且事件 A 在每次试验中发生的概率为 P，则当 n 无限大时，频率 $\dfrac{n_1}{n}$ 的分布就趋于数学期望为 P，方差为 $\dfrac{PQ}{n}$ 的正态分布。中心极限定理揭示了随机变量的分布特征与规律，将其应用于统计推断，就有如下的结论：不管总体是什么分布，只要 n 充分的大（一般大于 30）时，样本平均数的分布就趋于数学期望为 $\bar{X}$，方差为 $\frac{\sigma^2}{n}$ 的正态分布，样本成数也近似服从数学期望为 P，方差为 $\frac{PQ}{n}$ 的正态分布。需要注意的是，当总体分布不明，样本容量 $n < 30$ 时，样本统计量服从自由度为 n 的 t 分布。随着 n 的不断增大，t 分布越来越趋近于正态分布，并以其为极限。

大数定律使我们认识了样本指标数值趋近于总体指标数值的趋势，这是统计推断的前提条件。中心极限定理则可帮助我们正确测算样本指标数值与总体指标数值之间的误差，并可确定由样本统计量来推断总体参数的可靠程度，这是进行统计推断的主要依据。

综合上述基本原理，可以下面的正态分布曲线图来反映样本统计量（样本指标）的分布（即抽样分布），以样本平均数为例如图 8 - 1 所示。

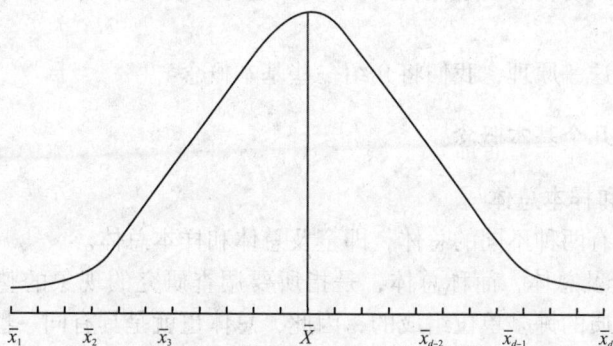

图 8 - 1　正态分布曲线图

图 8 - 1 中，$\bar{X}$ 为全及总体的平均数；$\bar{x}_1$，$\bar{x}_2 \cdots \bar{x}_i$ 为全部可能的（m 个）样本的平均数，其中，$m = \sum\limits_{e=1}^{i} f_e$。

由图 8 - 1 可知，m 个样本的平均数分布于总体平均数的左右两侧，且有的大于总体平均数，而有的小于总体平均数；距离总体平均数越近的样本平均数出现的概率越高，距离总体平均数越远的样本平均数出现的概率越低，换言之，距离总体平均数越近的样本平均数所对应的样本出现的概率越高，而距离总体平均数越远的样本平均数所对应的样本出现的概率越低。由于在统计推断时，全及总体参数（总体指标）是未知的唯一的，而样本统计量的具体取值理论上讲有 m 个，但我们往往只能根据某一次抽取的唯一的样本统计量来推断总体参数，因此，有理由说总体平均数可能比样本平均数大，也可能比其小。为了保证这两种可能性都被包括进去，我们就以样本平均数为中心，使得总体平均数落在以样本平均数为中心的加减一个误差范围之内，并具有一定的概率保证程度，这就是统计推断的基本原理，如图 8 - 2 所示。

由概率论与数理统计证明，图 8 - 2 中正态曲线与横轴所围成的面积为 1，即可用 100% 表示。由样本平均数 $\bar{x}_i$ 加上或减去一个误差 $\Delta_{\bar{x}}$ 所表示的总体平均数 $\bar{X}$ 所落在的可能范围必定与统计推断的可靠程度（也即此样本被抽中的概率——一对应）。误差 $\Delta_{\bar{x}}$ 越大，统计推断

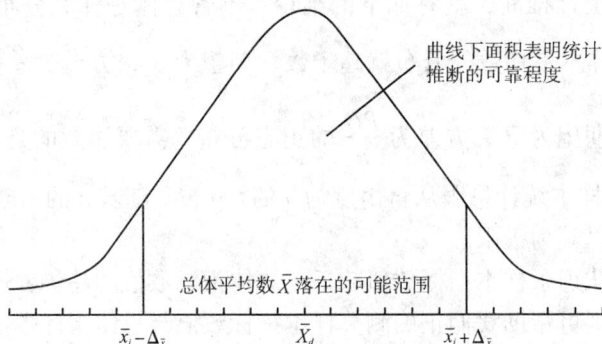

曲线下面积表明统计
推断的可靠程度

总体平均数 $\bar{X}$ 落在的可能范围

$\bar{x}_i - \Delta_{\bar{x}}$ $\bar{X}_d$ $\bar{x}_i + \Delta_{\bar{x}}$

图 8-2   统计推断的基本原理

的可靠程度越高，推断的精确度越低，而误差 $\Delta_{\bar{x}}$ 越小，统计推断的可靠程度越低，推断的精确度越高。

为了进一步理解这一原理，我们将介绍一些基本概念。

三、统计推断的几个基本概念

（一）全及总体和样本总体

在抽样调查中，有两种不同的总体，即全及总体和样本总体。

1. 全及总体。全及总体，简称总体，是指所要调查研究的现象的整体，也即总体。总体是具有某种共同性质的许多单位组成的，因此，总体也就是具有同一性质的许多单位的集合体。例如，我们要研究某企业职工的工资收入状况，则该企业的全部职工就构成全及总体。

全及总体按其各单位标志性质不同，可以分为变量总体和属性总体两类。构成变量总体的各个单位可以用一定的数量标志加以计量，例如，研究居民的收入水平，每户居民的收入就是它的数量标志，反映各户的数量特征。但并非所有标志都是可以计量的，有的标志只能用一定的文字加以描述。例如，要研究机械厂100台机床的完好情况，这时只能用"完好"和"不完好"等文字作为品质标志来描述各台机床设备的属性特征，这种用文字描写属性特征的总体称为属性总体。区分变量总体与属性总体是很重要的。由于总体不同，认识这一总体的方法也就不同，对总体所要推算的指标也就不同。

通常，全及总体的单位数用大写的英语字母 N 来表示。作为全及总体，单位数 N 即使有限，但总是很大，大到几千、几万、几十万、几百万。例如，人口总体，棉花纤维总体，粮食总体等。对无限总体的认识只能采用抽样的方法，而对于有限总体的认识，理论上虽可以应用全面调查来收集资料，但实际上往往由于不可能或不经济而借助抽样的方法以求得对有限总体的认识。

2. 样本总体。样本总体，简称样本或子样，是从全及总体中随机抽取出来，代表全及总体部分单位的集合体，亦称为抽样总体。样本总体中包括的单位数通常用小写英语字母 n 表示，也称为样本容量。相对于全及总体单位数 N 来说，n 是个很小的数，它可以是 N 的几十分之一、几百分之一、几千分之一、几万分之一。一般来说，样本单位数大于等于30个的样本称为大样本，反之称之为小样本。社会经济现象的观察多取大样本，自然实验观察多取小样本。以很小的样本来推断很大的总体，这是抽样调查的一个特点。

如果说全及总体是唯一的，那么，样本总体则完全不同，一个全及总体可能抽取多个样本。全部样本的可能数目（用大写 M 表示），既与样本容量有关，也与抽样方法有关。统计推断恰恰就是用随机抽取的一个样本来对全及总体的数量特征作出推断。由此可见，要提高

> **小思考**　某城市居民人口有 100 万人，居民家庭 3 万户，若从中抽取 300 户进行居民生活水平调查，其全及总体和样本总体是什么？总体单位数（N）和样本容量（n）各是多少？

对总体数量特征推断的准确程度，必须对样本容量的大小、抽样方法、样本的可能数目、样本的分布等加以认真的研究。

（二）全及指标和样本指标

1. 全及指标。根据全及总体各个单位的标志值或标志特征计算的、反映总体某种属性的综合指标，称为全及指标，亦称总体指标或参数。由于全及总体是唯一确定的，因而全及指标也是唯一确定的。

不同性质的总体，需要计算不同的全及指标。通常，对于变量总体，由于各单位的标志表现可以用数值来表示，所以可以计算总体平均数。

$$\bar{X} = \frac{\sum X}{N} \quad \text{或} \quad \bar{X} = \frac{\sum XF}{\sum F}$$

对于属性总体，由于各单位的标志表现不可能用数值来表示，只能用一定的文字加以描述。所以，就应该计算结构相对指标，称为总体成数，用 P 表示，它说明总体中具有某种属性的单位数在总体中所占的比重。变量总体也可计算成数，即总体单位数在所规定的某变量值以上或以下的比重，视同具有或不具有某种属性的单位数所占比重。

设总体 N 个单位中，有 N_1 个单位具有某种属性，N_0 个单位不具有某种属性，$N_1 + N_0 = N$，P 为总体中具有某种属性的单位数所占的比重，Q 为不具有某种属性的单位数所占的比重，则总体成数为：

$$P = \frac{N_1}{N} \qquad Q = \frac{N_0}{N} = \frac{N - N_1}{N} = 1 - P$$

例如，某班学生共有 54 人，其中男生 24 人，女生 30 人，那么男生人数占全班总人数的比重，即成数 $P = \frac{N_1}{N} = \frac{24}{54} = 44.45\%$，女生所占比重成数 $Q = \frac{N_0}{N} = \frac{30}{54} = 55.55\%$，或 $1 - P = 1 - 44.45\% = 55.55\%$。

此外，全及指标还有总体标准差 $\sigma_{\bar{x}}$ 和总体方差 $\sigma_{\bar{x}}^2$，它们都是测量总体标志值离散程度的指标。对于变量总体：

$$\sigma_{\bar{x}} = \sqrt{\frac{\sum (X - \bar{X})^2}{N}} \quad \text{或} \quad \sigma_{\bar{x}} = \sqrt{\frac{\sum (X - \bar{X})^2 F}{\sum F}}$$

$$\sigma_{\bar{X}}^2 = \frac{\sum (X - \bar{X})^2}{N} \quad 或 \quad \sigma_{\bar{X}}^2 = \frac{\sum (X - \bar{X})^2 F}{\sum F}$$

对于属性总体，如果品质标志表现只有是与非两种，例如，产品质量标志表现为合格品和不合格品，性别标志表现为男性和女性，则可以把"是"（即具有某种属性）的标志表示为 1，而"非"（即不具有某种属性）的标志表示为 0，那么，成数 P 就可以视为 $(0, 1)$ 分布的平均数，并可以求相应的标准差（σ_P）和方差（σ_P^2）。

即总体成数的平均数：

$$\bar{X} = \frac{\sum XF}{\sum F} = \frac{0 \times N_0 + 1 \times N_1}{N_0 + N_1} = \frac{N_1}{N} = P$$

总体成数方差：

$$\sigma_P^2 = \frac{\sum (X - \bar{X})^2 F}{\sum F} = \frac{(0 - P)^2 \times N_0 + (1 - P)^2 \times N_1}{N_0 + N_1} = \frac{P^2 N_0 + Q^2 N_1}{N}$$
$$= P^2 Q + Q^2 P = PQ(P + Q) = PQ = P(1 - P)$$

总体成数标准差：$\sigma_P = \sqrt{P(1 - P)}$

例如，某批零件的合格率 $P = 0.8$，则有：

成数方差 $\sigma_P^2 = P(1 - P) = 0.8 \times (1 - 0.8) = 0.16$

成数标准差 $\sigma_P = \sqrt{P(1 - P)} = \sqrt{0.16} = 0.4$

在抽样调查中，全及指标的具体数值是客观存在的，但却是未知的，需要用样本指标来推断估计它，这正是全及指标也称为总体参数的原因所在。

2. 样本指标。根据样本总体各个标志值或标志特征计算的综合指标称为样本指标，亦称统计量。与全及指标一样，有抽样平均数 $\bar{x}$、抽样成数 p 与其相对应的样本标准差和样本方差等。$\bar{x}$ 和 p 均用小写英文字母表示，以资区别。

抽样（样本）平均数为：

$$\bar{x} = \frac{\sum x}{n} \quad 或 \quad \bar{x} = \frac{\sum xf}{\sum f}$$

其样本方差和样本标准差分别为：

$$S_{\bar{x}}^2 = \frac{\sum (x - \bar{x})^2}{n} \quad 或 \quad S_{\bar{x}}^2 = \frac{\sum (x - \bar{x})^2 f}{\sum f}$$

$$S_{\bar{x}} = \sqrt{\frac{\sum (x - \bar{x})^2}{n}} \quad 或 \quad S_{\bar{x}} = \sqrt{\frac{\sum (x - \bar{x})^2 f}{\sum f}}$$

设样本 n 个单位中有 n_1 个单位具有某种属性，n_0 个单位不具有某种属性，则 $n_1 + n_0 = n$，p 为样本中具有某种属性的单位数所占的比重，q 为不具有某种属性的单位数所占的比重，则抽样成数（样本成数）为：

$$p = \frac{n_1}{n} \tag{8-1}$$

$$q = \frac{n_0}{n} = 1 - \frac{n_1}{n} = 1 - p$$

与总体成数的方差和标准差同理，样本成数的方差和标准差如下：

方差：$S_p^2 = p(1-p)$

标准差：$S_p = \sqrt{p(1-P)}$ (8-2)

由于一个全及总体可以抽取许多个样本，样本不同，样本指标的数值也就不同，所以样本指标的数值不是唯一确定的。实际上样本指标是样本变量的函数，它本身也是随机变量。

小思考 只有属性总体可以计算成数吗？为什么成数可以计算标准差？

（三）抽样方法

抽样方法可以分为重复抽样和不重复抽样两种。

1. 重复抽样。重复抽样也称为回置抽样，是从总体中抽取样本时，随机抽取一个样本单位，记录该单位有关标志表现以后，把它放回到总体中去；然后，再从总体中随机抽取第二个样本单位，记录它的有关标志表现以后，也将其放回总体中去，照此下去直至抽选第 n 个样本单位为止。

可见，重复抽样时总体单位数在抽选过程中始终没有减少，总体各单位被抽中的可能性前后相同，而且各单位有被重复抽中的可能性。

从总体 N 个单位中，用重复抽样的方法，随机抽取 n 个单位构成一个样本，则共可抽取 N^n 个样本。

例如总体有 A、B、C、D 四个单位，要从中以重复抽样的方法抽取 2 个单位构成样本。先从 4 个单位中取 1 个，共有 4 种取法，结果登记后再放回，然后再从相同的 4 个中取 1 个，也有 4 种取法，前后取两个构成一个样本，全部可能抽取的样本数目为 $4 \times 4 = 16$ 个，它们是：AA、AB、AC、AD、BA、BB、BC、BD、CA、CB、CC、CD、DA、DB、DC、DD。

2. 不重复抽样。不重复抽样也称为不回置抽样，是从总体中抽取第一个样本单位，记录该单位有关标志表现后，这个样本单位不再放回总体中参加下一次抽选；然后，再从总体 $N-1$ 个单位中随机抽取第二个样本单位，记录了该单位有关标志表现后，该样本单位也不放回总体中去，再从总体 $N-2$ 个单位中抽取第三个样本单位，照此下去直至抽选出第 n 个样本单位为止。

可见，不重复抽样时总体单位数在抽选过程中是逐渐减少的，各单位被抽中的可能性前后不断变化，而且各单位没有被重复抽中的可能性。从总体 N 个单位中，用不重复抽样的方法，抽取 n 个单位构成一个样本，全部可能抽取的样本数目为 $N(N-1)(N-2)(N-3)\cdots(N-n+1)$ 个。

例如，从 A、B、C、D 四个单位中，用不重复抽样的方法从中抽取两个单位构成样本。先从 4 个单位中取 1 个，共有 4 种取法，第二次再从留下的 3 个单位中取 1 个，共有 3 种取法，前后两个构成一个样本，全部可能抽取的样本数目为 $4 \times 3 = 12$ 个，它们是：AB、AC、AD、BA、BC、BD、CA、CB、CD、DA、DB、DC。

小思考 从同学们所在的班级中，按20%的比例抽取样本单位组成样本，分别采用重复抽样和不重复抽样方法抽取，问各有多少个可能样本？

由此可见，在样本容量相同的情况下，重复抽样的样本个数总是大于不重复抽样的样本个数。同时，重复抽样的误差大于不重复抽样，因而在没有特指的情况下，往往采用不重复抽样的方法抽取样本单位。

（四）抽样调查的组织形式

由于抽样时对总体的加工整理形式不同，抽样组织方式可分为简单随机抽样、类型抽样、等距抽样和整群抽样等。

1. 简单随机抽样。简单随机抽样又称为纯随机抽样，它是不对总体做任何加工整理，直接从总体中抽取调查单位的抽样调查方式。简单随机抽样是最常用的抽样方式，它必须满足下列两项要求：一是代表性，即要求样本分布与总体分布相同；二是独立性，即要求样本各单位相互独立。在以后的学习中如果不说明抽样的形式，则均指简单随机抽样。它适用于均匀总体，即具有某种特征的单位均匀地分布于总体的各个部分。

从总体中按简单随机抽样方式组成样本，可以有多种方法，最基本的方法是抽签法和随机数表法。

（1）抽签法。它适用于总体单位数较少的总体。首先将总体单位编号，通常对总体中的每个单位按自然数的顺序编为1，2，3，…，N，另制 N 个与总体各单位对应的号签。然后将全部号签充分摇匀，根据需要按重复抽样或不重复抽样方法，从中随机抽取 n 个号签与之对应的总体单位，被抽中的单位即组成样本。

（2）随机数表法。在大规模的社会经济调查中，由于总体单位数目很大，使用抽签法的工作量相当大，所以通常利用《随机数表》来确定样本单位。随机数表是用计算机、随机数字机等方法编制的，见附录二。根据不同的需要，我们可灵活确定随机数的起始位置，按行、列或某一随机线取得随机数字，利用取得的随机数字对应编号的单位即组成样本。

2. 类型抽样。类型抽样又称为分层抽样或分类抽样，它是将总体各单位先按一定的标志分组，然后在各组中随机抽取样本的抽样组织方式。类型抽样是应用于总体各单位在被研究标志上存在明显差异（即总体内部客观存在不同类型）的抽样。如研究农作物产量时，耕地有平原、丘陵和山地等种植条件的区别；研究职工的工资水平时，各行业之间也存在明显的差别等。类型抽样实质上是把统计分组和抽样原理有机地结合在一起，通过分组，使组内具有同质性，组间具有差异性，然后从各组中简单随机抽样。这样就可以保证样本对总体具有更高的代表性，因而估计的误差也就比较小。类型抽样的主要原则是：分组时应使组内差异尽可能小，使组间差异尽可能大。

3. 等距抽样。等距抽样又称机械抽样或系统抽样。它是先将总体单位按某一标志排序，然后按照固定的顺序和相同的间隔来抽选样本单位的抽样组织方式。等距抽样的随机性表现在抽取第一个样本单位，当第一个样本单位确定后，其余的各个单位也就确定了。等距抽样可以分为无关标志顺序抽样和有关标志顺序抽样两类。

无关标志顺序抽样是指等距抽样时所选择的排序标志与单位变量数值的大小无关或不起主要影响作用。如观察学生考试成绩，用姓氏笔画排序；观察产品的质量，按生产的先后顺序排序等。无关标志顺序可以保证抽样的随机性。它实质上相当于简单随机抽样。

有关标志顺序抽样是指等距抽样时所选择的排序标志与单位变量数值的大小保持密切的

关系或起主要影响作用。如进行农产品产量调查时，将地块按过去连续几年的亩产量排序；家庭消费水平调查中，按收入额排序，等等。由此可见，有关标志顺序抽样实质上是运用类型抽样的一些特点，有利于提高样本的代表性。按有关标志排序可以利用辅助信息，使抽样估计的效果更好，但必须采用科学的方法，避免由于抽样间隔与排序标志的周期性变化的重合所产生的系统性误差。

按等距抽样组织方式抽取样本单位，特别是按有关标志排序，能够使抽出的样本单位更均匀地分布在总体中，其抽样误差一般较简单随机抽样的误差小。特别是当研究的现象标志变异程度较大时，更能显示出等距抽样的优越性。等距抽样均为不重复抽样。

4. 整群抽样。整群抽样也称分群抽样或集团抽样，是将总体划分为若干群，然后以群为单位从中随机抽取部分群，最后对中选群中的所有单位进行全面调查的抽样组织方式。在大规模的抽样调查中，如果总体单位多，分布区域广，缺少进行抽样的抽样框，或按经济效益原则不宜编制抽样框的情况下，宜采用这种形式。因为整群抽样将抽样单位由总体单位扩大到群，所以它的抽样框是很简单的。如对某市居民的家庭收入进行调查，采用整群抽样，就可以按行政区域分为不同街道，然后随机抽取一些街道，进行全面调查，此时相对于以上的三种抽样，这种抽样方式更加适宜。

整群抽样中的群，主要是自然形成的，如行政区域、地理区域等。由于整群抽样的样本单位的分布集中于群内，在同样条件下，较简单随机抽样的样本代表性差，所以应适当增加样本单位，以提高估计的精确度。

相关链接

当总体单位很多且分布广泛，几乎不可能直接从总体中抽取样本单位时，常采用多阶段抽样。多阶段抽样是把抽取样本单位的过程划分为几个阶段，然后逐阶段抽取样本单位的抽样组织形式。其特点是比较灵活，便于组织。

第二节　总体参数的估计

一、抽样误差

（一）抽样误差的含义及影响因素

1. 抽样误差的含义。抽样调查是用样本指标推断总体指标的一种调查方法，而推断的根据就是抽样误差。因此，怎样计算、使用与控制抽样误差是抽样调查的重大问题。为此，首先要把抽样误差的概念搞清楚。

抽样误差是指由于抽样的随机性而产生的那一部分代表性误差，不包括登记误差，也不包括可能发生的偏差。

登记性误差，即在调查过程中由于主、客观原因引起的登记、汇总或计算等方面的差错而造成的误差；而代表性误差，主要是由于样本结构与总体结构不吻合（即就被研究标志而言，样本单位的构成与总体单位的构成不一致），样本不能完全代表总体而产生的样本指标与总体指标之间的误差。

代表性误差也有两种：一种是偏差，是指破坏了抽样的随机原则而产生的误差，如抽选到一个单位后，调查队认为它偏低或偏高，把它剔除掉而产生的偏差。这种偏差在进行抽样调查时应该设法避免的，它不包括在抽样误差这个概念之内。另一种是指遵守了随机原则但可能抽到各种不同的样本而产生的误差。这种误差是必然产生的，但可以对它进行计算，并设法加以控制，抽样误差就是指这种代表性误差。

抽样误差包括抽样实际误差、抽样平均误差和抽样极限误差三种。抽样实际误差是一个样本指标与总体指标之间的差别，以数学符号表示：$|\bar{x}_i - \bar{X}|$，$|p_i - P|$，由于全及指标是求解参数，所以这一误差是无法得到的。抽样平均误差和抽样极限误差后面详述。

2. 抽样误差的影响因素。为了计算和控制抽样误差，需要分析影响抽样误差的因素。抽样误差大小主要受以下三个因素的影响。

（1）全及总体被研究标志的变动程度。一般而言，在其他条件不变的情况下，全及总体的标志变动程度越大，抽样误差就越大；全及总体的标志变动程度越小，则抽样误差越小。抽样误差与总体变异程度两者呈正比关系的变化，这是因为总体变异度小，表示总体各单位标志值之间的差异很小，则样本指标与全及指标之间的差异也可能很小。极端地，如果总体各单位标志值都相等，即总体变异度为零时，那么样本指标就等于全及指标，抽样误差也就不存在了。

（2）抽样单位数的多少。在其他条件不变的情况下，抽取的单位数越多，抽样误差越小；样本单位数越少，抽样误差越大。抽样误差的大小和样本单位数呈相反关系的变化，这是因为抽样单位数越多，样本单位数在全及总体中的比例越高，样本总体会愈接近全及总体的基本特征，总体特征就愈能在样本总体中得到真实的反映，假定抽样单位数扩大到与总体单位数相等时，抽样调查就变成全面调查，样本指标等于全及指标，实际上就不存在抽样误差。

（3）抽样方法和抽样组织方式。抽样误差除了受上述两个主要因素的影响外，还受到抽样方法和抽样组织方式的影响（如前所述）。

（二）抽样平均误差

1. 抽样平均误差的含义。抽样平均误差是指所有可能的样本指标的标准差。它反映样本指标与全及指标的平均误差程度，是抽样实际误差的一般水平。在讨论抽样误差时通常指的是抽样平均误差。正因为抽样平均误差概括了所有抽样总体的误差，因而用它可作为一个尺度来衡量样本指标代表性的大小和误差的可能范围。某一次抽样所得的样本指标与总体指标的离差可能大一些，也可能小一些，但用抽样平均误差来衡量就有了唯一的标准。因而，它对于整个统计推断分析都具有很重要的意义。下面讨论平均误差的计算。

2. 抽样平均误差的计算。抽样平均误差通常用符号 μ 来表示。为便于区别起见，用 $\mu_{\bar{x}}$ 表示抽样平均数的抽样平均误差，用 μ_p 表示抽样成数的抽样平均误差。按其概念，可得计算公式如下：

$$\mu_{\bar{x}} = \sqrt{\frac{\sum (\bar{x} - \bar{X})^2}{M}} \qquad \mu_p = \sqrt{\frac{\sum (p - P)^2}{M}}$$

式中，$\bar{x}$ 表示抽样平均数；p 表示抽样成数；$\bar{X}$ 表示总体平均数；P 表示总体成数；M 表示样本的可能数目；也是抽样平均数及抽样成数的个数。

若按此公式计算，必须得到全部可能样本的指标。但是实际工作中，通常只抽取一个样本，并且全及总体指标是不知道的，因此上式只是一个理论公式，实际中不能应用。由中心极限定理可知，n 充分大的情况下，样本平均数的分布就趋于数学期望为 $\bar{X}$，方差为 $\dfrac{\sigma^2}{n}$ 的正态分布，样本成数也近似服从数学期望为 P，方差为 $\dfrac{PQ}{n}$ 的正态分布。由于抽样平均误差是样本指标的标准差。所以，在简单随机抽样方式下，可用下列公式计算抽样平均误差。

（1）重复抽样。①平均数的抽样平均误差：$\mu_{\bar{x}} = \sqrt{\dfrac{\sigma_{\bar{x}}^2}{n}} = \dfrac{\sigma_{\bar{x}}}{\sqrt{n}}$ 　　　　　　　（8－3）

②成数的抽样平均误差：$\mu_p = \sqrt{\dfrac{\sigma_p^2}{n}} = \sqrt{\dfrac{P(1-P)}{n}}$ 　　　　　　　（8－4）

式（8－3）中，$\mu_{\bar{x}}$ 代表平均数的抽样平均误差；式（8－4）中，μ_p 代表成数的抽样平均误差；$\sigma_{\bar{x}}$ 代表全及总体平均数标准差；σ_p 代表全及总体成数标准差；P 代表全及总体成数；n 代表样本容量，即样本单位数目。

（2）不重复抽样。在不重复抽样条件下，由中心极限定理可知，n 充分大的情况下，样本平均数的分布就趋于数学期望为 $\bar{X}$，方差为 $\dfrac{\sigma^2}{n}\left(1-\dfrac{n}{N}\right)$ 的正态分布，样本成数也近似服从数学期望为 P，方差为 $\dfrac{PQ}{n}\left(1-\dfrac{n}{N}\right)$ 的正态分布。所以，计算公式如下：

① 平均数的抽样平均误差：

$$\mu_{\bar{x}} = \sqrt{\dfrac{\sigma_{\bar{x}}^2}{n}\left(1-\dfrac{n}{N}\right)}$$ 　　　　　　　（8－5）

② 成数的抽样平均误差：

$$\mu_p = \sqrt{\dfrac{\sigma_p^2}{n}\left(1-\dfrac{n}{N}\right)} = \sqrt{\dfrac{P(1-P)}{n}\left(1-\dfrac{n}{N}\right)}$$ 　　　　（8－6）

式（8－5）和式（8－6）中，N 表示全及总体中所包含的总体单位的个数。

在应用上述公式计算时，首先遇到的问题就是缺乏总体标准差 $\sigma_{\bar{x}}$ 和 σ_p。那么，如何计算抽样平均误差呢？数理统计证明：只要抽样单位数目是足够多，用样本标准差代替总体标准差，计算结果是十分接近的。所以，在实际工作中，可以用 $S_{\bar{x}}$ 代替 $\sigma_{\bar{x}}$、S_p 代替 σ_p。有时也可用小规模的实验性调查资料、历史资料或经验数据代替。

由于 $\left(1-\dfrac{n}{N}\right)$ 永远是一个小于 1 的正数，所以在相同条件下，不重复抽样的平均误差永远要小于重复抽样的平均误差。但是，一般来说，进行抽样调查的全及总体单位数（N）往往是很大的，而样本单位数（n）相对来说是很小的。所以，当 $\dfrac{n}{N}$ 几乎趋于 0 时，（1－

$\dfrac{n}{N}$）的数值也就几乎接近于 1。这时对抽样平均误差的调整作用也就微乎其微了。所以，在实际工作中，一般是用不重复抽样的方法抽取样本，用重复抽样的方法计算抽样平均误差，特殊规定除外。

根据样本资料，利用上述公式便可以计算抽样平均误差，下面举例说明。

【例 8-1】 要估计某地区 10 000 名适龄儿童的入学率，随机从这一地区抽取 400 名儿童，检查有 320 名儿童入学，求入学率的抽样平均误差。

根据已知条件：$p = \dfrac{n_1}{n} = \dfrac{320}{400} = 80\%$

$S_p^2 = p(1-p) = 80\% \times (1-80\%) = 16\%$

本例中用 S_p 代替 σ_p，则：

在重复抽样的情况下，入学率的抽样平均误差为：

$$\mu_p = \sqrt{\dfrac{\sigma_p^2}{n}} = \sqrt{\dfrac{P(1-P)}{n}} = \sqrt{\dfrac{0.16}{400}} = 2\%$$

在不重复抽样的情况下，入学率的抽样平均误差为：

$$\mu_p = \sqrt{\dfrac{\sigma_p^2}{n}\left(1-\dfrac{n}{N}\right)} = \sqrt{\dfrac{P(1-P)}{n}\left(1-\dfrac{n}{N}\right)} = \sqrt{\dfrac{0.16}{400}\times\left(1-\dfrac{400}{10\,000}\right)} = 1.96\%$$

（三）抽样极限误差

小思考　某乡 2006 年播种小麦 4 000 亩，随机抽取了其中的 100 亩，测得亩产量为 400 公斤，标准差为 50 公斤。现在要求用这 100 亩的资料推算 4 000 亩的平均亩产量，平均亩产量的抽样平均误差如何计算？

以样本指标来估计总体指标，要达到完全准确，毫无误差，这几乎是不可能的事情，因而在估计总体指标的同时，还需考虑估计误差的大小。误差愈大，样本资料价值愈小，误差超过了一定限度，样本资料也就毫无价值了。所以在进行抽样估计时，应根据所研究对象的差异程度和分析任务的需要确定可允许的误差范围。我们把这种可允许的误差范围称为极限误差，它等于样本指标可允许变动的上限或下限与总体指标之差的绝对值。它表示抽样指标与全及指标之间产生抽样误差被允许的最大可能范围。设 $\Delta_{\bar{x}}$ 和 Δ_p 分别表示平均数与成数的抽样极限误差，则有：

$$\Delta_{\bar{x}} = |\bar{x} - \bar{X}| \quad 或 \quad \Delta_p = |p - P|$$

将上面等式进行变换，可以得到下列不等式：

$$\bar{X} - \Delta_{\bar{x}} \leqslant \bar{x} \leqslant \bar{X} + \Delta_{\bar{x}}$$

$$P - \Delta_p \leqslant p \leqslant P + \Delta_p$$

以上不等式表示，抽样平均数 $\bar{x}$ 是以总体平均数 $\bar{X}$ 为中心，在（$\bar{X} - \Delta_{\bar{x}}$，$\bar{X} + \Delta_{\bar{x}}$）之间变动；抽样成数 p 是以总体成数 P 为中心，在（$P - \Delta_p$，$P + \Delta_p$）范围内变动。抽样误差范围是以 $\bar{X}$ 或 P 为中心的两个 $\Delta_{\bar{x}}$ 或 Δ_p 的距离，这是抽样误差范围的原意。由于总体指标

是未知数，而抽样指标是可以计算得到的，因此，抽样误差范围的实际意义就是被估计的总体指标 $\overline{X}$ 或 P，落在由抽样指标所确定的范围内，即落在（$\bar{x} - \Delta_{\bar{x}}$，$\bar{x} + \Delta_{\bar{x}}$）或（$p - \Delta_p$，$p + \Delta_p$）范围内，如图8-2所示。

所以，总体指标 $\overline{X}$、P 的范围估计（或称区间估计）可以按下列公式计算：

$$\bar{x} - \Delta_{\bar{x}} \leqslant \overline{X} \leqslant \bar{x} + \Delta_{\bar{x}}$$

$$p - \Delta_p \leqslant P \leqslant p + \Delta_p$$

容易验证后面两个不等式与前面两个不等式是完全等价的。

那么，抽样极限误差应该如何计算呢？由上可知，在一个总体中，如果抽样方式和样本容量确定以后，不论其抽取的是哪一个具体样本，它们的平均误差 $\mu_{\bar{x}}$ 或 μ_p 是唯一确定的值，所以抽样平均误差也就可以作为衡量样本指标与全及总体指标误差范围的尺度来使用。根据统计推断的基本原理，抽样极限误差用一定倍数的抽样平均误差来计算。其计算公式为：

$$\Delta_{\bar{x}} = t\mu_{\bar{x}} \qquad \Delta_p = t\mu_p$$

上述公式表明抽样极限误差是抽样平均误差的 t 倍。抽样平均误差是我们根据样本资料计算出来的一个定值。因此，若增大或缩小 t 值，抽样极限误差也随之扩大或缩小。那么 t 又根据什么来定呢？

（四）抽样误差的概率度

上式中的 t 称为抽样误差的概率度。它是把抽样平均误差标准化后的一个度量。如说1个概率度，即 t=1，就表明极限误差有1个平均误差大小；若说它2个概率度，即 t=2，就表明极限误差有2个平均误差大小。概率度 t 的大小与概率 F（t）相对应。概率 F（t）是指某随机事件在一定场合出现的比较稳定的频率，或者说某事件出现可能性大小的程度，其取值范围是：$0 \leqslant F(t) \leqslant 1$。在正态分布下表示所占面积的百分比，它反映推断结果的可靠度。如图8-3所示，若用某一样本平均数对总体平均数进行统计推断时允许的误差范围为两个平均误差，即 $\Delta_{\bar{x}} = 2\mu_{\bar{x}}$，则说明该推断的可靠程度为95.45%，同时也说明在此误差范围内该样本被抽中的可能性为95.45%。

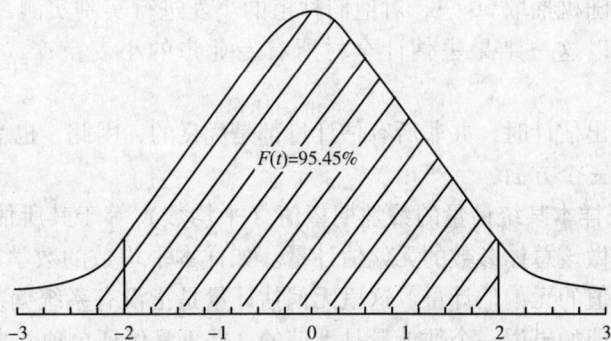

图8-3　抽样误差概率度

概率度 t 与概率 F（t）之间存在的这种函数关系，在实际应用中可以通过"正态分布概率表"（附录一）进行查对。从表中，既可以根据概率度 t 查到概率 F（t），也可以根据统计推断要求的把握程度 F（t）查到概率度 t。这样就为统计推断提供了方便，计算极限误差时，这种数值对应关系是经常要用到的。

根据极限误差的计算公式，可以表明 Δ 与 t 和 μ 三者之间存在着如下的关系：

1. 当 μ 为一定时，增大 t 值，把握程度相应增加，误差范围 Δ 也随之扩大，这时估计的精确度却要降低。反之，在 μ 为一定的条件下，要提高估计的精确度，就得缩小 t 值，这时把握程度却要相应地降低。

2. 当 t 为一定时，即将把握程度给定，如果抽样平均误差 μ 小，误差范围 Δ 也就小，估计的精确度就高，如果抽样平均误差 μ 大，误差范围 Δ 也要大，估计的精确度就要低。

3. 如果已求出抽样平均误差 μ，并给定误差范围 Δ，则 Δ 除以 μ 可以求出 t 值，再通过查 t 与 F（t）的查对表，就可以知道把握程度有多大。

上述这些关系，在做区间估计时常要用到，应当理解清楚。

相关链接

抽样分布是进行统计推断的理论基础。统计量作为样本的函数，随着每次抽样值的变化而变化。我们把根据样本所有可能的样本值计算出来的某一统计量的概率分布，称为抽样分布。抽样分布是一种理论分布，其随机变量是样本统计量（样本均值、样本比率、样本方差）。

二、总体参数的估计方法

总体参数的估计是指利用实际调查计算的样本指标值来估计相应的总体指标的数值。由于总体指标是表明总体数量特征的未知参数，因而叫做参数估计。参数估计方法有点估计和区间估计两种。

（一）点估计

点估计的基本特点是根据总体指标的结构形式设计的样本指标（称统计量）作为总体参数的估计量，并以样本指标的实际值直接作为相应总体参数的估计值。例如，从某村所有种植小麦的专业户中随机抽取 50 户，对他们种植的小麦进行实割实测，得到的平均亩产为350 千克。如果我们以这一结果去估计全村所有专业户的小麦亩产，这就是一个点估计问题。

在对总体特征做出估计时，并非所有估计量都是优良的，因此，也就产生了评价估计量的标准，主要有如下三个方面：

1. 无偏性。如果样本某统计量的数学期望值（平均数）等于其所估计的总体参数，则这个估计统计量就叫做该总体参数的无偏估计量。如样本平均数的数学期望是总体平均数，则样本均值是总体均值的无偏估计量。这里无偏估计量是指没有系统偏差（非随机性偏差）的平均意义上的量，即如果说一个估计量是无偏的，并不是保证单独一次估计中没有随机性误差，只是没有系统性偏差而已。这是衡量一个估计量优劣的一个重要条件。

2. 一致性。若估计量随样本容量 n 的增大而越来越接近总体参数的真值时，则称该估计量是被估计参数的一致性估计量。估计量的一致性是从极限意义上讲的，它适用于大样本的情况。如果一个估计量是一致性估计量，那么采用大样本就更加可靠。当然在样本容量 n

增大时，估计量的一致性会增强，但调查所需的人力、财力、物力也会相应增加。

3. 有效性。有效性是指无偏差估计量中方差最小的估计量。无偏估计量只考虑估计值的平均结果是否等于待估计参数的真值，而不考虑估计的每个可能值及其次数分布与待估计参数真值之间离差的大小和分散程度。我们在解决实际问题时，不仅希望估计值是无偏的，更希望这些估计值的离差尽可能的小，即要求比较各无偏估计量中与被估计参数和离差较小的为有效估计量。如样本平均数与中位数都是总体均值的无偏估计量，但在同样的样本容量下，样本平均数是更为有效的估计量。

以上三个标准并不是孤立的，只有同时满足这三个标准的估计量才是一个好的估计量。

（二）区间估计

由于点估计量与总体的未知参数并不完全相等，故它们之间必然存在着一定的误差，并且不能确知误差的大小、估计精度的高低以及估计的可信程度等信息。为此，区间估计将考虑这些因素，即根据样本统计量及估计的可能误差，找出在一定保证程度下的估计区间。由于这种估计区间是以确定的概率描述其可信赖程度，所以我们称该区间为置信区间，并将描述其准确程度的概率叫置信度或置信系数。区间估计是在点估计的基础上，借助统计量的分布，考虑可能的抽样误差而进行的。

区间估计是根据一定的精确度或概率保证程度的要求，以及样本和抽样误差资料，推断总体指标区间范围的一种估计方法。其基本特点是根据给定的概率保证程度的要求，利用实际抽样资料，指出总体被估计值的上限和下限，即指出总体参数可能存在的区间范围，而不是直接给出总体参数的估计值。

区间估计应具备的三个基本要素：一是估计统计量，可以是样本平均数（$\bar{x}$），也可以是样本成数（p）；二是误差范围，即抽样极限误差 $\Delta_{\bar{x}}$ 和 Δ_p；三是置信度，即保证概率 $F(t)$，表示总体指标落入估计区间有多大的概率保证。

1. 总体平均数的区间估计。对 $\Delta_{\bar{x}} = |\bar{x} - \bar{X}|$ 进行变换得总体平均数的区间估计公式：

$$\bar{x} - \Delta_{\bar{x}} \leqslant \bar{X} \leqslant \bar{x} + \Delta_{\bar{x}} \qquad (8-7)$$

【例 8 - 2】为了调查某制造厂的产品重量，现从该批产品中随机抽取 250 件，测得它们的平均重量为 65 千克。已知总体标准差 σ 为 15 千克，试以 95% 的置信度估计总体平均重量的置信区间。

解：已知样本容量 $n = 250$；样本平均数 $\bar{x} = 65$ 千克；$\sigma = 15$ 千克；置信度 $F(t) = 0.95$；查表可知 $t = 1.96$。则：

$$\mu_{\bar{x}} = \frac{\sigma_{\bar{x}}}{\sqrt{n}} = \frac{15}{\sqrt{250}} = 0.9487$$

$$\Delta_{\bar{x}} = t \cdot \mu_{\bar{x}} = 1.96 \times 0.9487 = 1.86$$

则有总体平均重量（$\bar{X}$）的置信区间的上下限为：

上限：$\bar{x} + \Delta_{\bar{x}} = 65 + 1.86 = 66.86$　　　下限：$\bar{x} - \Delta_{\bar{x}} = 65 - 1.86 = 63.14$

所以总体平均重量（$\bar{X}$）的置信区间为：$63.14 \leqslant \bar{X} \leqslant 66.86$

那么我们有 95% 的把握程度（概率）保证该批产品的平均重量介于 63.14 ~ 66.86 千克

之间。

2. 总体成数的区间估计。在实际工作中，我们常常需要估计总体中具有某种属性或特征的单位在全部总体单位中所占的比重，即估计总体成数。例如，在产品的质量检验中，要了解某产品的合格品或废次品所占的比重；在商品服务质量的评比中，要知道对其服务满意或不满意的顾客的比重，等等。

对 $\Delta_p = |p - P|$ 进行变换的总体成数的区间估计公式：

$$p - \Delta_p \leqslant P \leqslant p + \Delta_p \qquad (8-8)$$

【例 8 - 3】在一项家电新产品的市场调查中，随机抽选 400 位顾客为样本，询问他们是否喜欢该产品，得知有 292 位顾客喜欢并愿意购买该产品。试在 95% 的置信水平下，估计该产品在顾客中的市场占有率。

解：已知样本容量 $n = 400$，样本成数 $p = \dfrac{n_1}{n} = \dfrac{292}{400} = 0.73$（$p$ 代替 P）

保证概率 $F(t) = 0.95$，查表得 $t = 1.96$

则：成数的抽样平均误差 $\mu_p = \sqrt{\dfrac{p(1-p)}{n}} = \sqrt{\dfrac{0.73 \times 0.27}{400}} \approx 0.222$

误差范围：$\Delta_p = t \cdot \mu_p = 1.96 \times 0.0222 \approx 0.0435$

则有：总体成数（p）的置信区间的上下限分别为：

上限：$p + \Delta_p = 0.73 + 0.0435 = 0.7735$

下限：$p + \Delta_p = 0.73 - 0.0435 = 0.6865$

所以，总体成数（p）的置信区间为：$68.65\% \leqslant p \leqslant 77.35\%$

那么，我们可用 95% 的概率保证该家电新产品的市场占有率在 68.65% ~ 77.35% 之间。

> **小思考**　对某市 400 名居民休息日的睡眠时间随机重复抽样调查的结果显示，该市居民平均睡眠时间为 535 分钟，标准差为 47 分钟，若概率保证程度为 95.45%，该市全部居民的平均睡眠时间的置信区间是什么？

第三节　样本容量的确定

一、确定样本容量的必要性

样本容量就是样本单位数，确定必要的样本单位数也是抽样调查方案中的一个重要问题。根据大数定律，在抽样调查中样本容量越大，样本对总体的代表性越大，抽样误差越小；样本容量减少，抽样误差就会增大。但同时，抽样数目越多，抽样调查的费用也越高，而且还会影响到抽样调查的时效性。因此，确定样本容量时，应在保证满足抽样调查对数据的估计精确度和概率把握程度（置信度）下，尽量减少抽样数目，即确定必要的抽样数目。

二、影响样本容量大小的因素

1. 总体标志变动度。如果总体被研究标志的变异程度大，则应抽取较多的样本单位；如果总体被研究标志的变异程度小，则可抽取较少的样本单位。

2. 推断的精确程度。推断的精确程度与抽样误差范围有关。如果允许的误差范围小，即要求的精确度高，应抽取较多的样本单位；反之，则应抽取较少的样本单位。

3. 推断的可靠程度。统计推断要求的可靠程度越高，则应抽取的样本单位越多；要求的可靠程度越低，则应抽取的样本单位数越少。

4. 抽样方法和抽样组织形式。样本容量决定于不同的抽样方法和抽样组织形式。一般来说，类型抽样和等距抽样比简单随机抽样需要的抽样单位数少，单个抽样比整群抽样需要的抽样单位数少，不重复抽样比重复抽样需要的抽样单位数少。

由此可见，上述几个方面都是确定抽样单位数的依据，在应用时应加以综合考虑，不能孤立地仅仅依据一二项因素来确定。同时，还要结合调查的人力、物力和财力的许可情况加以适当调整，然后作出最后的确定。

三、样本容量的确定方法

根据上面确定样本单位数（样本容量）的影响因素，可以由抽样极限误差（Δ）公式来反映它们之间的联系。因此，将抽样极限误差公式加以推演，就可以推导出不同抽样方法条件下计算必要抽样单位数的公式。这里讲述的是简单随机抽样条件下样本容量的确定方法。

（一）确定推断总体平均数所需要的样本单位数目

1. 重复抽样。由于：

$$\Delta_{\bar{x}} = t \cdot \mu_{\bar{x}} = t \cdot \sqrt{\frac{\sigma^2}{n}}$$

等式两边平方：$\Delta_{\bar{x}}^2 = t^2 \cdot \frac{\sigma^2}{n}$

移项整理得：$n_{\bar{x}} = \frac{t^2 \sigma^2}{\Delta_{\bar{x}}^2}$　　　　　　　　　　　　　　　　　　（8 – 9）

2. 不重复抽样。可由：

$$\Delta_{\bar{x}} = t \cdot \mu_{\bar{x}} = t \cdot \sqrt{\frac{\sigma_{\bar{x}}^2}{n}\left(1 - \frac{n}{N}\right)}$$

推证得：

$$n_{\bar{x}} = \frac{N t^2 \sigma^2}{N \Delta_{\bar{x}}^2 + t^2 \sigma^2}$$
　　　　　　　　　　　　　　　　　　（8 – 10）

（二）确定推断总体成数所需的样本单位数

它与推断总体平均数所需的样本单位数的确定方法相同，只需要将公式中的 σ^2 换成 $P(1 - P)$ 即可。

1. 重复抽样。

$$n_p = \frac{t^2 P(1-P)}{\Delta_p^2} \qquad (8-11)$$

2. 不重复抽样。

$$n_p = \frac{N t^2 P(1-P)}{N\Delta_p^2 + t^2 P(1-P)} \qquad (8-12)$$

在上面公式里，σ 和 P 这两个指标一般都是未知的，通常可以采用以下方法解决。

第一，用过去调查所得到的资料。如果有几个不同的数据，则应该用使平均数方差 $\sigma_{\bar{x}}^2$ 和成数方差 $P(1-P)$ 数值最大的。

第二，用小规模调查资料。如果既没有过去的材料，又需要在调查之前就估计出抽样误差，实在不得已时，可以在大规模调查之前，组织一次小规模的试验性调查。

【例 8-4】为调查某批产品的平均重量需进行抽样调查，据以往调查得知该产品平均重量的标准差为 5 千克，现准备对这批产品采用重复抽样进行简单随机抽样检验，要求可靠程度达到 95%，允许误差不超过 0.9 千克，试问需抽多少件产品？

由已知条件：$\sigma_{\bar{x}}$ = 5 千克；$\Delta_{\bar{x}}$ = 0.9 千克；$F(t)$ = 95% $\Rightarrow t$ = 1.96。按平均数重复抽样公式得：

$$n_{\bar{x}} = \frac{t^2 \sigma^2}{\Delta_{\bar{x}}^2} = \frac{1.96 \times 5^2}{0.9^2} = 118.6(\text{件})$$

所以应抽取样本单位数 119 件。

【例 8-5】若上例中得知该产品以往调查的一等品率为 90%，要求误差范围不超过 5%，试问应抽多少件产品？

已知条件：P = 90%；Δ_p = 5%；$F(t)$ = 95% $\Rightarrow t$ = 1.96。按成数重复抽样公式计算得：

$$n_p = \frac{t^2 P(1-P)}{\Delta_p^2} = \frac{1.96^2 \times 0.9 \times 0.1}{0.05^2} = 138.3(\text{件})$$

所以应抽取样本单位数 139 件。

在同一总体中，如果同时需要进行总体平均数估计和总体成数估计，样本单位数按两个公式计算结果若不相同，为满足两种估计的共同需要，应选择较大的。本例中应选择样本单位数 139 件。

注意：由于上述公式计算的样本单位数是满足推断要求的必要数量，所以计算结果若出现小数，不能四舍五入，而应全部入整。

> **小思考** 用简单随机抽样抽取样本，若抽样极限误差降低为原来的一半，那么，样本容量将扩大为原来的多少倍？降低 2/3 呢？

第四节　假设检验

一、假设检验的基本思想

假设检验是除参数估计之外的另一类重要的统计推断问题。它的基本思想可以用小概率原理来解释。所谓小概率原理，就是认为小概率事件在一次试验中是几乎不可能发生的。也就是说，如果对总体的某个假设是真实的，那么不利于或不能支持这一假设的事件 A 在一次试验中是几乎不可能发生的；要是在一次试验中事件 A 竟然发生了，我们就有理由怀疑这一假设的真实性，拒绝这一假设。因而，总体参数的假设检验就是指对总体的某些未知参数事先作出某种假设，然后抽取样本构造适当的统计量，对假设的正确性进行判断。

本节主要考虑在简单随机抽样条件下以样本平均数（或样本成数）和样本方差为工具的一些较为经常使用的假设检验。现结合事例来说明假设检验的基本思想。

【例 8 – 6】某车间用一台包装机包装白糖，额定标准为每袋 400 克。设包装机称得的糖重服从正态分布，且根据长期的经验知其标准差 $\sigma = 12$（克）。某天开工后，为检验包装机的工作是否正常，随机抽取它所包装的 36 袋，分别称得净重后 36 袋白糖的平均糖重为 398克，问这一天包装机的工作是否正常？

类似这种根据样本观测值来判断一个有关总体的假设是否成立的问题，就是假设检验问题。本例中我们需要根据这 36 袋糖构成的样本的信息即 36 袋糖的平均重量来判断今天开工以来所包装的全部的白糖这一总体的分布是否具有指定的特征（即额定标准为每袋 400克），若具有这一特征，说明这一天包装机的工作正常，若不具有则据此推断说明这一天包装机的工作不正常。

我们把任一关于总体分布的假设，统称为统计假设，简称假设。在例 8 – 6 中，可以提出这样两个假设：一个称为原假设或零假设，记为 $H_0: \mu = 400$（克）；另一个称为备择假设或对立假设，记为 $H_1: \mu \neq 400$（克）。这样，上述假设检验问题可以表示为：

$$H_0: \mu = 400 \qquad H_1: \mu \neq 400$$

原假设 H_0 与备择假设 H_1 相互对立，两者有且只有一个正确。备择假设的含义是，一旦否定原假设 H_0，而这个假设 H_1 备你选择。由此可见，所谓假设检验问题，就是要判断原假设 H_0 是否正确，决定接受还是拒绝原假设，若拒绝原假设，就接受备择假设。

就上例的情况来看，应该如何作出判断呢？假定样本测定的结果不是 398 克，而是 450克甚至更高或者很低，我们从直观上就会感到原假设的真实性可疑而否定它。因为原假设 $H_0: \mu = 400$ 真实时，在一次试验中出现与 400 克相差甚远的这种小概率事件几乎是不可能发生的，而现在竟然出现了，当然要拒绝原假设 H_0。现在的问题是样本平均糖重是 398 克，这固然与额定标准重量每袋 400 克存在差异，但是根据这种差异却难以从直观上作出判断，无法确定这一天包装机的工作是否正常。我们知道，即使包装机工作正常，波动性总是存在的。例中关于 x 为随机变量的假定正是说明了这一点。所以，机器所包装的每袋糖重不会都等于 400 克，总会存在一些差异。由此可见，样本具有随机性，398 克与 400 克这点差异很可能是样本的随机性造成的。在这种情况下，要对原假设 H_0 作出接受还是拒绝的抉择，就必须根据所研究的问题和决策条件，对样本值与原假设的差异进行分析，若有充分理由认为这种差异并非完全是由偶然的随机因素造成的，也即认为差异是显著的，才能拒绝原假设，否则就不能拒绝原假设。

需要指出的是，假设检验并不是根据样本结果简单地或直接地判断原假设和备择假设哪一个更有可能正确，对这两个假设不能同等看待。如前所述，假设检验实质上是对原假设是否正确进行检验，因此，检验过程中要使原假设得到维护，使之不轻易被否定；否定原假设必须有充分的理由；同时，当原假设被接受时，也只能认为否定它的根据还不充分，而不是认为它绝对正确。

二、假设检验规则与两类错误

样本既然取自总体，样本均值就必然包含着总体均值 μ 大小的信息。在例 8-6 中，若原假设 $H_0:\mu = 400$ 为真，则 $|\bar{x} - 400|$ 一般应该较小；否则，$|\bar{x} - 400|$ 一般应该较大。因此，我们可以根据 $|\bar{x} - 400|$ 的大小，也即样本均值与总体均值之间存在的差异是否显著来决定接受还是拒绝原假设。$|\bar{x} - 400|$ 越大，我们越倾向于拒绝原假设。那么，$|\bar{x} - 400|$ 大到何种程度才能作出决定拒绝原假设呢？为此，就需要制定一个检验规则（简称检验）：

当 $|\bar{x} - 400| \geqslant K$ 时，拒绝原假设 H_0；

当 $|\bar{x} - 400| < K$ 时，接受原假设 H_0。

其中，K 是一个待定的常数，称为临界值，不同的 K 值表示不同的检验。我们把拒绝原假设 H_0 的范围称为拒绝域，接受原假设的范围称为接受域。因此，确定一个检验规则，实际上也就是确定一个拒绝域。

那么，如何确定拒绝域呢？这就涉及假设检验中的两类错误问题。

由于样本具有随机性，因此，根据样本作出判断就有可能犯两类错误。一类错误是原假设本来正确，但按检验规则却拒绝了原假设，这类错误称为弃真错误或第一类错误，其发生的概率记为 α；另一类错误是，原假设本来不正确，但按检验规则却接受了原假设，这类错误称为取伪错误或第二类错误，其发生的概率记为 β。

我们希望犯这两类错误的概论都非常小。但是，在一定样本容量下，减小 α 会引起 β 增大，减小 β 会引起 α 增大。在假设检验中，一般事先规定允许犯第一类错误的概率 α，然后尽量减少犯第二类错误的概率 β。

在推断统计中，这种只控制 α 而不考虑 β 的假设检验，称为显著性检验，α 称为显著性水平。最常用的 α 值为 0.01，0.05，0.10 等。一般情况下，若犯弃真的错误损失大，为减少这类错误，α 取值小些；反之，α 取值大些。

由此可见，显著性水平 α 越小，临界值 K 就越大，反之，就越小。因为显著性水平 α 就是总体指标值出现在拒绝域的概率。

在例 8-6 中，给定显著性水平 α，当原假设为真时，则临界值 K 应该满足：

$$P(|\bar{x} - 400| > K) = \alpha$$

由于该车间所包装的白糖重量服从正态分布，即 $X \sim N(400, 12^2)$，于是，容量 $n = 36$

的样本的平均重量也服从正态分布，即 $\bar{x} \sim N(400, 12^2/36)$。

令 $Z = \dfrac{\bar{x} - \mu}{\sigma/\sqrt{n}} = \dfrac{\bar{x} - 400}{12/\sqrt{36}}$

于是，$P(|Z| \geqslant \dfrac{K}{2}) = \alpha$

由于 $Z \sim N(0,1)$ 即标准正态分布，故 $\dfrac{K}{2} = Z_{\frac{\alpha}{2}}$，$K = 2Z_{\frac{\alpha}{2}}$

统计量 $Z = \dfrac{\bar{x} - \mu}{\sigma/\sqrt{n}} = \dfrac{\bar{x} - 400}{12/\sqrt{36}}$ 在假设检验中称为检验统计量。由于事件 $\{|\bar{x} - 400| \geqslant K\}$ 与事件 $\{|Z| \geqslant Z_{\frac{\alpha}{2}}\}$ 相等，所以有时把 $Z_{\frac{\alpha}{2}}$ 也称为临界值。此时，检验规则为：

当 $|Z| = \dfrac{|\bar{x} - 400|}{2} \geqslant Z_{\frac{\alpha}{2}}$ 时，拒绝原假设 H_0；

当 $|Z| = \dfrac{|\bar{x} - 400|}{2} < Z_{\frac{\alpha}{2}}$ 时，接受原假设 H_0。

这个检验规则与前面的检验规则实质上是一致的，所不同的是 K 是一个由显著性水平确定的误差范围的具体临界值，而 $Z_{\frac{\alpha}{2}}$ 则是正态分布标准化后一个抽象的临界值，作为通用的标准更具有实际意义。

取 $\alpha = 0.05$，查表得 $Z_{0.025} = 1.96$。两拒绝域面积之和为 0.05，见图 8-4。

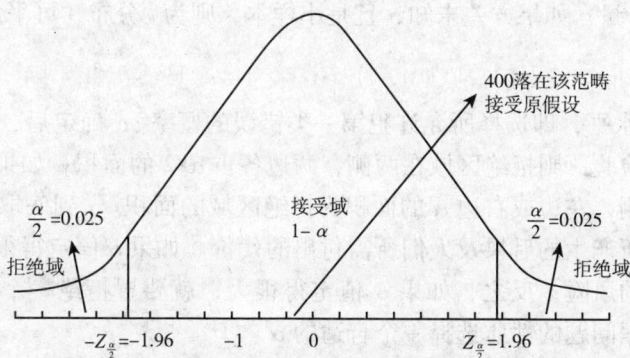

图 8-4 假设检验之双侧检验图

$|Z| = \dfrac{\bar{x} - \mu}{\sigma/\sqrt{n}} = \dfrac{398 - 400}{12/\sqrt{36}} = 1 < 1.96$

也即统计量 Z 值落在接受域内，由此可认为假设 H_0 符合实际情况，接受原假设 H_0，即到目前为止，今天包装机的工作正常。

上例 8-6 这种类型的假设检验，称为双侧检验。因为，白糖的额定标准为每袋 400 克，糖重过高或过低对厂商来讲都是不利的。此外，还有一种类型的检验，称之为单侧检验。其假设的形式为：

$H_0: \mu \leqslant \mu_0$，$H_1: \mu > \mu_0$

和

$$H_0: \mu \geqslant \mu_0, H_1: \mu < \mu_0$$

它们相应的拒绝域分别为 $\{\bar{x} - \mu_0 \geqslant K\}$ 和 $\{\bar{x} - \mu_0 \leqslant K\}$，检验方法与双侧检验相类似。

三、假设检验的步骤与方法

假设检验的一般步骤如下：

1. 根据研究问题的需要提出假设，包括原假设 H_0 和备择假设 H_1。原假设必须包括等号在内，而备择假设则视问题的性质在 $\neq$、$<$、$>$ 三者之中选其一。检验结果只有两种可能性，如果接受原假设，就必须拒绝备择假设，这时，可能会犯第二类错误，而第二类错误往往是未知的。所以接受 H_0 时，其确切的含义应该是，根据样本值尚不能推翻原假设，但不能保证 H_0 为真。反之，如果拒绝原假设，就必须接受备择假设，这时可能犯错误的概率为 α。

2. 假设确立后，要决定接受还是拒绝，都是根据某一统计量出现的数值，从概率意义上来判断的。这个统计量服从什么样的分布，是由许多因素决定的，如统计量是样本平均数，样本成数或样本方差等，还要看是大样本还是小样本，是否知道总体方差等。例如，在总体平均数的假设检验中，如果总体近似服从正态分布，且总体方差已知，则可采用 $Z = \frac{\bar{x} - \mu}{\sigma / \sqrt{n}}$ 这个检验统计量；如果方差未知，且是小样本，则为 t 分布，可采用 $t = \frac{\bar{x} - \mu}{s / \sqrt{n}}$ 这个检验统计量。

3. 规定显著性水平，即选择所允许犯第一类错误的概率。α 确定后，拒绝区域也就随之而定。如果是双侧检验，则拒绝区域在两侧，两边各占 $\alpha/2$ 的面积；如果是单侧检验，则拒绝区域在曲线的一侧，左边或右边 α 的面积为拒绝区域的面积。α 到底取多大合适取决于犯弃真和取伪错误后所产生的后果及人们所需付出的代价。如果 α 值定得很小，就要冒接受一个不真实的原假设的风险；反之，如果 α 值定得很大，就要冒拒绝一个真实的原假设的风险。因此，必须根据问题的性质选择一个合适的 α。

4. 根据样本数据计算的检验统计量的数值，按检验规则，对原假设作出接受或拒绝的判断。如果统计量的值落在拒绝域内（包括临界值），则说明原假设与样本描述的情况有显著差异，应该拒绝原假设。如果落在接受区域内，说明原假设与样本描述的情况的差异是不显著的，应该接受原假设。

下面以例 8-7 来说明假设检验的步骤与方法。

【例 8-7】一家食品加工公司的质量管理部门规定，某种包装食品每包净重不得少于 20 千克。经验表明，重量近似服从标准差为 1.5 千克的正态分布。假定从一个由 30 包食品构成的随机样本中得到平均重量为 19.5 千克，问有无充分证据说明这些包装食品的平均重量减少了？

解：根据这一问题的性质可知，由于质量管理部门规定该包装食品每包净重不得少于 20 千克，因此零假设为总体均值大于等于 20 千克（被怀疑对象总是放在零假设）；而且由于样本均值少于 20 千克（这是怀疑的根据），把备选假设定为总体均值少于 20 千克，可见，这是一个单侧检验。即可建立如下的假设：

$H_0 : \mu \geqslant 20$ 千克，$H_1 : \mu < 20$ 千克

由于食品重量近似服从标准差为 1.5 千克的正态分布，即 $X \sim N(20, 1.5^2)$。因此，样本的平均重量也服从正态分布：

$$\bar{x} \sim N(20, 1.5^2/30)$$

故检验统计量 Z 在原假设成立时服从标准正态分布，即：

$$Z = \frac{\bar{x} - \mu}{\sigma / \sqrt{n}} \sim N(0, 1)$$

令 $\alpha = 0.05$，由于这是单侧检验，拒绝区域在左尾，查表得临界值 $Z_{0.05} = -1.645$。当 $Z < Z_{0.05} = -1.645$ 时就拒绝原假设 H_0。

计算 Z 值：

$$Z = \frac{\bar{x} - \mu}{\sigma / \sqrt{n}} = \frac{19.5 - 20}{1.5 / \sqrt{30}} = -1.826$$

由于 $Z = -1.826 < Z_\alpha = -1.645$，所以拒绝 $H_0 : \mu \geqslant 20$ 千克，而接受 $H_1 : \mu < 20$ 千克，即检验结果能提供充分证据说明这些包装食品的平均重量减少了。

四、假设检验与区间估计的关系

参数的假设检验与区间估计是统计推断的两个组成部分，它们都是利用样本对总体进行某种推断。然而假设检验与区间估计的本质区别在于它们的目的不同：对于区间估计，在收集样本数据之前我们并没有假设总体参数的值，参数值是未知的，统计估计的目的就是按给定的置信度来估计总体的未知参数；而在假设检验中，我们一开始就假设了总体参数的值，然后才收集样本数据检验该假设。假设检验与置信区间有着密切的联系。我们往往可以由某参数的显著性水平为 α

小思考 完成生产线上某件工作的平均时间为 15.5 分钟，标准差为 3 分钟。对随机抽选的 9 名工人讲授一种新方法，训练期结束后这 9 名工人完成此项工作的平均时间为 13.5 分钟。这个结果是否说明用新方法所需时间比用老方法所需时间短？对该问题进行假设检验应是双侧还是单侧，正态分布还是 t 分布？

的检验，得到该参数的置信度为 $1 - \alpha$ 的置信区间，反之亦然。例如，显著性水平为 α 的双侧检验问题：

$H_0 : \mu = \mu_0$，$H_1 : \mu \neq \mu_0$

与置信度为 $1 - \alpha$ 的置信区间之间有着这样的关系：若检验在 α 水平下接受 H_0，则 μ 的 $1 - \alpha$ 的置信区间必包含 μ_0；反之，若检验在 α 水平下拒绝 H_0，则 μ 的 $1 - \alpha$ 的置信区间必定不包含 μ_0。因此，我们可以用构造 μ 的 $1 - \alpha$ 的置信区间的方法来检验上述假设。如果构造出来的置信区间包含 μ_0，就接受 H_0；如果不包含 μ_0，就拒绝 H_0。同样，给定显著性水平为 α，可以从构造检验规则的过程中，得到 μ 的 $1 - \alpha$ 的置信区间。

在例 8 - 6 中，μ 在置信度为 $1-\alpha=95\%$ 的置信区间为：

$$\bar{x} - Z\frac{\sigma}{\sqrt{n}} = 398 - 1.96 \times \frac{12}{\sqrt{36}} = 394.08$$

$$\bar{x} + Z\frac{\sigma}{\sqrt{n}} = 398 + 1.96 \times \frac{12}{\sqrt{36}} = 401.92$$

即置信区间为（394.08，401.92）。因为，$\mu_0 = 398$，落在这个区间内，所以接受 H_0。

第五节 Excel 在抽样推断中的应用

一、用统计函数计算样本和总体的标准差及方差

在 Excel 中有两个求标准差的函数：一个是求样本标准差的函数 STDEV；另一个是求总体标准差的函数 STDEVP。此外，还有两个对包含逻辑值和字符串的数列计算样本标准差和总体标准差的函数 STDEVA 和 STDEVPA。同样，在 Excel 中求方差也有两个函数：一个是求样本方差的函数 VAR；另一个是求总体方差的函数 VARP。具体计算方法可参考第四章第三节的有关内容。

得出样本和总体的标准差或方差后，用输入公式的方法在 Excel 中计算出抽样平均误差。

二、使用描述统计工具对样本数据进行描述

使用 Excel 的描述统计工具，可以一次给出样本平均数、标准差等十几项描述数据分布的统计指标。现举例说明其操作方法：

假定对 10 000 件产品的重量进行抽样检验，随机抽取 35 件产品进行检验，检验结果为（单位：公斤）：

150 150 135 140 128 135 134 134 135 138 137 147 143 135 137
134 132 128 146 140 140 123 144 135 132 138 138 135 134 132
135 135 143 137 138

将样本原始数据输入到表中 A 列 2～36 行，然后进行以下操作：

（1）在【工具】菜单中单击【数据分析】选项，从其对话框的"分析工具"列表中选择"描述统计"，按"确定"进入"描述统计"对话框，如图 8 - 5 所示。

（2）在"描述统计"对话框中进行以下操作：①在"输入区域"框中输入"A1：A36"。如果需要指出输入区域中数据是按行或按列排列的，可在"分组方式"中选择"逐行"或"逐列"。由于输入区域的第一行是标志，所以再单击下面的"标志位于第一行"复选框。②在"输出区域"框中输入用于放置计算结果的区域左上角单元格的行列号，本例输 B2。也可选择"新工作表组"或"新工作簿"作为放置计算结果的区域。③选择输出结果的统计选项："汇总统计"包括平均数、标准误差、中位数、众数、标准差、方差、峰度、偏度、区域、最小值、最大值、求和、观测数；"平均数置信度"是指用样本平均数估计总体平均数的可信程度，若选择此复选框，其右侧将显示默认值95%，如果认为不合适，

可输入要求达到的可信程度；"最大值"或"最小值"，即要求给出全数列中第一个最大值或最小值，与上面的最大值或最小值是一样的。如图8-6所示。

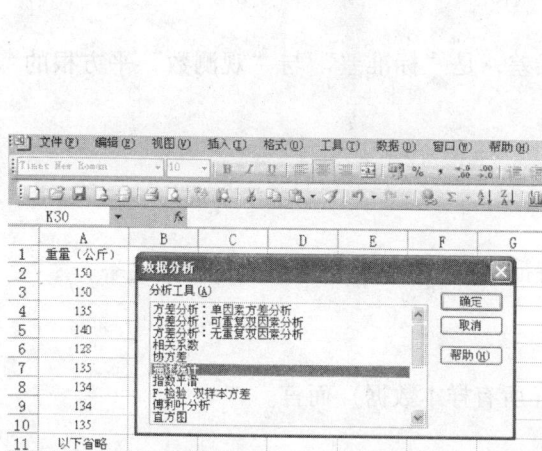

图8-5 由【工具】菜单进入【数据分析】对话框

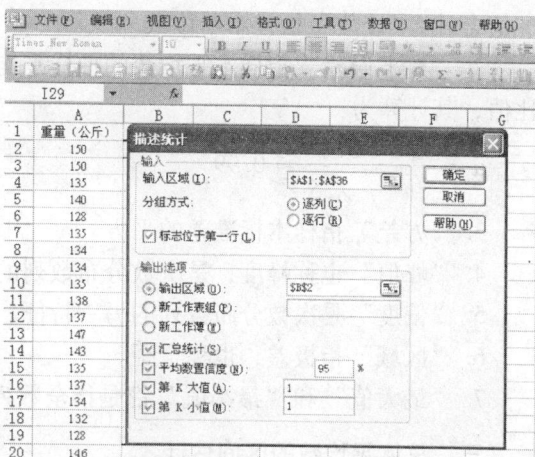

图8-6 【描述统计】对话框

以上各项选定后，单击"确定"按钮，即在指定区域输出一个两列的计算结果，如图8-7所示。

	A	B	C
1	重量（公斤）		
2	150		重量（公斤）
3	150		
4	135	平均	137.06
5	140	标准误差	0.99
6	128	中位数	135.00
7	135	众数	135.00
8	134	标准差	5.87
9	134	方差	34.47
10	135	峰度	0.62
11	138	偏度	0.31
12	137	区域	27.00
13	147	最小值	123.00
14	143	最大值	150.00
15	135	求和	4797.00
16	137	观测数	35.00
17	134	最大(1)	150.00
18	132	最小(1)	123.00
19	128	置信度(95.0%)	2.02
20	以下省略		

图8-7 描述统计计算结果

图 8－7 中指标解释如下：

1. "平均"指样本平均数，是"求和"项与"观测数"项的比值。"求和"指样本标准值合计，"计数"指样本单位数。

2. "标准误差"指样本平均数的抽样平均误差，是"标准差"与"观测数"平方根的比值，其计算为：

$$\mu = \frac{s}{\sqrt{n}} = \frac{5.87}{\sqrt{35}} \approx 0.99$$

3. "方差"指样本标准差的平方。

4. "峰值"也称峰度，是次数分布数列的特征之一，是次数分布数列的特征之一。

5. "偏度"是次数分布数列的另一特征。

6. "区域"指极差，也称全距。

7. "最大值"和"最小值"都是指全数列（所有样本数据）而言。

三、总体平均数的区间估计

对于正态分布或非正态分布但样本容量大于 30 的总体，进行平均数的区间估计，可采用"CONFIDENCE"函数（总体均值置信区间函数）。

以【例 8－2】资料为例，说明其具体操作方法：

（1）单击【f_x】按钮，在【插入对话框】中，选择【统计】类中的"CONFIDENCE"函数，确定后进入该函数的对话框，如图 8－8 所示。

（2）在"CONFIDENCE"对话框中，完成以下操作：

在 Alpha 框中输入设定置信概率的显著水平，本例为 0.05；

在 Standard_ dev 框中输入总体标准差，本例为 15；

在 Size 框中输入样本容量，本例为 250。

完成以上操作后，即在对话框底部给出允许误差的计算结果 1.859385097（约等于 1.86）。如图 8－9 所示。

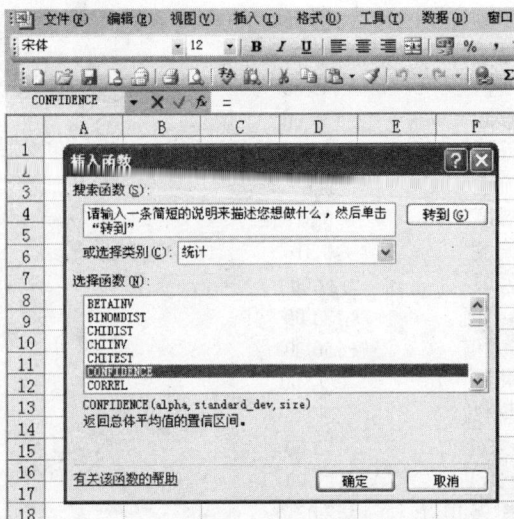

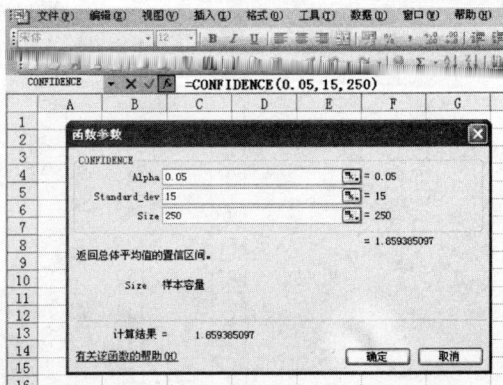

图 8－8　在【插入函数】中选择"CONFIDENCE"函数　　图 8－9　"CONFIDENCE"函数对话框

以上操作还可以用输入函数公式的方法完成。方法是：单击任一空单元格，输入"＝CONFIDENCE（0.05，15，250）"，确认后即可得出同样的结果。

最后，将样本平均数65加上1.86得66.86千克，减去1.86得63.14千克，这表明有95%的把握推断该批产品的平均重量介于63.14～66.86千克之间。

四、总体成数的区间估计

以【例8－3】资料为例说明估计总体成数的操作方法：

（1）求出样本成数：$p = \dfrac{292}{400} = 0.73$，$1 - p = 1 - 0.73 = 0.27$；

（2）由置信水平查正态分布表，得t值为1.96；

（3）单击任一空单元格，输入"＝1.96 * SQRT（0.73 * 0.27/400）"，确认后即可得出抽样允许误差为0.043508（约等于0.0435）；

（4）计算0.73±0.0435得到以95%的概率保证该家电新产品的市场占有率在68.65%～77.35%之间。

五、样本容量的确定

在Excel中确定样本容量，主要使用输入公式的方法。根据已经掌握的概率度、总体方差、抽样误差，将数据代入计算样本容量的公式中并输入到表中的任一空单元格，确认后就可得到所需要的样本容量。输入公式的方法如前所述，这里不再赘述。

案　例

为全面客观地了解山东电视观众收看山东卫视节目的基本情况，了解观众对电视节目的评价，推动节目安排的合理化，促进电视节目质量的提高，山东电视台决定在全省范围内进行电视观众满意度抽样调查。这次调查的节目类型覆盖面大，共6大类40多小类，直接与调查内容有关的调查指标多达382个，这些指标可以分成两类。一类是反映收视情况的各种比例，例如对某一节目持某一收视频率的观众的比例（如对"山东新闻联播"的收视有"从未看过"、"每月1～2次"、"每周1～2次"、"每周3～5次"、"几乎每天都看"5种频率），对某一节目持某一收视状态的观众的比例（如对"山东新闻联播"的收视有"专视地收看"、"边做事边看"、"偶尔看一眼"3个状态）等。另一类是对节目评价的各种均值，例如电视观众对某一节目综合评价的总平均分，对节目的某一指定特征"新闻联播节目信息含量是否充足"评价的平均分等。

为了搞好这次调查，山东电视台请有关专家设计了此次调查的抽样方案。

设计如下：

山东电视观众满意度调查抽样方案

一、方案设计的基本思路

鉴于电视普及率在山东省已达很高水平，因此本次抽样调查的总体确定为全省城镇居民和农村村民。目前全省人口8 871万，其中非农业人口2 296万，农业人口6 575万。在这样一个庞大的总体中进行抽样调查是一项复杂、巨大的系统工程，如果不充分利用现有的抽样调查网络开展工作而另行建立新的调查网络，不仅耗资巨大，而且无法保证时效性，也很难保证调查的质量。因此，充分利用多年来从事社会经济调查、积累了丰富的工作经验、高效快速的城、乡两支调查队开展城镇、农村电视节目调查，既能保证调查质量及时效性，同时还可以大大节约调查经费。

当前城调队、农调队在全省都有一个现成的调查网络，全省 17 个市、地均设有城调队，39 个县设有农调队，市（地）城调队、县农调队均与调查户直接联系，除济南、青岛两大城市调查户为 200 户外，其他市、县调查户均为 100 户。这些调查户是按照随机抽样的原则从全市（县）范围内抽取的，而且为了保证样本户的代表性，每年轮换 1/3。因此，充分利用城调队、农调队的调查网络和样本户设计抽样方案，不仅效率高，而且可以保证调查质量。

二、方案设计的具体内容

抽样方案包括两部分内容，一是抽样方法的选取，二是样本容量的确定及分配。本次调查采用分层三阶等距随机抽样。考虑到经费等因素，山东电视台确定样本容量为 1 500 人。

1. 层次划分及样本量的各层的分配。一定社会的政治经济决定一定社会的文化。由于城市和农村社会经济发展水平目前仍存在一定差异，因而这种差异不可避免地影响到人们的文化。反映到电视节目的评价上必然存在一定差异。为使调查能更全面、更客观地反映全省观众的收视情况及评价，决定将全省观众分为非农业人口和农业人口两层，两层都进行抽样调查。实施分层抽样不仅可以提高样本的代表性，有利于估计精度提高，而且每层都可以单独地作为一个子总体看待，利用各层的调查结果对电视节目如何满足本层次观众的需求提供有价值的信息。例如利用农业人口层的调查结果可以了解面向农村的节目如"乡村季风"受欢迎的程度。同时分为非农业人口层和农业人口层后还可以充分发挥城调队和农调队两支调查队的工作优势，快速便捷地获得所需信息。

初步分析了城乡观众收看电视节目的基本情况后，决定城乡样本量分配比例为 6:4，即在非农业人口层中调查 900 人，在农业人口层中调查 600 人。

2. 第一阶抽样及一级样本量的确定。在非农业人口层，以市、地作为一级抽样单元，第一阶抽样对市、地进行。按照每个市、地调查 100 人的规模，需抽取 9 个市地。考虑到山东省东西部经济发展不平衡等因素，为提高样本的代表性全面、客观地反映非农业人口观众收看电视的基本情况和对节目的评价，决定以市、地人均收入为排列标识将全省 17 个市地按照由低到高的顺序排列，实施等距抽样。等距抽样的优点一是抽样方便，二是样本在总体中分布均匀，代表性好。因为 17 个市、地需抽 9 个，所以在等距抽样下唯一的抽取方式是编号为奇数的第 1、第 3、……、等 17 的 9 个市地入样，它们构成非农业人口层的一级样本。

在农业人口层，以县及县级市作为一级抽样单元，第一阶抽样对县进行。按照每个县均调查 100 人的规模，需抽取 6 个县。因为全省并非所有的县都有农调队建制，故只能在已有建制的县中抽取。目前全省有 39 个县建有农调队，它们分布于全省各地区，基本上能反映全省农业生产和农村经济的发展状况。从 39 个县中抽取 6 个县相当于对县级总体的二阶抽样。为提高样本代表性，也是以县人均收入为排列标识，将 39 个县按照由低到高的顺序排列实施等距抽样。这里存在的问题是 39 不能被 6 整除，而等距抽样中的抽样间隔必须为整数，这可应用拉希里圆形抽样方法解决。将 39 个县按人均收入由低到高的顺序排列成一个圆，首尾相接，因 39÷6=6.5，故可取抽样间隔为 7。在 1~39 中随机抽取一个整数，以它作为样本的初始单元，然后按排列顺序每间隔 7 抽取一个单元，直至抽足 6 个单元为止。例如在 1~39 中随机抽取一整数为 8，则编号为 8、15、22、29、36、4 的县入样，它们构成农业人口层的一级样本。

3. 第二阶抽样及二级样本量的确定。在抽中的 9 个市、地以户作为二级抽样单元，第二阶抽样对户进行。除济南、青岛外，各市、地城调队均已按随机抽样方式抽取了 100 户作为记账户开展调查，而且为了防止样本老化每年轮换 1/3。在保证样本代表性的前提下，考虑到调查费用等因素，本次调查各调查市、地就直接利用现有的 100 户记账户作为二级样本。济南、青岛记账户均为 200 户，对每市的 200 户记账户，按人均收入由低到高排列，取抽样间隔为 2 实施等距抽样得到容量为 100 的样本户，以此作为本次二阶抽样的二级样本。整个非农业人口层的二级样本量为 900 户，每个被抽中的市、地二级样本量为 100 户。

在抽中的 6 个县，也是以户作为二级抽样单元，第二阶抽样对户进行。同样，各县农调队已按随机抽样方式抽取 100 户作为记账户开展调查，而且每年轮换 1/3。在保证样本代表性的前提下，本次调查各调查县也是直接利用现有的 100 户记账户作为二级样本。整个农业人口层的二级样本量为 600 户，每个被抽中的县二级样本量为 100 户。

4. 第三阶抽样及三级样本量的确定。在样本户中以人作为三级抽样单元，第三阶抽样对人进行。因为全省样本总量为 1 500 人，样本户已确定为 1 500 户，因此每个样本户只随机抽取 1 人调查。

抽 样 表

序号	姓名	年龄	抽中号	抽样号码									
				1	2	3	4	5	6	7	8	9	0
1				1	1	1	1	1	1	1	1	1	1
2				2	1	2	1	1	2	1	2	2	1
3				1	3	2	2	3	1	3	1	1	2
4				2	2	4	1	3	4	2	3	3	2
5				2	5	3	2	4	4	1	1	5	3
6				3	1	4	1	5	2	6	2	3	6
7				4	5	6	5	7	2	3	1	7	3
8				4	2	5	5	8	5	4	7	4	5
9				2	4	9	5	9	5	6	3	1	8
10				5	2	3	4	10	7	6	8	9	1

在户内进行随机抽样可利用上表进行。将被访户家庭成员的年龄按由高到低的顺序排列填写在表的第 3 列，年龄在 4 岁以下或 75 岁以上的人不列入，调查期间外出 5 天以上的家

庭成员也不列入。已列入表内的家庭成员所在行的序号即为其编号。在表上方的抽样号码栏中找出与问卷编号最末一位数字相同的数字，在该数字上画圈，被圈数字所在列与该户已填入表内的家庭成员所在行交会处的数字即该户被抽中的人的编号。然后在抽样表上该编号所在行相应处画√，以下的所有调查都是对被抽中的这个家庭成员进行。

资料来源：国家统计局统计教育培训中心：《企业统计分析方法及案例》，2001 年 6 月。

【本章知识架构图】

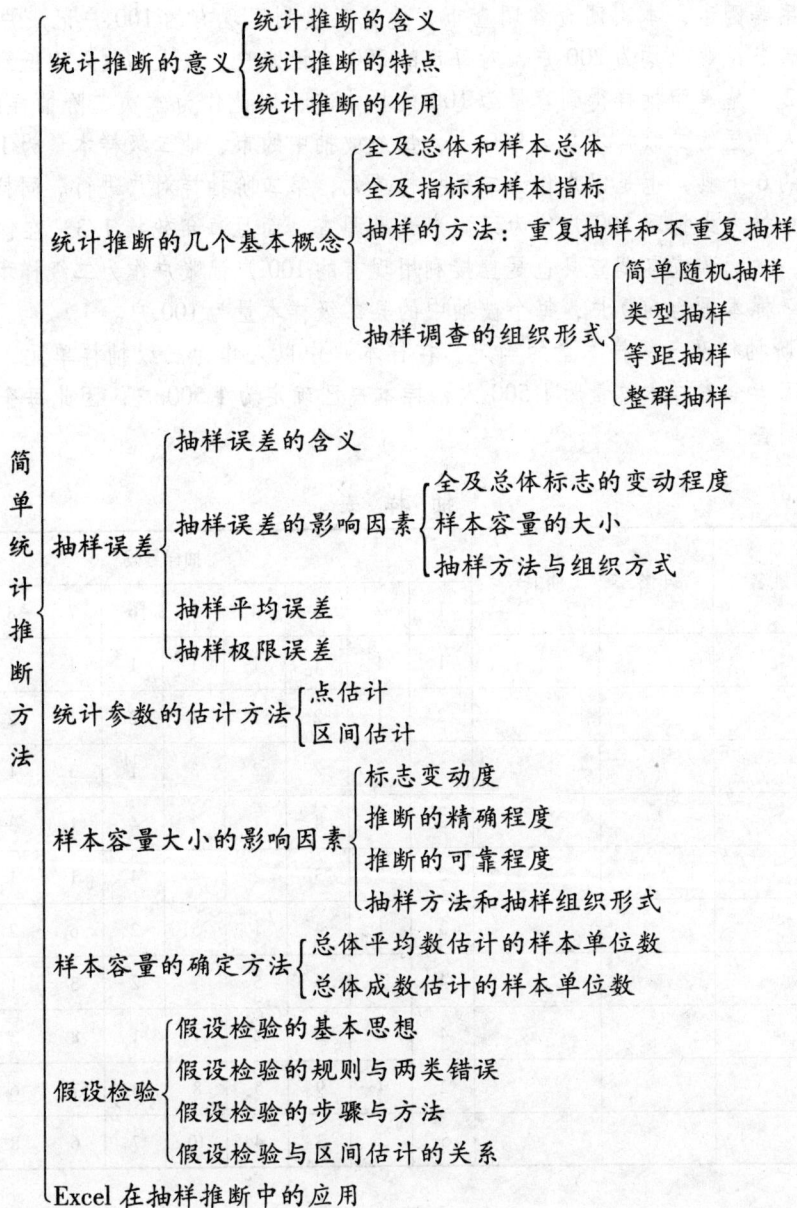

```
          ┌ 统计推断的意义 ┌ 统计推断的含义
          │              ┤ 统计推断的特点
          │              └ 统计推断的作用
          │
          │                            ┌ 全及总体和样本总体
          │                            │
          │ 统计推断的几个基本概念      ┤ 全及指标和样本指标
          │                            │
          │                            ├ 抽样的方法：重复抽样和不重复抽样
          │                            │                  ┌ 简单随机抽样
          │                            │                  │ 类型抽样
          │                            └ 抽样调查的组织形式 ┤ 等距抽样
          │                                               └ 整群抽样
简
单        │         ┌ 抽样误差的含义
统        │         │                        ┌ 全及总体标志的变动程度
计        │ 抽样误差 ┤ 抽样误差的影响因素      ┤ 样本容量的大小
推        │         │                        └ 抽样方法与组织方式
断        ┤         ├ 抽样平均误差
方        │         └ 抽样极限误差
法        │
          │ 统计参数的估计方法 ┌ 点估计
          │                  └ 区间估计
          │
          │                        ┌ 标志变动度
          │                        │ 推断的精确程度
          │ 样本容量大小的影响因素  ┤ 推断的可靠程度
          │                        └ 抽样方法和抽样组织形式
          │
          │ 样本容量的确定方法 ┌ 总体平均数估计的样本单位数
          │                  └ 总体成数估计的样本单位数
          │
          │         ┌ 假设检验的基本思想
          │         │ 假设检验的规则与两类错误
          │ 假设检验 ┤ 假设检验的步骤与方法
          │         └ 假设检验与区间估计的关系
          │
          └ Excel 在抽样推断中的应用
```

【综合自测题】

一、知识题

（一）判断题

1. 抽样调查就是凭主观意识，从总体中抽取部分单位进行调查。   （   ）
2. 所有可能的样本平均数的平均数，等于总体平均数。   （   ）
3. 抽样误差是不可避免的，但人们可以调整总体方差的大小来控制抽样误差的大小。
                                                                    （   ）
4. 样本单位数的多少可影响抽样误差的大小，而总体标志变动度的大小和抽样误差无关。
                                                                    （   ）
5. 抽样估计中的点估计就是被估计的总体指标直接等于样本指标。   （   ）
6. 不重复抽样的抽样误差一定小于重复抽样的抽样误差。   （   ）
7. 在不重复抽样的情况下，若调查的单位数为全及总体的10%，则所计算的抽样平均误差比重复抽样计算的抽样误差少10%。   （   ）
8. 抽样平均误差总是小于抽样极限误差。   （   ）
9. 抽样指标与被估计的总体指标之间存在着一定程度的离差，这种离差就是抽样误差。
                                                                    （   ）
10. 抽样平均误差的大小与样本容量的大小呈正比关系。   （   ）

（二）单选题

1. 所谓大样本是指样本单位数在（   ）及以上。
   A. 30个   B. 50个   C. 80个   D. 100个
2. 抽样指标与总体的指标之间抽样误差的可能范围是（   ）。
   A. 抽样平均误差   B. 抽样极限误差   C. 区间估计范围   D. 置信区间
3. 抽样平均误差说明抽样指标与总体指标之间的（   ）。
   A. 实际误差   B. 平均误差   C. 实际误差的平方   D. 允许误差
4. 成数方差的计算公式（   ）。
   A. $\sqrt{p(1-p)}$ B. $p(1-p)$ C. $\sqrt{q(1-q)}$ D. $q(1-p)$
5. 总体平均数和样本平均数之间的关系是（   ）。
   A. 总体平均数是确定值，样本平均数是随机变量
   B. 总体平均数是随机变量，样本平均数是确定值
   C. 两者都是随机变量
   D. 两者都是确定值
6. 连续生产的电子管厂，产品质量检查是这样安排的：在一天中，每隔半个小时抽取5分钟的产品进行检验，这是（   ）。
   A. 简单随机抽样   B. 类型抽样   C. 等距抽样   D. 整群抽样
7. 在实际工作中，不重复抽样的抽样平均误差的计算，采用重复抽样的公式的情况是（   ）。

A. 样本单位数占总体单位数的比重很小时

B. 样本单位数占总体单位数的比重很大时

C. 样本单位数目很少时

D. 样本单位数目很多时

8. 在抽样之前对每一个单位进行编号，然后才能使用随机数表等方法抽选样本单位，这种方法属于（   ）。

A. 等距抽样   B. 分层抽样

C. 整群抽样   D. 简单随机抽样

9. 在区间估计中，有三个基本要素，它们是（   ）。

A. 概率度、抽样平均误差、抽样数目

B. 概率度、估计统计量、误差范围

C. 估计统计量、抽样平均误差、抽样数目

D. 误差范围、抽样平均误差、总体单位数

10. 用简单随机抽样（重复抽样）方法抽取样本单位，如果要使抽样允许误差降低 50%，则样本容量需扩大到原来的（   ）。

A. 2 倍   B. 3 倍   C. 4 倍   D. 5 倍

（三）多选题

1. 常用的样本指标有（   ）。

A. 样本平均数   B. 样本成数   C. 抽样误差

D. 样本方差   E. 标准差

2. 分层抽样具有以下特点（   ）。

A. 先对总体各单位分组，然后从各组中按随机原则抽选一定单位构成样本

B. 按比例分配抽样数目可使样本结构与总体结构保持一致

C. 将分组法和随机抽样相结合的方法

D. 划分类型时，必须有清楚的划类界限

E. 必须知道各类中的数目和比例

3. 影响抽样误差大小的因素有（   ）。

A. 样本各单位变量值的差异程度   B. 总体各单位变量值的差异程度

C. 样本单位数   D. 抽样方法   E. 抽样调查的组织形式

4. 抽样平均误差（   ）。

A. 反映样本统计量与总体参数的平均误差程度

B. 是样本统计量误差的平均数

C. 是样本统计量误差的绝对值的平均数

D. 是所有可能样本统计量的标准差

E. 是误差平均的可能范围

5. 总体参数的区间估计必须同时具备的三个要素是（   ）。

A. 样本单位数   B. 统计量   C. 抽样误差范围

D. 概率保证程度   E. 抽样平均误差

6. 一定条件下，置信度、概率度和精确度关系表现在（   ）。

A. 概率度增大，估计的可靠性也增大

B. 概率度增大，估计的精确度下降

C. 概率度缩小，估计的精确度也缩小

D. 概率度增大，估计的精确度也缩小

E. 概率度增大，估计的可靠性缩小

7. 影响必要抽样数目的主要因素有（　　　）。

    A. 总体标准差　　　　B. 抽样极限误差　　　　C. 抽样方法

    D. 概率保证程度　　　E. 抽样的组织方式

8. 从总体 2 000 个单位中抽取 20 个单位进行调查，下列各项正确的是（　　　）。

    A. 样本单位数是 20 个　　　　　　　　B. 样本个数是 20 个

    C. 样本容量是 20 个　　　　　　　　　D. 一个样本有 20 个单位数

    E. 总体单位数是 2 000 个

9. 在简单随机重复抽样条件下，抽样单位数 n 的计算可采用（　　　）。

A. $n_{\bar{x}} = \dfrac{t^2 \sigma^2}{\Delta_{\bar{x}}^2}$ 　　　　　　B. $n_{\bar{x}} = \dfrac{N t^2 \sigma^2}{N \Delta_{\bar{x}}^2 + t^2 \sigma^2}$

C. $n_p = \dfrac{t^2 P(1-P)}{\Delta_p^2}$ 　　　D. $n_p = \dfrac{N t^2 P(1-P)}{N \Delta_p^2 + t^2 P(1-P)}$

E. $\Delta_{\bar{x}}^2 = t^2 \cdot \dfrac{\sigma^2}{n}$

10. 参数估计方法有（　　　）。

    A. 点估计　　　　　B. 区间估计　　　　　C. 统计估计

    D. 抽样估计　　　　E. 总体估计

（四）问答题

1. 影响抽样误差的因素有哪些？

2. 抽样平均误差、抽样极限误差和概率度三者之间有何关系？

3. 假设检验与区间估计之间有何关系？

二、技能题

1. 工商部门对某超市经销的小包装休闲食品实行重复抽查，规定每包重量不低于 30 克，在 1 000 包食品中抽 1% 进行检验，结果如表 1 所示：

表 1　　　　　　　　　　　某超市小包装休闲食品抽查资料

按重量分组（克）	包数（包）
26 ~ 27	1
27 ~ 28	3
28 ~ 29	3
29 ~ 30	2
30 ~ 31	1
合　计	10

试以94.45%概率计算：（1）这批食品的平均每包重量是否符合规定的要求？（2）若每包食品重量低于30克为不合格，求合格率的范围。

2. 某学校从该校学生中随机抽取100人，调查到他们平均每天参加体育锻炼的时间为26分钟。试以0.95的置信水平估计该学校全体学生平均每天参加体育锻炼的时间（已知总体方差为36）。

3. 一个电视节目主持人想了解观众对某个电视专题节目的喜欢情况，他选取了500个观众做样本，结果发现喜欢该节目的有175人。试以0.95的概率估计观众喜欢这一专题节目的区间范围。若该节目主持人希望估计的极限误差不超过5%，问有多大的把握程度？

4. 一家广告公司想估计某类商店去年所花的平均广告费有多少。经验表明，总体方差约为1 800 000。如置信度取95%，并要使估计值处在总体平均值500元的范围内，这家广告公司应取多大的样本？

5. 对某厂日产1万个灯泡的合作寿命进行抽样调查，抽取100个灯泡，测得其平均寿命为1 800小时，标准差为6小时。

要求：（1）按68.27%概率计算抽样平均数的极限误差；

（2）按以上条件，若极限误差不超过0.4小时，应抽取多少只灯泡进行测试；

（3）按以上条件，若概率提高到95.45%，应抽取多少灯泡进行测试？

（4）若极限误差为0.6小时，概率为95.45%，应抽取多少灯泡进行测试？

（5）通过以上计算，说明允许误差、抽样单位数和概率之间的关系。

6. 某高校某年从入学新生1 000名中按不重复方法随机抽取5%的学生，整理计算得其英语平均成绩为78分，及格率为96%。已知上届学生的英语平均成绩为77.9分，标准差为9.2分，及格率为92%，在5%的显著性水平下，是否有理由认为该级学生的英语成绩与上届学生的英语成绩一样，而及格率有所提高？

附录一

正态分布概率表

t	$F(t)$	t	$F(t)$	t	$F(t)$	t	$F(t)$
0.00	0.0000	0.41	0.3182	0.82	0.5878	1.23	0.7813
0.01	0.0080	0.42	0.3255	0.83	0.5935	1.24	0.7850
0.02	0.0160	0.43	0.3328	0.84	0.5991	1.25	0.7887
0.03	0.0239	0.44	0.3401	0.85	0.6047	1.26	0.7923
0.04	0.0319	0.45	0.3473	0.86	0.6102	1.27	0.7959
0.05	0.0399	0.46	0.3545	0.87	0.6157	1.28	0.7995
0.06	0.0478	0.47	0.3616	0.88	0.6211	1.29	0.8030
0.07	0.0558	0.48	0.3688	0.89	0.6265	1.30	0.8064
0.08	0.0638	0.49	0.3759	0.90	0.6319	1.31	0.8098
0.09	0.0717	0.50	0.3829	0.91	0.6372	1.32	0.8130
0.10	0.0797	0.51	0.3899	0.92	0.6424	1.33	0.8165
0.11	0.0876	0.52	0.3969	0.93	0.6476	1.34	0.8198
0.12	0.0955	0.53	0.4039	0.94	0.6528	1.35	0.8230
0.13	0.1034	0.54	0.4108	0.95	0.6579	1.36	0.8262
0.14	0.1113	0.55	0.4177	0.96	0.6629	1.37	0.8293
0.15	0.1192	0.56	0.4245	0.97	0.6680	1.38	0.8324
0.16	0.1271	0.57	0.4313	0.98	0.6729	1.39	0.8255
0.17	0.1350	0.58	0.4381	0.99	0.6778	1.40	0.8385
0.18	0.1428	0.59	0.4448	1.00	0.6827	1.41	0.8415
0.19	0.1507	0.60	0.4515	1.01	0.6875	1.42	0.8444
0.20	0.1585	0.61	0.4581	1.02	0.6923	1.43	0.8473
0.21	0.1663	0.62	0.4647	1.03	0.6970	1.44	0.8501
0.22	0.1741	0.63	0.4713	1.04	0.7017	1.45	0.8529
0.23	0.1819	0.64	0.4778	1.05	0.7063	1.46	0.8557
0.24	0.1897	0.65	0.4843	1.06	0.7109	1.47	0.8584
0.25	0.1974	0.66	0.4907	1.07	0.7154	1.48	0.8611
0.26	0.2051	0.67	0.4971	1.08	0.7199	1.49	0.8638
0.27	0.2128	0.68	0.5035	1.09	0.7243	1.50	0.8664
0.28	0.2205	0.69	0.5098	1.10	0.7287	1.51	0.8690
0.29	0.2282	0.70	0.5161	1.11	0.7330	1.52	0.8715
0.30	0.2358	0.71	0.5223	1.12	0.7373	1.53	0.8740
0.31	0.2434	0.72	0.5285	1.13	0.7415	1.54	0.8764
0.32	0.2510	0.73	0.5346	1.14	0.7457	1.55	0.8789
0.33	0.2586	0.74	0.5407	1.15	0.7499	1.56	0.8812

续表

t	$F(t)$	t	$F(t)$	t	$F(t)$	t	$F(t)$
0.34	0.2661	0.75	0.5467	1.16	0.7540	1.57	0.8836
0.35	0.2737	0.76	0.5527	1.17	0.7580	1.58	0.8859
0.36	0.2812	0.77	0.5587	1.18	0.7620	1.59	0.8882
0.37	0.2886	0.78	0.5646	1.19	0.7660	1.60	0.8904
0.38	0.2961	0.79	0.5705	1.20	0.7699	1.61	0.8926
0.39	0.3035	0.80	0.5763	1.21	0.7737	1.62	0.8948
0.40	0.3108	0.81	0.5821	1.22	0.7775	1.63	0.8969
1.64	0.8990	1.88	0.9399	2.24	0.9749	2.72	0.9935
1.65	0.9011	1.89	0.9412	2.26	0.9762	2.74	0.9939
1.66	0.9031	1.90	0.9426	2.28	0.9774	2.76	0.9942
1.67	0.9051	1.91	0.9439	2.30	0.9786	2.78	0.9946
1.68	0.9070	1.92	0.9451	2.32	0.9797	2.80	0.9949
1.69	0.9090	1.93	0.9464	2.34	0.9807	2.82	0.9952
1.70	0.9109	1.94	0.9476	2.36	0.9817	2.84	0.9955
1.71	0.9127	1.95	0.9488	2.38	0.9827	2.86	0.9958
1.72	0.9146	1.96	0.9500	2.40	0.9836	2.88	0.9960
1.73	0.9164	1.97	0.9512	2.42	0.9845	2.90	0.9962
1.74	0.9181	1.98	0.9523	2.44	0.9853	2.92	0.9965
1.75	0.9199	1.99	0.9534	2.46	0.9861	2.94	0.9967
1.76	0.9216	2.00	0.9545	2.48	0.9869	2.96	0.9969
1.77	0.9233	2.02	0.9566	2.50	0.9876	2.98	0.9971
1.78	0.9249	2.04	0.9587	2.52	0.9883	3.00	0.9973
1.79	0.9265	2.06	0.9606	2.54	0.9889	3.20	0.9986
1.8	0.9281	2.08	0.9625	2.56	0.9895	3.40	0.9993
1.81	0.9297	2.10	0.9643	2.58	0.9901	3.60	0.99968
1.82	0.9312	2.12	0.9660	2.60	0.9907	3.80	0.99986
1.83	0.9328	2.14	0.9676	2.62	0.9912	4.00	0.99994
1.84	0.9342	2.16	0.9692	2.64	0.9917	4.50	0.999993
1.85	0.9357	2.18	0.9707	2.66	0.9922	5.00	0.999999
1.86	0.9371	2.20	0.9722	2.68	0.9926		
1.87	0.9385	2.22	0.9736	2.70	0.9931		

附录二

随机数字表

03 47 43 73 86	36 96 47 36 61	46 98 63 71 62	33 26 16 80 45	60 11 14 10 95
97 74 24 67 62	42 81 14 57 20	42 53 32 37 32	27 07 36 07 51	24 51 79 89 73
16 76 62 27 66	56 50 26 71 07	32 90 79 78 53	13 55 38 58 59	88 97 54 14 10
12 56 85 99 26	96 96 68 27 31	05 03 72 93 15	57 12 10 14 21	88 26 49 81 76
55 59 56 35 64	38 54 82 46 22	31 62 43 09 90	06 18 44 32 53	23 83 01 30 30
16 22 77 94 39	49 54 43 54 82	17 37 93 23 78	87 35 20 96 43	84 26 34 91 64
84 42 53 17 31	67 24 55 06 88	77 04 74 47 67	21 76 33 50 25	83 92 12 06 76
63 01 63 78 59	16 95 55 67 19	98 10 50 71 75	12 86 73 58 07	44 39 52 38 79
33 21 12 34 29	78 64 56 07 82	52 42 07 44 38	15 51 00 13 42	99 66 02 79 54
57 60 86 32 44	09 47 27 96 54	49 17 46 09 62	90 52 84 77 27	08 02 73 43 28
18 18 07 92 45	44 17 16 58 09	79 83 86 49 62	06 76 50 03 10	55 23 64 05 05
26 62 38 97 75	84 16 07 44 99	83 11 46 32 24	20 14 85 88 45	10 93 72 88 71
23 42 40 64 74	82 97 77 77 81	07 45 32 14 08	32 98 94 07 72	93 85 79 10 75
52 36 28 19 95	50 92 26 11 97	00 56 76 31 38	80 22 02 53 53	86 60 42 04 53
37 85 94 35 12	83 39 50 08 30	42 34 07 96 88	54 42 06 87 98	35 85 29 48 39
70 29 17 12 13	40 33 20 38 26	13 89 51 03 74	17 76 37 13 04	07 74 21 19 30
56 62 18 37 35	96 83 50 87 75	97 12 25 93 47	70 33 24 03 54	97 77 46 44 80
99 49 57 22 77	88 42 95 45 72	16 64 36 16 00	04 43 18 66 79	94 77 24 21 90
16 08 15 04 72	33 27 14 34 09	45 59 34 68 49	12 72 07 34 45	99 27 72 95 14
31 16 93 32 43	50 27 89 87 19	20 15 37 00 49	52 85 66 60 44	38 68 88 11 80
68 34 30 13 70	55 74 30 77 40	44 22 78 84 26	04 33 45 09 52	68 07 97 06 57
74 57 25 65 76	59 29 97 68 60	71 91 38 67 54	18 58 18 24 78	15 54 55 95 52
27 42 37 86 53	48 55 90 65 72	96 57 69 36 10	96 46 92 42 45	97 60 49 04 91
00 39 68 29 61	66 37 32 20 30	77 84 57 03 29	10 45 65 04 26	11 04 96 67 24
29 94 98 94 24	68 49 69 10 82	53 75 91 93 30	34 25 20 57 27	40 48 73 51 92
16 90 82 66 59	83 62 64 11 12	67 19 00 71 74	60 47 21 29 68	02 02 37 03 31
11 27 94 75 06	06 09 19 74 66	02 94 37 34 02	76 70 90 30 86	38 45 94 30 38
35 24 10 16 20	33 32 51 26 38	79 78 45 04 91	16 92 53 56 16	02 75 50 95 98
33 23 16 36 38	42 38 97 01 50	87 75 66 81 41	40 01 74 91 62	48 51 84 08 32
31 96 25 91 47	96 44 33 49 13	34 85 82 53 91	00 52 43 48 85	27 55 26 89 62
66 67 40 67 14	64 05 71 95 86	11 05 65 09 68	76 83 20 37 90	57 16 00 11 66
14 90 84 45 11	75 73 88 05 90	52 27 41 14 86	22 98 12 22 08	07 52 74 95 80
68 05 51 18 00	33 96 02 75 19	07 60 62 93 55	59 33 82 43 90	49 37 38 44 59
20 46 78 73 90	97 51 40 14 02	04 02 33 31 03	39 54 16 49 36	47 95 93 13 30
64 19 58 97 79	15 06 15 93 20	01 90 10 75 06	40 78 78 89 62	02 67 74 17 33

05 26 93 70 60	22 35 85 15 13	92 03 51 59 77	59 58 78 06 83	52 91 05 70 74
07 97 10 88 23	09 98 42 99 64	61 71 62 99 15	06 51 29 16 93	58 05 77 09 51
68 71 86 85 85	55 87 66 47 54	73 32 08 11 12	44 95 92 63 18	29 56 24 29 48
29 99 61 65 53	58 37 78 80 70	42 10 50 67 42	32 47 55 85 74	94 44 67 13 94
14 65 52 68 75	87 59 36 22 41	26 78 63 06 55	13 08 27 01 50	15 29 39 39 48
17 53 77 58 71	71 41 61 50 72	12 41 94 96 26	44 95 27 36 99	02 96 74 30 83
90 26 59 21 19	23 52 23 33 12	96 93 02 18 39	07 02 18 36 07	25 99 32 70 23
41 23 52 55 99	31 04 49 69 96	10 47 48 45 88	13 41 42 89 20	97 17 14 49 17
60 20 50 81 69	31 99 73 68 68	35 81 33 08 76	24 30 12 48 60	18 99 10 72 34
91 25 38 05 90	94 58 28 41 36	45 37 59 03 09	90 35 57 29 12	82 62 54 65 60
34 50 57 74 37	98 80 33 00 91	09 77 93 19 82	74 94 80 04 04	45 07 31 66 43
85 22 04 39 43	73 81 53 94 79	33 62 46 86 28	08 31 54 46 31	53 94 13 38 47
09 79 13 77 48	73 82 97 22 21	05 03 27 24 83	72 89 44 02 60	35 80 39 94 88
88 75 80 18 14	22 95 75 42 49	39 32 82 22 49	02 48 07 70 37	16 04 61 67 87
90 96 23 70 00	39 00 03 06 90	55 85 78 38 36	94 37 30 69 32	90 89 00 76 33
53 74 23 99 67	61 32 28 69 84	94 62 67 86 24	98 33 41 19 95	47 53 58 38 09
63 38 06 86 54	09 00 65 26 94	02 83 90 23 07	79 62 67 80 60	75 91 12 81 19
35 30 58 21 45	06 72 17 10 94	25 21 31 75 96	49 28 24 00 49	55 65 79 73 07
63 43 36 82 69	65 51 18 37 83	61 38 44 12 45	32 92 85 88 65	54 34 81 85 35
98 25 37 55 26	01 91 82 81 46	74 71 12 94 97	24 02 71 37 07	03 92 18 66 75
02 63 21 17 69	71 50 80 89 56	38 15 70 11 48	43 40 45 86 93	00 33 56 91 03
64 55 22 21 89	48 22 28 06 00	61 54 13 43 91	82 78 12 23 29	06 66 24 12 27
85 07 26 13 89	01 10 07 82 04	59 63 69 36 03	69 11 15 83 80	13 29 54 19 28
58 54 16 24 15	51 54 44 82 00	62 61 65 04 69	38 18 65 18 97	85 72 13 49 21
34 85 27 84 87	61 48 64 55 26	90 18 48 13 26	37 70 15 42 57	65 65 80 39 07
03 92 18 27 48	57 99 16 96 56	30 33 72 85 22	84 64 38 56 98	99 01 30 98 64
62 93 30 27 59	37 75 41 66 48	86 97 90 61 45	23 53 04 01 62	45 76 08 64 27
08 45 93 15 22	60 21 75 46 91	98 77 27 85 42	28 88 61 08 84	69 62 03 42 73
07 08 55 13 40	45 44 75 13 90	24 94 96 61 02	57 55 66 33 15	73 42 37 11 61
01 85 89 95 66	51 10 19 34 88	15 84 97 19 75	12 76 39 43 78	64 63 91 08 25
72 84 71 14 35	19 11 58 49 26	50 11 17 17 76	86 31 57 20 18	95 60 78 46 75
88 78 28 16 84	13 52 53 94 53	75 45 69 30 96	73 89 65 70 31	99 17 43 43 76
45 17 75 65 57	28 40 19 72 12	25 12 74 75 67	60 40 60 81 19	24 62 01 61 16
96 76 28 12 54	22 01 11 94 25	71 96 16 16 88	68 64 36 74 45	19 59 50 88 92
43 31 67 72 30	24 02 94 08 63	38 32 36 66 02	69 36 38 25 39	45 03 45 15 22
50 14 66 44 21	66 06 58 05 62	68 15 54 35 02	42 35 48 99 32	14 52 41 52 43
22 66 22 15 85	26 63 75 41 99	58 42 36 72 24	58 37 52 18 51	03 37 18 39 11

96 24 40 14 51	23 22 30 88 57	95 67 47 29 83	94 69 40 06 07	18 16 36 78 86
31 73 91 61 19	60 20 72 93 48	98 57 07 23 09	35 95 39 89 58	56 80 30 16 44
78 60 73 99 84	43 89 94 36 45	56 69 47 07 41	90 22 91 07 12	73 35 34 08 72
84 37 90 61 56	70 10 23 98 05	84 11 34 76 60	76 48 45 34 90	01 61 18 39 96
36 67 10 08 23	98 93 35 08 86	99 29 76 29 81	33 34 91 58 93	68 14 52 32 52
07 28 59 07 48	39 64 58 89 75	83 85 65 27 89	30 14 78 56 27	36 63 59 80 02
10 15 83 37 60	79 24 31 66 56	21 48 24 06 93	91 98 94 05 49	01 47 59 38 00
55 19 68 97 65	03 73 52 16 56	00 53 55 90 27	33 42 29 38 87	22 13 88 34 34
53 81 29 13 39	35 01 20 71 34	62 33 74 82 14	53 73 19 09 03	56 54 29 56 93
51 86 32 68 92	33 98 74 66 99	40 14 71 94 58	45 94 19 38 81	14 11 99 81 07
35 91 70 29 13	80 03 54 07 27	96 94 78 32 66	50 95 52 74 33	18 80 55 62 54
37 71 67 95 94	20 02 44 95 94	64 85 04 05 72	01 32 90 76 14	55 89 74 60 41
93 66 13 83 27	92 79 64 64 72	28 54 96 53 84	48 14 52 98 94	56 07 93 89 30
02 96 08 45 65	13 05 00 41 84	93 07 54 72 59	21 45 57 09 77	19 43 56 27 44
49 83 42 48 35	82 88 33 69 96	72 36 04 19 76	48 45 15 18 60	82 11 03 95 07
84 60 71 62 46	40 80 81 30 37	34 39 23 05 38	25 15 35 71 30	88 12 57 21 77
18 17 30 88 71	44 91 14 88 47	89 23 30 63 15	56 34 20 47 89	99 82 93 24 98
79 69 10 61 78	71 32 76 95 62	87 00 22 58 40	92 54 01 75 25	43 11 71 99 31
75 93 36 57 83	56 20 14 82 11	74 21 97 90 65	96 42 68 63 86	74 54 13 26 94
38 30 92 29 03	06 28 81 39 28	62 25 06 84 63	61 29 08 93 67	04 82 92 08 09
51 29 50 10 34	31 57 75 95 80	51 97 02 74 77	76 15 48 49 44	18 55 63 77 09
21 31 38 86 24	37 79 81 53 74	73 24 16 10 33	52 83 90 94 76	70 47 14 54 36
29 01 23 87 88	58 02 39 37 67	42 10 14 20 92	16 55 23 42 45	54 96 09 11 06
95 33 95 22 00	18 74 72 00 18	38 79 58 69 32	81 76 80 26 92	82 80 84 25 39
90 84 60 79 80	24 36 59 87 38	82 07 53 89 35	96 35 23 79 18	05 98 90 07 35
46 40 62 98 32	54 97 20 56 95	15 74 80 08 32	16 46 70 50 80	67 72 16 42 79
20 31 89 03 48	38 46 82 68 72	32 14 82 99 70	80 60 47 18 97	68 49 30 21 30
71 59 73 05 50	08 22 23 71 77	91 01 93 20 49	82 96 59 26 94	66 39 67 93 60

附录三

t 分布的临界值表

单　侧	$a = 0.10$	0.05	0.025	0.01	0.05
双　侧	$a = 0.20$	0.10	0.05	0.02	0.01
$df = 1$	3.078	6.314	12.706	31.821	63.657
2	1.886	2.920	4.303	6.965	9.925
3	1.638	2.353	3.182	4.541	5.841
4	1.533	2.132	2.776	3.747	4.604
5	1.476	2.015	2.571	3.365	4.032
6	1.440	1.943	2.447	3.143	3.707
7	1.415	1.895	2.365	2.998	3.499
8	1.397	1.86	2.306	2.896	3.355
9	1.383	1.833	2.262	2.821	3.250
10	1.372	1.812	2.228	2.764	3.169
11	1.363	1.796	2.201	2.718	3.106
12	1.356	1.782	2.179	2.681	3.055
13	1.350	1.771	2.160	2.650	3.012
14	1.345	1.761	2.145	2.624	2.977
15	1.341	1.753	2.131	2.602	2.947
16	1.337	1.746	2.120	2.583	2.921
17	1.333	1.740	2.110	2.567	2.898
18	1.330	1.734	2.101	2.552	2.878
19	1.328	1.729	2.093	2.539	2.861
20	1.325	1.725	2.086	2.528	2.845
21	1.323	1.721	2.080	2.518	2.831
22	1.321	1.717	2.074	2.508	2.819
23	1.319	1.714	2.069	2.500	2.807
24	1.318	1.711	2.064	2.492	2.797
25	1.316	1.708	2.060	2.485	2.787
26	1.315	1.706	2.056	2.479	2.779

续表

单 侧 双 侧	$a = 0.10$ $a = 0.20$	0.05 0.10	0.025 0.05	0.01 0.02	0.05 0.01
27	1.314	1.703	2.052	2.473	2.771
28	1.313	1.701	2.048	2.467	2.763
29	1.311	1.699	2.045	2.462	2.756
30	1.310	1.697	2.042	2.457	2.75
40	1.303	1.684	2.021	2.423	2.704
50	1.299	1.676	2.009	2.403	2.687
60	1.296	1.671	2.000	2.390	2.66
70	1.294	1.667	1.994	2.381	2.648
80	1.292	1.664	1.990	2.374	2.639
90	1.291	1.662	1.987	2.368	2.632
100	1.290	1.660	1.984	2.364	2.626
125	1.288	1.657	1.979	2.357	2.616
150	1.287	1.655	1.976	2.351	2.609
200	1.286	1.653	1.972	2.345	2.601
∞	1.282	1.645	1.960	2.326	2.576

附录四

平均增长速度累计法查对表

递增速度　　　　　　　　　　　　　　　　　　　　　　　　　　　　　间隔期：1～5 年

平均每年增长的百分比	各年发展水平总和为基期的百分比				
	1 年	2 年	3 年	4 年	5 年
0.1	100.10	200.30	300.60	401.00	501.50
0.2	100.20	200.60	301.20	402.00	503.00
0.3	100.30	200.90	301.80	403.00	504.50
0.4	100.40	201.20	302.40	404.00	506.01
0.50	100.50	201.50	303.01	405.03	507.56
0.6	100.60	201.80	303.61	406.03	509.06
0.7	100.70	202.10	304.21	407.03	510.57
0.8	100.80	202.41	304.83	408.07	512.14
0.9	100.90	202.71	305.44	409.09	513.67
1.0	101.00	203.01	306.04	410.10	515.20
1.1	101.10	203.31	306.64	411.11	516.73
1.2	101.20	203.61	307.25	412.13	518.27
1.3	101.30	203.92	307.87	413.17	519.84
1.4	101.40	204.22	308.48	414.20	521.40
1.5	101.50	204.52	309.09	415.23	522.96
1.6	101.60	204.83	309.71	416.27	524.53
1.7	101.70	205.13	310.32	417.30	526.10
1.8	101.80	205.43	310.93	418.33	527.66
1.9	101.90	205.74	311.55	419.37	529.24
2.0	102.00	206.04	312.16	400.40	530.80
2.1	102.10	206.34	312.77	421.44	532.39
2.2	102.20	206.65	313.40	422.50	534.00
2.3	102.30	206.95	314.01	423.53	535.57
2.4	102.40	207.26	314.64	424.60	537.20
2.5	102.50	207.56	315.25	425.63	538.77
2.6	102.60	207.87	315.88	426.70	540.40
2.7	102.70	208.17	316.49	427.73	541.97

平均每年增长的百分比	各年发展水平总和为基期的百分比				
	1 年	2 年	3 年	4 年	5 年
2.8	102.80	208.48	317.12	428.80	543.61
2.9	102.90	208.78	317.73	429.84	545.20
3.0	103.00	209.09	318.36	430.91	546.84
3.1	103.10	209.40	319.00	432.00	548.50
3.2	103.20	209.70	319.61	433.04	550.10
3.3	103.30	210.01	320.24	434.11	551.74
3.4	103.40	210.32	320.88	435.20	553.41
3.5	103.50	210.62	321.49	436.24	555.01
3.6	103.60	210.93	322.12	437.31	556.65
3.7	103.70	211.24	322.76	438.41	558.34
3.8	103.80	211.54	323.37	439.45	559.94
3.9	103.90	211.85	324.01	440.54	561.61
4.0	104.00	212.16	324.65	441.64	563.31
4.1	104.10	212.47	325.28	442.72	564.98
4.2	104.20	212.78	325.92	443.81	566.65
4.3	104.30	213.08	326.54	444.88	568.31
4.4	104.40	213.39	327.18	445.98	570.01
4.5	104.50	213.70	327.81	447.05	571.66
4.6	104.60	214.01	328.45	448.15	573.36
4.7	104.70	214.32	329.09	119.25	575.06
4.8	104.80	214.63	329.73	150.35	576.76
4.9	104.90	214.94	330.37	451.46	578.48
5.0	105.00	215.25	331.01	452.56	580.19
5.1	105.10	215.56	331.65	453.66	581.89
5.2	105.20	215.87	332.29	454.76	583.60
5.3	105.30	216.18	332.94	455.89	585.36
5.4	105.40	216.49	333.58	456.99	587.06
5.5	105.50	216.80	334.22	458.10	588.79
5.6	105.60	217.11	334.96	459.29	590.50

平均每年增长的百分比	各年发展水平总和为基期的百分比				
	1 年	2 年	3 年	4 年	5 年
5.7	105.70	217.42	335.51	460.33	592.26
5.8	105.80	217.74	336.17	461.47	594.04
5.9	105.90	218.05	336.82	462.60	595.80
6.0	106.00	218.36	337.46	463.71	597.54
6.1	106.10	218.67	338.11	464.84	599.30
6.2	106.20	218.98	338.75	465.95	601.04
6.3	106.30	219.30	339.42	467.11	602.84
6.4	106.40	219.61	340.07	468.24	604.61
6.5	106.50	219.92	340.71	469.35	606.35
6.6	106.60	220.24	341.38	470.52	608.18
6.7	106.70	220.55	342.03	471.65	609.95
6.8	106.80	220.86	342.68	472.78	611.73
6.9	106.90	221.18	343.35	473.95	613.56
7.0	107.00	221.49	343.99	475.07	615.33
7.1	107.10	221.80	344.64	476.20	617.10
7.2	107.20	222.12	345.31	477.37	618.94
7.3	107.30	222.43	345.96	478.51	620.74
7.4	107.40	222.75	346.64	479.70	622.61
7.5	107.50	223.06	347.29	480.84	624.41
7.6	107.60	223.38	347.96	482.01	626.25
7.7	107.70	223.69	348.61	483.15	628.05
7.8	107.80	224.01	349.28	484.32	629.89
7.9	107.90	224.32	349.94	485.48	631.73
8.0	108.00	224.64	350.61	486.66	633.59
8.1	108.10	224.96	351.29	487.85	635.47
8.2	108.20	225.27	351.94	489.00	637.30
8.3	108.30	225.59	352.62	490.19	639.18
8.4	108.40	225.91	353.29	491.37	641.05
8.5	108.50	226.22	353.95	492.54	642.91

续表

平均每年增 长的百分比	各年发展水平总和为基期的百分比				
	1 年	2 年	3 年	4 年	5 年
8.6	108.60	226.54	354.62	493.71	644.76
8.7	108.70	226.86	355.30	494.91	646.67
8.8	108.80	227.17	355.96	496.08	648.53
8.9	108.90	227.49	356.63	497.26	650.41
9.0	109.00	227.81	357.31	498.47	652.33
9.1	109.10	228.13	357.99	499.67	654.24
9.2	109.20	228.45	358.67	500.87	656.15
9.3	109.30	228.76	359.33	502.04	658.02
9.4	109.40	229.08	360.01	504.45	659.95
9.5	109.50	229.40	360.69	504.45	611.87
9.6	109.60	229.72	361.37	505.66	663.80
9.7	109.70	230.04	362.05	506.86	665.72
9.8	109.80	230.36	362.73	508.07	667.65
9.9	109.90	230.68	363.42	509.30	669.62
10.0	100.00	231.00	364.10	510.51	671.56
10.1	110.10	231.32	364.78	511.72	673.50
10.2	110.20	231.64	365.47	512.95	675.47
10.3	110.30	231.96	366.15	514.16	677.42
10.4	110.40	232.28	366.84	515.39	679.39
10.5	110.50	232.60	367.52	516.61	681.35
10.6	110.60	232.92	368.21	517.84	683.33
10.7	110.70	233.24	368.89	519.05	685.28
10.8	110.80	233.57	369.60	520.32	687.32
10.9	110.90	233.89	370.29	521.56	689.32
11.0	111.00	234.21	370.97	522.77	691.27
11.1	111.10	234.53	371.66	524.01	693.27
11.2	111.20	234.85	372.35	525.25	695.27
11.3	111.30	235.18	373.06	526.52	697.32
11.4	111.40	235.50	373.75	527.76	699.33
11.5	111.50	235.82	374.44	529.00	701.33

参考文献

1. 梁前德：《基础统计》，高等教育出版社 2002 年版。
2. 贾俊平：《统计学》，中国人民大学出版社 2003 年版。
3. 张伟：《基础统计》，中国财政经济出版社 2006 年版。
4. 李洁明、祁新娥：《统计学原理》，复旦大学出版社 2003 年版。
5. 吴明礼、黄立山：《统计学》，中国统计出版社 2002 年版。
6. 周秀荣：《统计学原理》，企业管理出版社 2000 年版。
7. 徐国祥、刘汉良等：《统计学》，上海财经大学出版社 2001 年版。
8. 徐淑华：《统计学原理》，江西高教出版社 2004 年版。
9. 娄庆松、曹少华：《统计基础知识》，高等教育出版社 2002 年版。
10. 金勇进：《统计学原理》，中国人民大学出版社 2004 年版。